高速列车风洞试验

Wind Tunnel Test of High-speed Train

黄志祥　黄汉杰　李　明　陈　立　编著

国防工业出版社

·北京·

内 容 简 介

本书针对高速列车风洞试验,介绍了风洞试验研究的理论基础,并从风洞试验设备、模型、技术和典型的试验结果等方面分别进行了阐述,为工程技术人员系统展示了相关理论、工程技术和应用成果,可直接用于指导风洞试验研究的工程实际。全书共分为7章:第1章介绍了高速列车及风洞试验的发展历史、现状和面临的问题;第2章介绍了高速列车的典型空气动力学特性;第3章介绍了高速列车风洞试验设备以及相关技术要求;第4章介绍了高速列车风洞试验模型以及相关技术要求;第5章介绍了高速列车风洞试验的研究技术、具体应用和相关要求;第6章介绍了高速列车风洞试验研究的典型结果;第7章对未来高速列车风洞试验的设备、技术以及体系建设进行了展望。

图书在版编目(CIP)数据

高速列车风洞试验 / 黄志祥等编著 . —北京:国防工业出版社,2020.8

ISBN 978-7-118-12166-7

Ⅰ.①高…　Ⅱ.①黄…　Ⅲ.①高速列车-风洞试验

Ⅳ.①U292.91

中国版本图书馆 CIP 数据核字(2020)第 140065 号

※

国防工业出版社出版发行

(北京市海淀区紫竹院南路23号　邮政编码100048)

天津嘉恒印务有限公司印刷

新华书店经售

*

开本710×1000　插页4　1/16　印张13¼　字数200千字

2020年8月第1版第1次印刷　印数1—1500册　定价78.00元

(本书如有印装错误,我社负责调换)

国防书店:(010)88540777　　书店传真:(010)88540776

发行业务:(010)88540717　　发行传真:(010)88540762

序

列车空气动力学问题是高速铁路提速和发展必须解决的关键问题之一。当列车高速运行时,空气阻力急剧增加、气动噪声激增、列车/隧道耦合效应突显、风致列车倾覆威胁增大。上述问题已成为高速列车技术发展必须突破的重点与难点。

高速列车风洞试验,巧妙地运用相对运动原理,将空气吹向静置的列车模型,以模拟列车运行的空气环境。它与列车空气动力学的动模型试验互为补充,是列车气动外形设计、气动效应减缓、气动参数优化和气动安全评估等不可或缺的研究手段。作者所在的中国空气动力研究与发展中心,是国内最早开展列车风洞试验研究的单位,开展了大量卓有成效的实践。我与作者及其所在单位有着长期广泛的深度合作,充分认识到风洞试验在解决高速列车气动设计方面所发挥的重要作用,共同见证了我国高速列车风洞试验技术从落后、追赶到国际领先的整个过程。

然而,目前国内外尚无一本正式出版、详细介绍高速列车风洞试验的著作,而又迫切需要直接面向高速列车风洞试验工程技术人员的专业书籍。本书作者长期专注于高速列车空气动力学风洞试验研究,在大量实践工作基础之上,总结相关的研究方法,共享研究成果,编撰成书,特色鲜明。

本书系统总结了高速列车风洞试验的步骤、方法和内容,介绍了先进的专用固定地面路基与支撑系统平台,详细分析了试验数据影响要素及机理,系统提出了数据处理与修正方法,解决了数据精准度问题,展示了专门应用于高速列车外部绕流的排管烟流显示和 PIV 流场测量技术等,探讨了近年来广受关注的气动噪声测量技术,并展望了风洞试验技术的未来发展方向。该书内容全面新颖,结构清晰严谨,展示最新前沿技术成果,是我国在高速列车风洞试验研究领域的一项开创性工作,对有志于从事高速列车空气动力学研究的年轻学者、工程技术人员以及研究生等帮助甚大。为此,我非常愿意向读者推荐并作序。

随着列车空气动力学的不断创新与发展,高速列车风洞试验将面临更多、更高、更难的挑战,期待各位同仁一道,完善理论、不断创新,共同推动列车空气动力学试验技术的持续发展。

梁习锋

中南大学高速列车研究中心主任

2020 年 4 月

前　言

从世界范围看,高速列车已经融入人们的现代生活中,成为越来越不可或缺的一部分,高速列车的发展前景也会越来越光明,在全世界范围内得到越来越多的推广和应用。空气动力学是高速列车发展的"先行官",而风洞试验是高速列车空气动力学最常见和重要的研究手段,有力地促进了高速列车空气动力学问题的有效解决。世界高铁发达国家和地区都对高速列车空气动力学给予了足够的重视,也取得了许多重要的研究成果,并成功应用于工程实际型号,持续研发了速度越来越高的轮轨式高速列车和磁悬浮列车,使高速列车速度更快、能耗更低,乘坐更舒适,对环境影响更小。目前,科学家们正积极地开展速度超越普通民航飞机的真空管道列车研究。这些发展前景为高速列车空气动力学研究以及风洞试验技术发展增强了信心,明确了方向。

我国自 1990 年开始开展列车空气动力学风洞试验以来,从高速列车头型和车身关键部件的设计与选型,提升高速列车在大风下的抗倾覆能力,降低列车高速运行的噪声污染,以及减少车身底部冰雪积聚对设备的损害等方面开展了富有成效的研究,并通过实施引进、消化吸收、再创新的战略,自主创新研制了以"复兴号"中国标准动车组为代表的气动性能国际一流的高速列车型号,有力地支持了中国高铁走出去战略的实施,使高铁成为中国在世界上的一张闪亮名片。目前,我国正在开展时速 600km 的磁悬浮列车的研制,以及最高时速可达1500km 的真空管道列车研究,对风洞试验技术提出了更高的要求。

高速列车空气动力学风洞试验具有很强的实践性,是一门经验与理论相结合的科学,工程研究经验与技术的积累需要一定时间。目前,国内外还没有出版一本专门针对高速列车风洞试验工程技术人员的专业书,尤其是在国内,甚至都还没有一项系统的高速列车风洞试验标准或规范。现有可供参考的欧洲EN14067 系列规范,也存在内容不够全面且不完全适用我国工程实际的问题。

因此,迫切需要一本针对性强的书,指导工程技术人员开展高速列车风洞试验,促进我国高速列车风洞试验的专业化和规范化水平的提升。

本书作者专注于高速列车空气动力学风洞试验研究 20 多年,承担了自 1994 年以来我国所有高速列车重点型号的空气动力学风洞试验研究工作,开展了高速列车模型风洞试验模拟参数和方法的研究,发展和完善了高速列车模型风洞相关试验技术,研制了高速列车风洞试验专用设备,显著提升了试验数据的精准度和试验精细化水平,积累了非常丰富的高速列车空气动力学风洞试验研究经验,并提出了以高速列车全面气动减阻优化为代表的工程实际应用方案,在行业内权威期刊发表大量研究论文。作者希望将这些成果和经验与相关领域的工程技术人员分享,共同进步和提高,实现高速列车空气动力学风洞试验技术的不断创新与发展。

本书针对高速列车风洞试验,介绍了风洞试验研究的理论基础,并从风洞试验设备、模型、技术和典型的试验结果等方面分别进行了阐述,为工程技术人员系统展示了相关理论、工程技术和应用成果,可直接用于指导风洞试验研究的工程实际。全书共分为 7 章:第 1 章介绍了高速列车及风洞试验的发展历史、现状和面临的问题,展示了高速列车风洞试验的研究背景;第 2 章介绍了高速列车的典型空气动力学特性,提供了风洞试验研究的理论基础;第 3 章介绍了高速列车风洞试验设备以及相关技术要求,提供了风洞试验研究的模型基础;第 4 章介绍了高速列车风洞试验模型以及相关技术要求,提供了风洞试验研究的模型基础;第 5 章介绍了高速列车风洞试验的研究技术、具体应用和相关要求,提供了风洞试验研究的技术基础;第 6 章介绍了高速列车风洞试验研究的典型结果,提供了风洞试验的数据分析与评判基础;第 7 章对高速列车风洞试验的设备、技术以及技术体系建设进行了展望,提出了下一步发展的方向和建议。

本书内容主要是对已取得的研究成果的介绍。在编写过程中,参考了国内外列车空气动力学和风工程与工业空气动力学方面的教材与专著。由于高速列车仍然处在创新发展的过程中,空气动力学风洞试验技术也需要不断满足其发展需求,因此,本书内容也有待于进一步完善和更新。

中车青岛四方机车车辆股份有限公司、长春轨道客车股份有限公司、唐山机车车辆有限公司和中南大学高速列车研究中心的相关领导与专家对本书内容进行了指导和帮助,特别是中南大学刘堂红教授,提出了很多重要的意见和建议,在此一并表示诚挚的感谢！也特别感谢中国空气动力研究与发展中心低速所的各级领导对本书出版的大力支持。

由于作者水平有限,错误之处在所难免,敬请读者批评指正。

编者

2020 年 5 月

目　录

第1章 绪 论

1.1 概 述

高速列车,一般是指能够持续运行,最高运行速度能达到 200km/h 以上的列车。高速列车的外形,尤其是车头(尾),都采用流线型设计,具有运行速度高、节能环保又平稳安全的特点,满足了人们对安全舒适出行的要求。目前,世界上高速列车及轨道交通技术相对发达的国家和地区有中国、德国、法国和日本。

高速列车空气动力学是研究高速列车与空气相对运动时,空气动力特性及其对高速列车和周围环境相互影响的科学,并研究高速列车空气动力形成机理及气动性能改善措施。其基本理论来源于流体力学和经典空气动力学,它是在解决高速轨道交通问题的工程需求推动下,形成和迅速发展起来的一门空气动力学分支学科,是空气动力学在轨道交通领域的应用和进一步发展。高速列车空气动力学是铁路提速、发展轮轨和磁浮高速交通的关键基础科学。

目前,研究高速列车的空气动力学问题主要采用的方法包括风洞试验、动模型试验、实车测量和数值计算。风洞试验是目前应用最广泛和成熟的方法,在高速列车前期的气动外形和结构的设计与选型,后期的强度校核和气动外形的改型与优化中都需要开展大量的风洞试验,可以说,风洞试验是高速列车的"摇篮"。

1.2 高速列车的发展历史及现状

1814 年,英国人发明了世界上第一台沿轨道运行的蒸汽机车,开始建造铁路,并形成由机车牵引车辆、组成列车从事运输的铁路运输业,开启了列车发展

1

的进程。自铁路运输问世以来,提高列车运行速度成为铁路工作者一直不断追求的目标。列车由蒸汽机车牵引逐步发展到内燃、电力机车牵引,其运行速度也随着提高,为高速列车的发展奠定了基础。1903 年 10 月 27 日,德国的 AEG 轨道电动车运行速度为 210.2km/h,创下了当时列车运行速度的世界纪录。20 世纪 50 年代起,随着经济发展和工业进程的加快,再加上汽车行业的竞争,列车提速势在必行。1955 年 3 月 28 日,法国 BB 型电力机车牵引的列车,创下了最高运行速度 331km/h。在此基础上,1989 年 1 月,欧洲共同体 12 个国家以及奥地利、瑞士的铁路管理部门共同提出了泛欧高速铁路计划,决定发展欧洲高速铁路网。20 世纪 80 年代至 90 年代,法国、德国、意大利等相继建成高速铁路,法国 TGV、德国 ICE、意大利 ETR 500 等轮轨型高速列车相继问世。法国 TGV-PSE 高速列车营运速度为 260km/h,TGV-A、欧洲之星(Euro-Star)高速列车营运速度为 300km/h,德国 ICE 高速列车,其营运速度,第一代为 250km/h、第二代为 280km/h、第三代为 330km/h。随着高速列车牵引系统功率的大力提升,以及流线型空气动力学方案的工程应用,1988 年 5 月,德国 ICE 的试验速度达到了 406.9km/h,1990 年 5 月,法国 TVG 高速列车的试验速度达到了 515.3km/h,2007 年,该轮轨型高速列车的试验速度更是达到了 574.8km/h 的最新世界纪录。在发展轮轨系统高速列车的同时,磁悬浮轨道交通技术也日趋成熟,德国的常导磁悬浮高速列车载人运行速度达到 450km/h。

1964 年 10 月,日本东海道新干线(东京—新大阪,全长 515km)建成,高速列车以 210km/h 速度营运,是世界上第一条真正意义上的高速铁路。由于新干线铁路运行状况及运营效益非常良好,随后,日本相继修建了山阳新干线(新大阪—冈山,1972 年 3 月开通;冈山—博多,1975 年 3 月开通)、东北新干线(大宫—盛冈,1982 年 6 月开通;上野—大宫,1985 年 3 月开通;东京—上野,1991 年 6 月开通)、上越新干线(大宫—新泄,1982 年 10 月开通)、北陆新干线(高崎—长野,1997 年 10 月开通)。另外,建成的小型新干线,即采用轨距与新干线相同的标准轨,而车体大小与既有线特快车辆相同,包括山形新干线(福岛—山形,1992 年 7 月开通)和秋田新干线(盛冈—秋田,1997 年 3 月开通)2 条线路投入了运营(共 276km),新干线高速铁路网已扩展到全日本。山阳、东北、上越等高速铁路运行了多种类型的高速列车,其中,700 系高速列车运营速度达到 270km/h。日本新干线的成功,使铁路实现了高速化,向世界展示了铁路复兴的

2

可能性。1992 年 3 月,吸收应用了新技术成果而开发的最高运行速度 270km/h 的新型 300 系新干线电动车组"希望号"投入了运营,新干线的车辆技术水平大幅度提高,特别是针对提速及提高舒适度、降低噪声、降低隧道微气压波等采取了多种环境对策。日本 JR(Japan Railways)公司采用 WIN 350、STAR21、300X 等高速试验车进行试验,取得了许多工程技术成果。应用了 WIN 350 试验车成果的 500 系电动车组,实现了日本高速列车最高 300km/h 的运营速度,而 300X 试验车于 1996 年 7 月创造了日本国内铁路轮轨系统的最高试验速度纪录,达到了 443km/h。同样,在发展轮轨系统高速列车的同时,日本的磁悬浮轨道交通技术非常成熟,超导磁悬浮高速列车载人试验速度达到 550km/h。

2009 年 4 月 16 日,美国总统奥巴马宣布了一项美国高速铁路建设的长期计划,计划要求在建设专用高速铁路线前,改善现有的线路,建议兴建 10 条高速铁路通道,美国确定的高速铁路速度最低为 177km/h,而不是世界其他国家确定的 250km/h 或更高。美国全国铁路客运公司(Amtrak)的华盛顿特区—波士顿的线路已开始运营,最高速度达到 240km/h。

我国的高速轨道交通技术经历了"引进、消化吸收、再创新的过程",实现了由跟跑到领跑的跨越式飞跃,成为目前世界上轮轨高速轨道交通技术最成熟和应用规模最大的国家。截至 2019 年 12 月,我国高铁运营里程突破了 35000km,超过全世界高铁运营里程的 2/3,位居世界第一位,2020 年,我国高铁运营里程将进一步扩展。在我国高铁"四纵四横"网络的基础上,继续向着"八纵八横"的目标迈进,如图 1-1 所示。

但是,我国对高速轨道交通技术的研究工作起步相对较晚。20 世纪 90 年代初期,我国发展高速铁路的计划正式启动,高速列车空气动力学的研究进入一个新的阶段。在首条最高营运速度 160km/h 的广深铁路的建设运营经验基础上,我国于 1998 年自行设计的速度 200km/h 动力集中型客运电动车组正式投入营运,相继有 200km/h 动力分散型、270km/h 动力集中型(中华之星)等多种类型的国产高速、准高速动车组在线路上行驶,均表现了良好的空气动力性能。2007 年 4 月 18 日,我国正式迈入运营高速铁路的时代,CRH2 型高速列车运行时速达 200km/h,部分区段时速达 250km/h。2007 年年底,国产时速 300 ~ 350km/h 的"和谐号"动车组下线。2008 年 4 月 18 日,我国第一条具有世界先进水平的高速铁路——京沪高速铁路开工建设,京沪高速铁路采用高速轮轨技

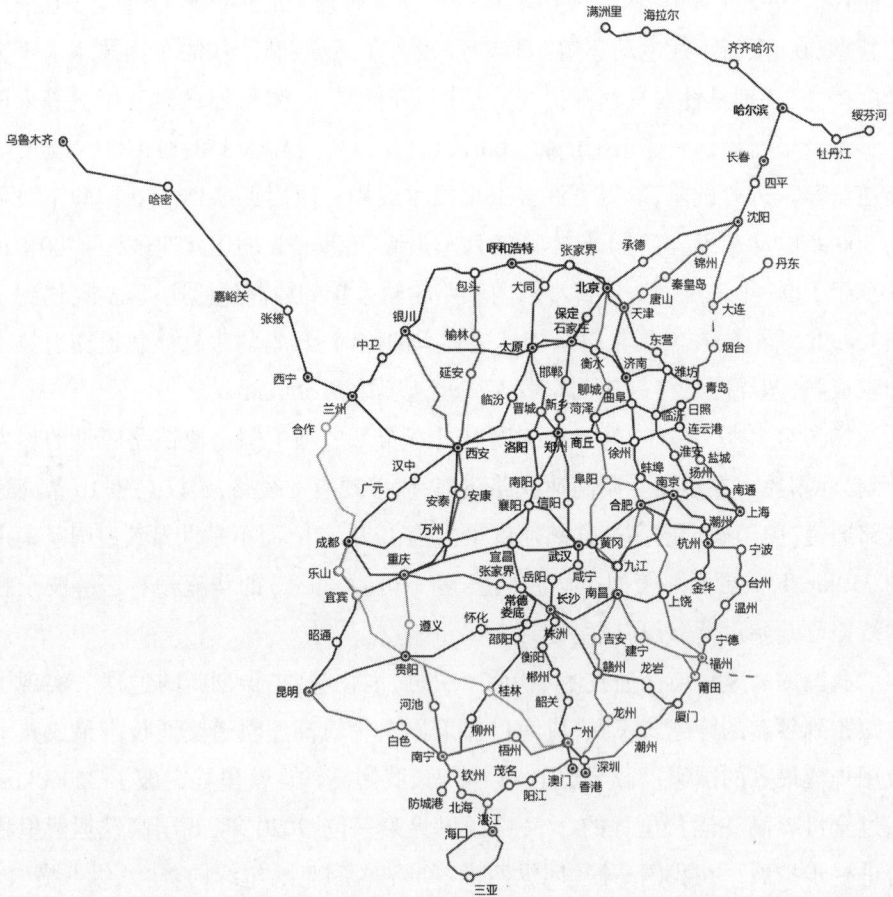

图 1-1　我国高速铁路线路规划

术,设计时速为 350km/h,2010 年投入运营,成为世界上运营速度最高的轮轨式高铁线路。随着高速轨道交通技术的不断成熟,我国的轮轨式高速列车的运行速度也不断提高。2010 年,CRH380AL"和谐号"高速动车组最高试验速度达到了 486.1km/h,2011 年 12 月,中车青岛四方机车车辆股份有限公司研制的时速 500km 试验高速列车在高速列车国家工程实验室的滚动实验台上创造了时速 605km 的最高试验速度。2015 年 6 月下线的具有完全自主知识产权的中国标准动车组,即"复兴号"动车组,在 2016 年 7 月跑出了 420km/h 的交会试验速度,创造了轮轨高速列车交会速度的世界最高纪录。在磁悬浮高速列车领域,2002 年 12 月,我国引进德国技术在上海浦东建造的磁悬浮轨道交通系统正式投入运行,列车最高设计速度为 500km/h,现营运最高速度为 430km/h。由我国自主研制的中低速磁悬浮高速列车已经在长沙黄花机场与高铁站之间开通运营,最高时速为 100km/h。2016 年,我国正式立项研发时速 600km/h 的磁悬浮高速列车,2019 年 5 月,该型列车的试验样车在中平青岛四方机车车辆股份有限公司成功下线,这标志着我国将成为磁悬浮高速列车运营速度最高的国家。

新型高速轨道交通技术的发展从来都没有止步。2016 年 5 月,美国超级高铁公司(Hyperloop Transportation Technologies,HTT)在内华达州的沙漠进行了首次"真空管道高速列车系统"试验,试验速度达到了 1200km/h。我国西南交通大学承担的"多态耦合轨道交通动模型试验平台"项目 2018 年获批,预计项目在 2021 年建成后,可使我国的"超级高铁"(高温超导磁悬浮+真空管技术)的试验速度达到 1500km/h。

1.3　高速列车面临的空气动力学问题

高速列车运行追求的目标包括安全、快速、节能、舒适和环保。随着高速列车速度的不断提升,一系列空气动力学问题对上述目标形成制约,甚至产生严重威胁,而且,高速列车运行速度越高,问题愈加凸显。由于高速列车是在地面上运行的细长体,因长细比大、贴地运行,在高速运行过程中,出现了一系列独特的空气动力学问题,主要包括气动阻力、横风效应、会车效应、隧道效应和气动噪声等问题,对高速列车的节能降耗、速度提升、安全运行和乘坐舒适性及对周围环境的影响产生重要影响。

在安全行驶方面,我国在相当长一段时间内,由于存在普通列车与高速动车组列车没有分时分线运行,在线间距较小的复线上运行,高速列车与普通客运列车会车时,将在两车相对的表面产生强烈的瞬态压力冲击,对车体结构强度(尤其是车窗等部位的结构强度)产生重要考验,甚至发生车窗破碎的危险,对旅客人身安全、高速列车运行安全都产生重要的影响。另外,高速列车在高速运行时引起的列车风与飞沙走石等现象,可能危及道旁人员和高速列车安全运行。随着高速列车运行速度的不断提高,这种影响和损害会更加严重。在上海高速磁浮交通运营线(复线,单向最高营运速度为 430km/h)上,当磁浮列车交会时,列车侧墙变形过大并伴有强烈的爆破声,车体结构可能受损,对车体产生瞬态横向冲击。另一方面,横侧风对高速列车的影响关系到运行安全性。在强横风作用下,高速列车的气动阻力、升力和侧向力急剧增加,横向稳定性明显恶化。对于一些特殊的风环境,如特大桥、高架桥、路堤,高速列车的绕流流场改变更为突出,空气动力显著增大,当高速列车通过曲线路段时,空气横向力、升力与离心力叠加导致高速列车翻车的可能性大大增加,导致高速列车脱轨、倾覆,如图1-2所示。我国亚欧大陆桥重要通道兰新铁路(兰州—乌鲁木齐)穿越新疆戈壁大风地区,自然条件十分恶劣,其百里风区(约150km)瞬时最大风速60m/s,约2倍的12级风,是世界铁路之最,在大风季节,由于风力过大,迫使列车经常停运,大批旅客滞留,给旅客出行带来极大不便。在我国许多沿海地区的风速常常大于30m/s,其年发生概率均大于15%,也是沿海高速列车安全运行的重要影响因素。

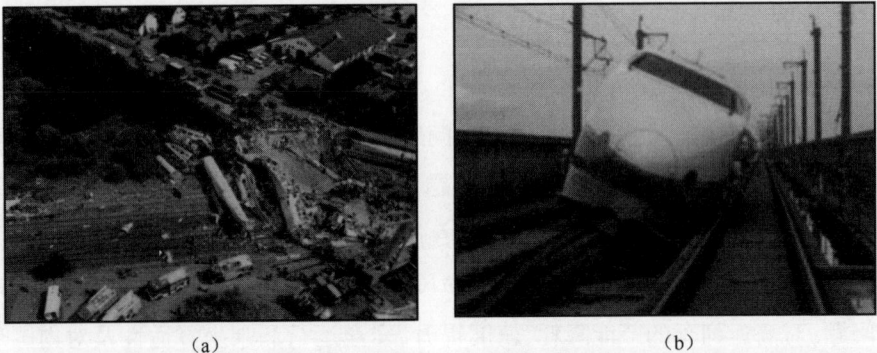

(a)　　　　　　　　　　　　　　　(b)

图1-2　高速列车脱轨事故

　　在节能降耗和提速方面,高速列车运行越快,气动阻力占比越高,高速列车运行阻力越高,意味着能耗越大,因此,降低能耗,提高经济性就必然要求减少高速列车气动阻力。与此同时,气动阻力也是制约高速列车运行速度提升的重要因素之一。由于高速列车牵引系统功率有限,动力提升受到一定制约,在总牵引功率一定的情况下,为了使高速列车运行速度提升,只有降低阻力,而气动阻力的减少对总阻力的降低贡献十分明显。当高速列车运行速度超过200km/h时,气动阻力约占总阻力的70%,运行速度超过300km/h时,气动阻力占总阻力的85%以上,因此,降低气动阻力也是提升高速列车运行速度的重点方向。事实上,我国在列车减阻(尤其是高速列车减阻)方面取得了一系列成果,并成功应用于高速列车的型号研制中,对高速列车的减阻取得了非常明显的效果,有力支撑了我国高速列车气动性能的优化和运行速度的提升。

在舒适性方面,当高速列车进入隧道,隧道内的空气产生复杂的波动,经隧道壁反射并在隧道内传播,从而产生剧烈的压力变化,这种压力变化与速度的2次方成正比。对于密封性较差的高速列车,导致车内气压在短时间内发生较大变化,使得乘客产生耳内不适,甚至出现耳鸣和呕吐。另外,由于隧道内空气压力变化剧烈,因高速列车空调或电机电气冷却风道进、排风口位置设计不当,导致空调或冷却风进气口的新风无法进入、废气很难排出,使得车内无新风进入、空调冷凝水流向车厢内,空调不能正常工作,车厢内空气品质严重变差,同样对乘客舒适性产生不良影响。高速列车噪声也是衡量舒适性的一个重要指标,甚至在高速列车能否上线方面具有一票否决权,即噪声不达标的高速列车不能上线运行。高速列车噪声分结构噪声和气动噪声,高速运行时,气动噪声大约与速度的6~8次方成正比,成为高速列车噪声中的主要部分,是高速列车研制中重点考虑的因素之一。世界各国在发展轨道交通时都很关注噪声问题,以日本为例,他们在以新干线为代表的高速轨道交通的发展过程中,十分重视高速列车运行对环境的影响,规定新干线的路侧噪声强度不能超过75dB,并从20世纪80年代开始就把气动噪声作为核心问题进行重点研究。根据中国中车股份有限公司提出的《高速列车空气动力学性能计算和试验鉴定暂行规定》:在高速列车不停车,并以规定速度驶过时,在离轨道轴线25m远和距轨道顶面3.5m高处测得的A声级值不得高于89dB(A)。高速列车入站时,在离轨道轴线25m远和距轨道顶面3.5m高处测得的A声级值不得超过68dB(A)。高速列车以规定速度行驶时,一等车厢内旅客耳朵处的A声级值不得超过65dB(A),在二等车厢内(包括餐车)不得超过68dB(A)。在隧道内该值最多可以高出5dB(A)。由空调等成套设备发出的A声级值,在旅客耳朵处,无论是停车还是行驶时,均不得高于60dB(A)。

在对环境影响方面,主要体现为高速列车风和噪声对周围环境与人员的不利影响。过大的高速列车噪声对铁路沿线居民的正常生产生活带来干扰和影响,甚至造成沿线房屋玻璃的破碎。高速列车风对路旁人员和物体将产生作用力。该作用力的强度取决于高速列车行驶速度、离高速列车侧面的距离、高速列车外形及自然风条件等。高速列车风可能危及站台上的乘候人员及沿线工作人员的安全;卷起站台边沿或路基侧边的杂物,造成高速列车事故。另外,还将会对路边建筑物或沿线隔离栅墙等施加脉动风载,可能产生破坏。

1.4　高速列车的风洞试验研究

　　风洞试验是研究高速列车空气动力学特性的重要研究方法,通过对高速列车缩比模型在风洞中开展试验研究,获得空气动力和力矩、表面压力分布规律、绕流特性和气动噪声等空气动力学性能。根据研究目的和内容不同,高速列车模型风洞试验一般分为部件影响试验和整车性能试验。其中,部件影响试验主要考察不同头型、受电弓及受电弓导流罩、空调导流罩、外风挡、裙板、转向架导流板等对高速列车气动特性(尤其是气动阻力和气动噪声)的影响及规律,从而获得有效的气动外形优化措施,尤其是减阻和降噪措施。整车性能试验主要考察整车设计和综合空气动力性能是否满足设计要求、极限工况的适应范围以及研究高速列车运行对环境的影响等。作为高速列车空气动力学研究最常用的方法,风洞试验已经在高速列车空气动力学研究,尤其是高速列车空气动力学研究方面越来越受到重视,它既能为数值计算和理论分析提供可靠的验证依据,也比实车测量更易于控制研究条件和环境,且经济性更好,因此也得到越来越广泛的应用。

1.5　高速列车风洞试验的历史和现状

1.5.1　国外发展历史和现状

　　日本和欧洲分别在 20 世纪 60 年代就率先在列车空气动力学风洞试验研究方面进行了探索。日本在 20 世纪 60 年代初期就开展了新干线列车模型的风洞试验研究,为新干线列车的气动外形选型和减阻研究开展了大量试验研究,获得了新干线系列高速列车的头型族谱和最佳头尾气动外形,如图 1-3 所示。随后,日本铁道技术研究所(RTRI)新建了全尺寸低噪声风洞,采用移动带系统,对试验模型采用头尾张线支撑的方式,并通过在高速列车模型车身加装尖劈模拟车身表面边界层状态,对轮轨式高速列车和高速磁悬浮列车开展了大量风洞试验研究,如图 1-4 所示,在减阻降噪方面取得了卓有成效的工程应用成果。德国于 20 世纪 60 年代在欧洲航空和宇宙飞行研究试验局率先开展了列车气动外形的风洞试验研究。随后,德国、法国、英国等在 DNW 风洞中分别采用固定地板系统和移动带系统,开展了包括 ICE、TGV 和 ETR 系列型号高速列车的风洞试验,如图 1-5 和图 1-6 所示,特别是提出了高速列车在大侧风安全性方面的试验研究方法,并编制了适用于欧洲的列车侧风试验系列标准 EN14067。

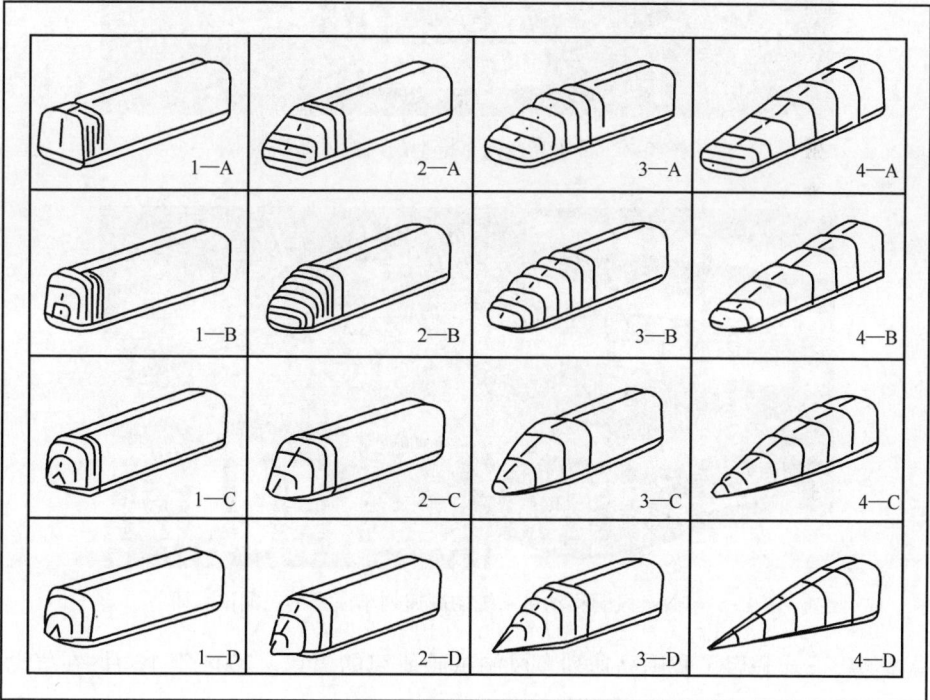

图 1-3 日本风洞试验研究采用的高速列车系列头型

1.5.2 我国发展历史和现状

我国的列车风洞试验研究始于 20 世纪 90 年代初期,首次在中国空气动力研究与发展中心(下文简称气动中心)开展了列车头尾车性能、列车表面空间流动显示和选型研究。随后,在 1992 年,“高速列车外形及气动性能研究”项目在原铁道部立项,在气动中心 8m×6m 风洞开展了高速列车(轮轨型)模型的试

9

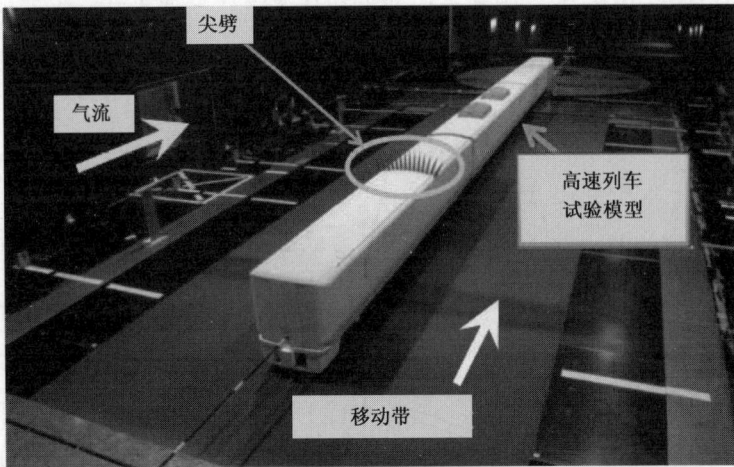

图 1-4 日本高速列车模型的风洞试验研究

图 1-5 DNW 风洞移动带系统的高速列车模型的风洞试验研究

验研究,正式开启了我国高速列车风洞试验研究的篇章。2008 年 12 月,在气动中心 8m×6m 风洞首次开展了高速磁悬浮列车模型的风洞试验研究,为磁悬浮列车的安全评估提供了可靠数据。

目前,我国对几乎所有在线运行的高速列车型号进行了空气动力学的风洞试验研究工作,开展了大量的气动特性研究和评估工作。开展研究的高速列车型号从早期的"蓝箭"和"中华之星"高速列车,到"和谐号"系列高速列车、磁悬浮列车和"复兴号"动车组。通过风洞试验,开展了车头选型和外形优化研究,行驶稳定性研究,表面静态与动态压力研究,编组及优化研究,转向架、受电弓、风挡和车顶空调等关键部件对整车气动特性影响的研究,各种气动优化方案的

10

图 1-6　DNW 风洞固定地板系统的高速列车模型的风洞试验研究

减阻研究,地面效应研究和气动噪声测量与降噪研究等,取得了以下成果。

(1) 在节能降耗方面,研究了几乎覆盖列车全车身的减阻优化方案,提供了有效的优化措施,并成功应用于高速列车型号,为高速列车节能降耗以及不断提升运行速度提供了数据支撑。

(2) 在大侧风安全方面,研究了高速列车在不同侧风角下的横侧向气动特性,以及各种防风措施的防风效果,为高速列车在大侧风下的安全防护提供了技术措施。

(3) 气动噪声方面,通过精准确定气动噪声源,并研究各种降噪方法,为高速列车降低气动噪声提供了技术方案。

(4) 在高速列车气动性能研究与评估技术方面,通过研制专用的高速列车试验地板和量程匹配的专用试验天平,改进路基和支撑系统等模拟方式,完善试验数据处理技术和方法等,有效提升了试验数据的精准度和试验的精细化水平。

1.6　说　　明

高速列车空气动力学风洞试验具有很强的实践性,工程研究经验与技术的积累需要一定的时间,当然,也离不开空气动力学基础理论的支撑。另外,值得说明的是,由于我国暂时还没有专门的高速列车空气动力学风洞试验标准或规范,现有可供参考的欧洲 EN14067 系列规范,也存在内容不够全面且不完全适用我国工程实际的问题,国内外也没有出版专门针对风洞试验工程技术人员的专业书籍。

有鉴于此,本书将重点讨论高速列车风洞试验的工程技术及应用问题。从高速列车风洞试验研究常见的设备、模型、技术、方法、内容以及典型试验研究结果与应用等方面进行专门的论述。本书重点以国内的高速列车风洞试验实践为基础,开展相关介绍和讨论。一方面是由于国外可供参考借鉴的关于高速列车风洞试验方面的文献较少;另一方面是我国在高速列车空气动力学研究方面开展了大量、全面和系统的风洞试验研究工作,并且从研究成果和工程实际应用看,国内的相关技术水平至少与国外高铁发达国家在同一个水平,具有代表性。

参 考 文 献

[1] 田红旗. 列车空气动力学[M]. 北京:中国铁道出版社,2007.

[2] 贺德馨. 风工程与工业空气动力学[M]. 北京:国防工业出版社,2006.

[3] 冈本勋. 日本新干线列车技术发展趋势[J]. 国外铁道车辆,2003,40(4):4-7.

[4] 刘庆宽,杜彦良,乔富贵. 日本列车横风和强风对策研究[J]. 铁道学报,2008,30(1):82-88.

[5] 田红旗,梁习锋."中华之星"高速列车综合空气动力性能研究[J]. 机车电传动,2003,5:40-45.

[6] 伊腾顺一. 改善空气动力学性能,实现新干线的高速[J]. 国外铁道车辆,2002,39(3):9-12.

[7] 黄志祥,陈立,蒋科林. 高速列车减小空气阻力措施的风洞试验研究[J]. 铁道学报,2012,34(4):16-21.

[8] 金学松,郭俊,肖新标,等. 高速列车安全运行研究的关键科学问题[J]. 工程力学,2009,26:8-22

[9] 田红旗,高广军. 270km·h-1 高速列车气动性能研究[J]. 中国铁道科学,2003,24(2):14-18.

[10] European Standard. Railway applications-Aerodynamics-part 6:Requirements and test procedures for cross wind assessment[S]. FprEN14067-6,2009.

[11] 黄问盈,杨宁清,黄民. 列车基本阻力的思考[J]. 中国铁道科学,2000,21(3):44-57.

[12] 王学英,高波. 高速列车进出隧道空气动力学研究的新进展[J]. 中国铁道科学,2003,24(2):83-87.

[13] Baker C J,Jones J,Lopez-Calleja F. Meas-urements of the cross wind forces on trains[J]. Journal of Wind Engineering and Industrial Aerodynamics,2004,92(7):223-227.

[14] Minoru Suzuki, Katsuji Tanemoto. Aerodynamic Characteristics of train/vehicles under cross winds [J]. Journal of Wind Engineering and Industrial Aerodynamics,2003,91(1):143-147.

[15] 刘堂红,田红旗,金学松. 隧道空气动力学实车测量研究[J]. 空气动力学学报,2008,26(1):42-46.

[16] 梁习锋,陈燕荣. 列车交会空气压力波测量的影响因素[J]. 中南大学学报,2004,35(5):810-814.

[17] 杨明智,袁先旭,熊小慧,等. 广深线第六次提速列车交会压力波实测研究[J]. 实验流体力学,2008,22(2):56-60.

[18] 周丹,田红旗,鲁寨军. 大风对路堤上运行的客运列车气动性能的影响[J]. 交通运输工程学报,2007,7(4):6-9.

[19] 毕海权,雷波,张卫华. 高速磁浮列车会车压力波数值计算研究[J]. 空气动力学学报,2006,24(2):213-237.

[20] Kozo Fujii,Takanobu Ogawa. Aerodynamics of high speed trains passing by each other[J]. Computer & Fluids,1995,24(8):897-908.

[21] 毕海权,雷波,张卫华. 自然风对高速磁浮列车气动特性的影响[J]. 中国铁道科学,2007,28(2):65-70.

[22] 肖京平,黄志祥,陈立. 高速列车空气动力学研究技术综述[J]. 力学与实践,2013,35(2):1-12.

[23] 田红旗. 中国高速轨道交通空气动力学研究进展及发展思考[J]. 中国工程科学,2015,17(4):30-41.

[24] 田红旗. 中国恶劣风环境下铁路安全行车研究进展[J]. 中南大学学报,2010,41(6):2435-2443.

[25] БЕЛОВ Л Ф. 世界高速铁路干线的现状与发展[J]. 国外铁道车辆,2010,47(2):1-5.

[26] 李瑞淳. 世界铁路高速列车50年的发展与进步[J]. 国外铁道车辆,2014,51(6):1-9.

[27] 丁叁叁,田爱琴,董天韵,等. 端面下斜导流板对高速列车转向架防积雪性能的影响[J]. 中南大学学报,2016,47(4):1400-1405.

[28] 陈厚嫦,张岩,何德华,等. 时速350km高速铁路隧道气动效应基本规律试验研究[J]. 中国铁道科学,2014,35(1):55-59.

[29] 何德华,陈厚嫦,于卫东,等. 挡风墙结构对高速列车气动性能的影响[J]. 铁道机车车辆,2016,36(5):21-27.

[30] 杨志刚,马静,陈羽,等. 横风中不同行驶工况下高速列车非定常空气动力特性[J]. 铁道学报,2010,32(2):18-23.

第2章　高速列车空气动力学特性

高速列车,不仅有类似航空航天飞行器的空气动力学问题,即气动阻力、升力、横向力、表面空气压力等,还有其特殊的空气动力学问题,即高速列车交会压力波、高速列车-隧道耦合空气动力特性、高速列车风影响下道旁人员与环境所受的空气动力特性、大风环境下高速列车空气动力特性以及高速列车-桥梁(路堤)耦合空气动力特性等,这些气动特性都将直接影响高速列车运行所追求的安全、快速、节能、舒适和环保的目标要求。

本章主要从高速列车风洞试验研究的空气动力学特性,包括(外)绕流特性,气动阻力、升力、侧向力和各气动力矩的特性,表面空气压力特性,以及气动噪声特性等内容进行介绍。

2.1　高速列车坐标系和速度的定义

2.1.1　坐标系的定义

高速列车涉及一系列空气动力学问题,表述空气动力学现象需要确定合适的坐标系,以便描述力的作用方向。本书采用固连于高速列车的右手笛卡儿直角坐标系,高速列车的参考点,即坐标原点 O 的选取根据具体研究对象或情况而定,可以选在高速列车参考面内的车头鼻尖点、每节车的质心处或轮轨接触点等。图2-1给出了以每节车模型的天平中心为坐标原点的坐标系:X 轴正向与车身纵向中心线平行并指向车头方向(气动阻力以 X 轴负向为正),Y 轴方向垂直于车身底面向上,Z 轴方向按右手定则确定。

其他气动参数见表2-1。另外,高速列车外表面分布压力按垂直于并指向作用面为正值,否则为负值。

14

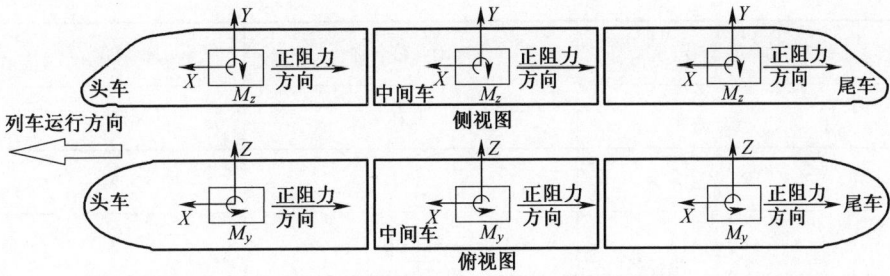

图 2-1　高速列车空气动力学坐标系

表 2-1　高速列车气动参数

气动参数符号	气动参数名称	单位
c_p	压力系数	
c_x	阻力系数	
c_y	升力系数	
c_z	侧向力系数	
M_x	倾覆力矩	N·m
m_x	倾覆力矩系数	
M_y	侧偏力矩	N·m
m_y	侧偏力矩系数	
M_z	俯仰力矩	N·m
m_z	俯仰力矩系数	
P	压力	Pa
q	来流速压	Pa
S	参考面积	m²
V	来流速度	m/s

气动参数符号		气动参数名称	单位
X		阻力	N
Y		升力	N
Z		侧向力	N
下标	t	头车	
	z	中间车	
	w	尾车	

2.1.2 各种速度的定义

对高速列车的几个速度关系进行简要说明。高速列车运行速度定义为 $V_{车}$，横风速度为 $V_{风}$，与车身垂直(与高速列车车身成其他夹角的风速都可以分解为一个与车身垂直的横风风速和与车身平行的风速)，如图 2-2(a) 所示。

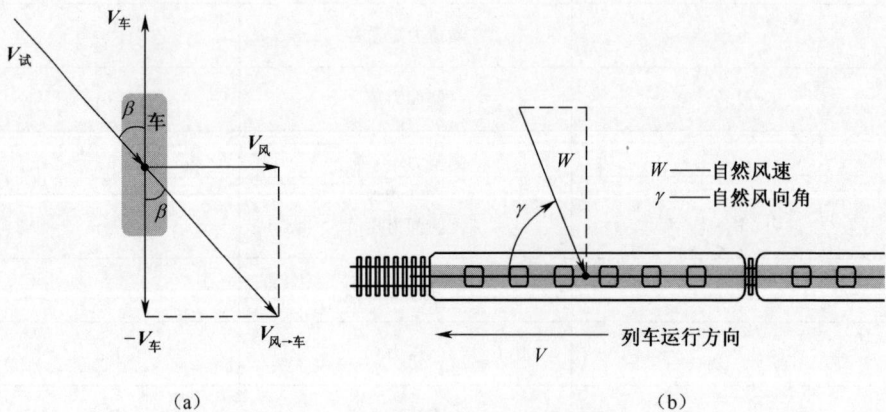

（a）

（b）

图 2-2 速度矢量与自然风向图

(a)速度矢量图；(b)自然风向角示意图。

由速度合成关系可知，风相对车的速度为 $V_{风\to车}$: $V_{风\to车} = V_{风} - V_{车}$，则

16

$V_{风→车}$ 为试验中的试验风速 $V_{试}$。从图 2-2 可知，$V_{试} = \dfrac{V_{风}}{\sin\beta} = \dfrac{V_{车}}{\cos\beta}$。其中，$\beta$ 为试验风速相对车身的夹角，即风洞试验中的模型侧偏角，且 $\tan\beta = \dfrac{V_{风}}{V_{车}}$。

由此可见，当已知横风速度 $V_{风}$、列车运行速度 $V_{车}$，可以确定试验中模型的侧偏角 β 及试验风速 $V_{试}$。反之，从试验中的模型侧偏角 β 及试验风速 $V_{试}$，可反推试验工况对应的真实情况下的横风速度 $V_{风}$、列车运行速度 $V_{车}$。在下文中，试验风速为 $V_{试}$，侧偏角为 β。

由图 2-2(b)可知，作用于运行的高速列车的自然风为 W，风向角为 γ，W 可以分解为一个垂直于车身纵向中心线的风速，即横风 $V_{风}$，与一个和车运行方向平行的风速。

2.2　绕流特性

高速列车绕流特性是指高速列车外表面的空气流动现象。由于车身是一个长宽比很大的细长体，形状不完全对称，且近地运动，所以，高速列车绕流是完全的三维流动。当空气绕流列车时，由于黏性作用，紧贴车身表面的空气保持静止，并在薄的边界层内空气速度由零增大到未受扰动的来流速度，边界层厚度往下游方向逐渐增加。空气绕流列车运动时产生两种类型的分离现象：一种是由于车头并非完全的流线型，在头部附近会出现不同程度的边界层分离，然后向下游再附着，从而出现分离泡，分离泡中包含小涡，这些涡的轴线基本上与未扰动的空气流垂直，这是一种二维性质的流动分离；另一种是由于地面的摩擦作用，车身下部的气流比上部的气流速度低，压力比上部高，从而在车身两侧形成一对向上翻卷的侧向涡，并拖向车身后部和尾流中，这是一种具有强三维性质的流动分离。

对于高速列车而言，头车、尾车端部是同样形状的流线体，高速列车的横断面形状一致，车辆底部除转向架外均包有裙板，两车辆连接处采用大风挡，使得整列车的外形比较规整，气流流动相对平稳。但是，高速列车底部由于结构复杂、凹凸不平，而且两侧多组转向架的存在和运动，使底部流动变得十分复杂，绕流干扰相当严重，尤其对气动阻力的影响更为明显。

2.2.1　高速列车头部绕流特性

对于高速列车,前、后端采用相同的流线型外形,特点是表面光滑,并采取大斜度扁鼻锥的圆弧过渡,剔除了尖棱角平直面过渡,减小外露构件,并采用整流措施,使高速列车头部表面流态呈现稳定的层流状态,明显地降低了气动阻力,减小了功率损失。

对于一般流线型高速列车,在无侧风工况时,头部对称面内的流线呈准二维流动状态,与头锥角及前缘半径变化关系不大。在车体侧面有一对近乎上旋的涡,并向后发展成较弱的涡面脱落,在靠近地面处有一对旋转方向相反的涡,随着头锥角和前缘半径的变化,涡的强度和位置产生变化,随着地面状态的改变,其变化尤为明显。在上下两个涡系之间有一条明显的、位置偏下的再附线,基本上处于车体横断面最宽处。

当有侧风时,车头背风面的涡上移,且涡的强度增大。当头锥角增大时,车体侧面绕流容易分离,引起涡强度和位置的明显变化,尤其在背风面更突出。但是,当头锥角和前缘半径偏小时,在头部侧面容易拖出一对分离涡,涡的位置偏高,使头车顶部绕流发生分离,而在两侧下部仍保持较好的附着流动,且随着侧风角度的不同,高速列车表面的涡特性也不同,主要表现在车体背风面涡的生成、发展和脱落等特性的差异上。

2.2.2　高速列车尾部绕流特性

由于高速列车是双向运行,目前,头车与尾车的外形保持相同,在无侧风时,车身表面边界层厚度从前至后沿着长度方向逐渐增厚。当气流流经尾车后部时,形成尾流区,并在其后部产生一对很强的旋涡,涡心位置偏低。当尾车顶部的气流与这对旋涡会合时,使旋涡的强度增强,并形成明显的拖曳涡继续向后移动,涡心逐渐靠近地面并不断地向两侧外移,涡的强度随之逐步减弱。在有侧风时,随着侧风角度的增大,迎风面侧的涡心向下、向内移动,而背风面侧的涡心则向上、向外移动,且旋涡的强度也逐渐增大。随着尾车的尾锥角及后缘半径的变化,旋涡的强度及旋涡的拖曳位置会有显著的变化,但尾迹的分布规律基本上是相同的。高速列车尾部流场特性如图 2-3 所示。

当高速列车车顶出现受电弓时,因高速列车的头、尾车顶部都会有受电弓,

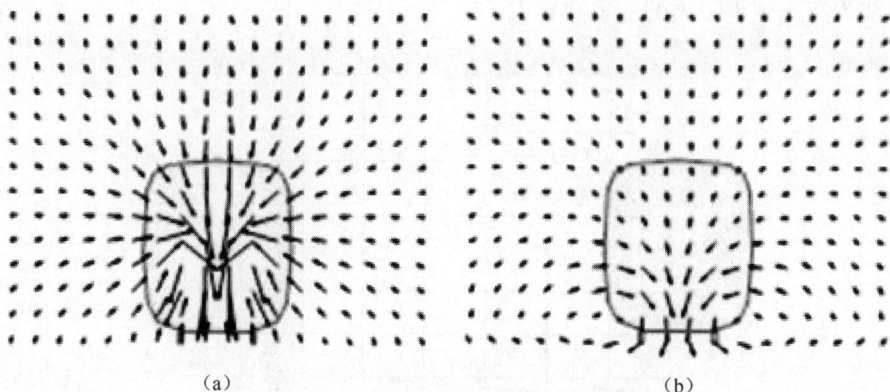

（a） （b）

图 2-3　高速列车尾部横截面速度流场特性

（a）距流线型尾端 5mm；（b）距流线型尾端 500mm。

尾部的受电弓会诱导出一个很明显的旋涡,影响尾车流场结构,且随侧风角度的增大,其诱导作用加剧。

2.3　气动阻力特性

2.3.1　高速列车阻力的构成

高速列车运行时所受到的阻力由基本阻力和附加阻力两部分组成。基本阻力包括机械阻力和气动阻力,附加阻力包括启动阻力、坡道阻力、加速阻力、弯道阻力及隧道阻力等,这些阻力都是高速列车在不同路况和不同运行状态下产生的。

高速列车的基本阻力是高速列车在直线轨道无风状态下运行时的总阻力(又称走行阻力),它与高速列车运行速度 V 之间的关系可表示为

$$D = A + B_1 V + B_2 V + CV^2 \qquad (2-1)$$

式中:D 为高速列车总阻力;V 为运行速度;A 为车轮和轨道之间滚动产生的滚动阻力;$B_1 V$ 为传动系统和制动系统等产生的机械阻力;$B_2 V$ 为空调系统、燃烧室、发动机冷却系统等产生的阻力;CV^2 为气动阻力。

图 2-4 给出了 ICE 列车阻力与速度的关系曲线。

在高速列车运行状态下,气动阻力的占比将随着 V 的增大而快速增大,最

19

终成为高速列车阻力的主要贡献者。

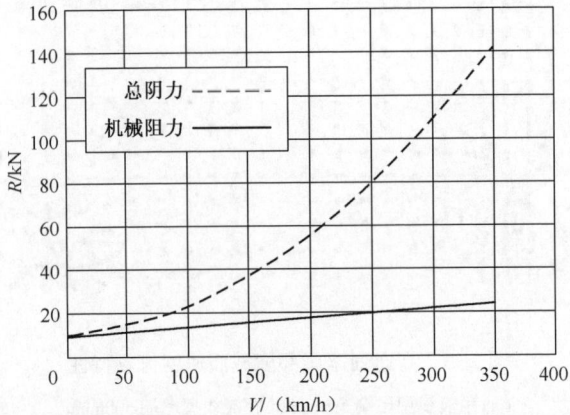

图 2-4 ICE 列车阻力与速度的关系曲线

2.3.2 高速列车气动阻力特性

由于气动阻力是高速列车运行总阻力的主要贡献者,高速列车牵引动力中大部分功率将用来克服气动阻力。因此,减小高速列车运行时的气动阻力是高速列车节能降耗,提高运行速度的有效举措,也是重要的研究对象。

高速列车运行时的表面压力和切应力沿列车运行的反方向形成的合力,称为气动阻力,气动阻力由压差阻力和摩擦阻力构成。压差阻力主要取决于高速列车头部、尾部的形状和车身结构部件的外形,摩擦阻力主要取决于高速列车的长度和车身表面的光滑程度。

为便于分析,定义无量纲系数,即各节车厢气动阻力系数 C_x,其表达式为

$$C_x = \frac{F_x}{qS_x} \tag{2-2}$$

$$F_x = qSC_x = \frac{1}{2}\rho SC_x V^2 \tag{2-3}$$

式中:F_x 为高速列车各节车厢的气动阻力;C_x 为高速列车各节车厢的气动阻力系数;S 为参考面积,一般是全车的正向投影面积,且不同车厢都取相同的参考面积;V 为高速列车实际运行速度或风洞试验中的试验风速。

高速列车都采用固定编组方式,其组成按各车厢在整个车身中的部位,分为

头车、中间车和尾车。研究高速列车阻力特性时,可以对单节车厢进行分析。目前,根据中国中车集团提出的《高速列车空气动力学性能计算和试验鉴定暂行规定》,不同速度等级的动车组各节车厢(三车编组的风洞试验模型高速列车)气动阻力系数参考值如表2-2所列。

表2-2 各种运行速度等级高速列车气动阻力系数允许的最大值

高速列车运行速度		200km/h	250km/h	300km/h	350km/h
头车	中间车装受电弓	0.25	0.22	0.20	0.19
	中间车无受电弓	—	0.18	0.17	0.16
尾车	中间车装受电弓	0.28	0.26	0.22	0.21
	中间车无受电弓	—	0.19	0.18	0.17
中间车	中间车装受电弓		0.16	0.15	0.15
	中间车无受电弓	0.10	0.09	0.09	0.09

1. 头车气动阻力特性

高速列车头车对高速平稳运行有重要影响,头车的外形也随着高速列车运行速度的提高发生了很大变化。

对于流线型的高速列车,常见的车头形状有椭球形、扁梭形和扁宽形等,如图2-5~图2-7所示。通过改变头部长细比、包线形状和走势可以降低气动阻力,图2-8和图2-9给出了不同包线形状和长细比流线型头型的比较。

图2-5 德国ICE高速列车流线型车头

（a）　　　　　　　　　　　　　　（b）

（c）　　　　　　　　　　　　　　（d）

图 2-6　法国高速列车代表性流线型车头

（a）TGV PSE；（b）TGVA；（c）TGV 2N；（d）AVG V150。

（a）　　　　　　　　　　　　　　（b）

(c)

(d)

(e)

(f)

(g)

(h)

图 2-7　日本新干线高速列车流线型车头

(a)新干线 0 系;(b)新干线 100 系;(c)、(d)新干线 200 系;

(e)新干线 300 系;(f)新干线 400 系;(g)新干线 500 系;(h)新干线 700 系。

高速列车头车的车头形状主要是以车头流线型形状部位的长细比 λ 作为

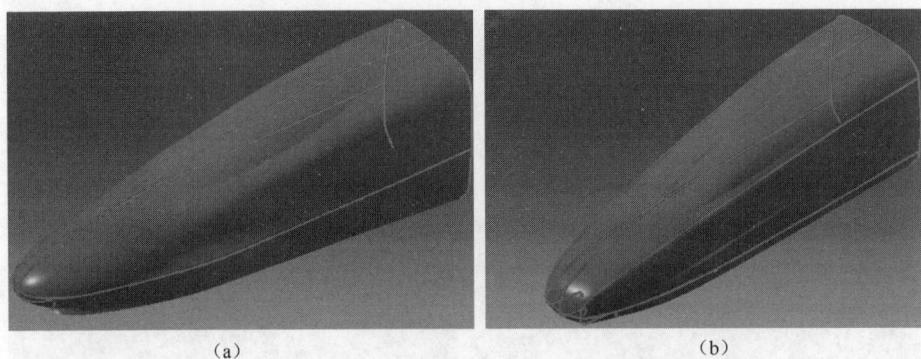

图 2-8 高速列车流线型车头断面形状

(a)断面 1;(b)断面 2。

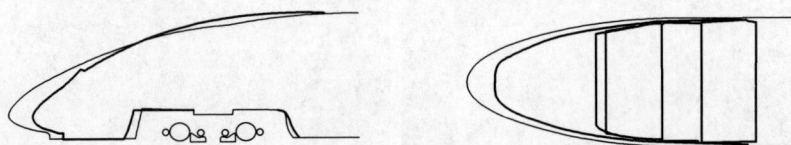

图 2-9 不同长细比的流线型头车比较

车头外形的特征参数,即

$$\lambda = \frac{L_d}{\sqrt{A/\pi}} = \frac{L_d}{R_d} \tag{2-4}$$

式中:A 为高速列车正投影面积;R_d 为车身横断面的水力半径;L_d 为头部流线型形状部位沿车体坐标系纵向 x 方向的长度。

目前,我国铁道行业标准《高速列车空气动力外形设计、计算及试验技术条件》中给出了不同高速列车运行速度下的头车阻力系数及头部长细比的推荐值,如表 2-3 所列。

表 2-3 不同高速列车运行速度下的头车阻力系数及头部长细比的推荐值

最高运行速度/(km/h)	200	250	300
头车阻力系数 C_x	≤0.28	≤0.24	≤0.20
头部长细比 λ	≥2.0	≥2.5	≥3.0

24

我国列车空气动力学科研机构开展了某型高速列车的车头形状对气动阻力特性影响的试验研究。首先选择头锥角、前缘半径为主要变化参数,同时对车头部分的长度及前缘宽度也作适当的调整,进行比较。研究结果表明:气动阻力系数随前倾角的增大而增大,前缘半径的影响不明显。另外,选择了6种不同车头形状的头车模型进行了比较,如图2-10所示,重点研究头部长细比的影响。通过对三车编组无侧风工况开展研究,获得的气动阻力结果如表2-4所列。

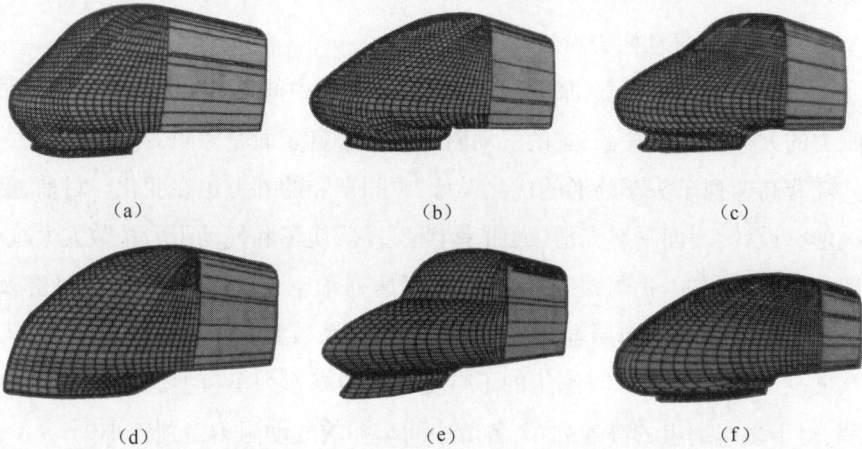

图2-10　6种不同形状的高速列车头车

(a) Ⅰ型;(b) Ⅱ型;(c) Ⅲ型;(d) Ⅳ型;(e) Ⅴ型;(f) Ⅵ型。

表2-4　三节车辆编组头车、中间车和尾车气动阻力系数($V=50m/s$)

头型	Ⅰ型	Ⅱ型	Ⅲ型	Ⅳ型	Ⅴ型	Ⅵ型
头车	0.211	0.213	0.210	0.226	0.212	0.199
车厢	0.076	0.075	0.073	0.068	0.074	0.077
尾车	0.295	0.257	0.236	0.238	0.227	0.211
整车	0.582	0.545	0.519	0.532	0.513	0.487

　　由表2-4可知,Ⅰ、Ⅱ、Ⅲ头型的头车气动阻力系数基本相同,C_x值约为0.210;Ⅳ头型的头车气动阻力系数稍大,C_x值为0.226;Ⅵ头型的头车气动阻力系数最小,C_x值为0.199。从外形轮廓相近的3个头型(Ⅰ、Ⅱ、Ⅲ)比较来看,

随着车头长细比的增大,其车头外形曲率变化更加趋于平缓,从而使头车的气动阻力系数依次降低。Ⅵ头型的头车外形特点是:在纵向对称面上的外形轮廓线最前点(头型尖点)是其高度方向的最低点,而且其外形轮廓线非常饱满,是光滑的拱形;在水平面上的外形轮廓线也是很光滑的拱形。因此,这种造型使整个车头的外表面的任何一个位置处都没有曲率的突变,不但使头车的气动阻力系数减小,而且在侧风作用下,由于气流绕过车头时产生的分离较弱,压力变化较平缓。

2. 中间车厢气动阻力特性

高速列车车体中间部位的客车车厢是编组的中间环节,编组的车辆数对整车阻力的大小有直接关系,它的气动阻力主要来自表面摩擦阻力。

随着高速列车头车外形的优化设计,中间车厢的外形也在变化。目前,已采用鼓形壁设计,表面平整光滑,大曲率半径过渡,使车厢气动阻力系数大大减小,一般为0.10左右。我国铁道行业标准《高速列车空气动力外形设计、计算及试验技术条件》中规定:单层客车车厢的气动阻力系数要小于0.10。

文献[8]对3车~6车编组的不带受电弓的高速列车模型进行了研究,结果表明,对于多车编组的高速列车,各节中间车厢的气动阻力差别较小。

3. 尾车气动阻力特性

对高速列车而言,其头车和尾车是同一个车型,这已是高速列车编组的固定模式。对于尾车来说,其尾部的长细比越大,气动阻力系数越小;编组的车辆越多,气动阻力系数越小。需要指出的是,在高速列车头型设计时,一定要兼顾头车和尾车不同的使用特点。有的头型虽然有流线型特征,对头车气动阻力特性有利,但当它作尾车时,其气动阻力特性就不一定有利。影响尾车气动阻力系数特性的主要因素是高速列车尾部流动的分离区,当分离区较大时,在尾部就会出现较大的负压区,气动阻力系数会增大。

4. 全车气动阻力

高速列车全车的气动阻力,可以由各节车厢气动阻力求和而得到,即

$$全车气动阻力 = 头车气动阻力 + \sum_{i=1}^{N} 中间车阻力_i + 尾车气动阻力 \quad (2-5)$$

式中:N 表示全车有 N 节中间车车厢;下标 i 表示第 i 节车厢。对于多车编组的高速列车全车气动阻力的计算,通常采用上述公式。

2.3.3　高速列车气动阻力的影响因素

高速列车运行时,与静止的空气产生相对运动。高速列车头部空气被冲压,形成较大正压,空气绕流至高速列车尾部时,压力降低,前后压差产生压差阻力。高速列车四周表面与空气摩擦产生表面摩擦阻力。此外,高速列车外露装置及突出部分导致气流分离产生附加的压差阻力。气动阻力与流线化程度、表面粗糙度及外露和突出部分是否屏蔽整流等因素以及高速列车长度有关。影响全车气动阻力的主要因素是压差阻力。

对于高速列车而言,气动外形对气动阻力的影响最为显著,包括头型、风挡、裙板、车顶空调及受电弓导流罩、转向架舱的结构外形,甚至排障器结构外形也对气动阻力产生影响。总体来说,长细比更大的头型、全包风挡、尽量减小转向架裸露的裙板、流线型车顶空调及受电弓导流罩,以及空腔空隙更小、采用圆弧端板结构,将有利于减小高速列车气动阻力。改善气流分离,减弱涡流,产生屏蔽整流的作用,从而减小高速列车气动阻力。

2.4　气动升力特性

不同于气动阻力,高速列车气动升力没有像气动阻力那样的求和关系,由于各节车厢是独立的,因而,各节车厢的气动升力是相对独立的。

2.4.1　气动升力的定义

高速列车上下表面外形不同,使空气流速不同,导致各节车厢上下表面压力分布出现较大差异,形成高速列车空气压差升力。同时,与高速列车气动阻力形成机理相同,由高速列车表面的黏性切应力形成高速列车空气摩擦升力。

高速列车运行时的车厢表面压力和切应力沿垂直向上方向形成的合力,即沿垂直方向的车厢表面空气摩擦升力和压差升力之和,称为高速列车气动升力。

为便于分析,定义无量纲系数,即各节车厢气动升力系数 C_y,其表达式为

$$C_y = \frac{F_y}{qS_y} \tag{2-6}$$

$$F_y = qSC_y = \frac{1}{2}\rho SC_y V^2 \qquad\qquad (2\text{-}7)$$

式中：F_y 为高速列车各节车厢的气动升力；C_y 为高速列车各节车厢的气动升力系数；S 为参考面积，一般是全车的正向投影面积，且不同车厢都取相同的参考面积；V 为高速列车实际运行速度或风洞试验中的试验风速。

2.4.2 气动升力的影响因素

影响车辆气动升力的因素主要包括高速列车运行速度、各节车厢的长度和高度、高速列车外部形状，以及大风环境等。大量研究结果表明，一般情况下，对于轮轨系统高速列车的气动升力，在无环境风（横侧风为零）状态下，头车为负升力，尾车为正升力；有底罩结构的中间车为负升力，其他底部结构的中间车可能是正升力或负升力。

自然风 W、风向角 γ、高速列车运行速度与气动升力之间存在以下规律。

（1）相对于无侧风状态，在大风作用下，高速列车的头车、中间车和尾车的气动升力均迅速增大。车辆气动升力与 $V_{风\to车}$ 相关。

（2）高速列车的头车、中间车和尾车的气动升力随 γ 在较小值范围内的增加而呈 2 次方关系迅速增大。

（3）当 γ 达到一定值时，头车气动升力首先达到最大值；当 γ 继续增大时，尾车、中间车的气动升力分别相继达到最大值，在头车、中间车和尾车各自达到最大值后，气动升力不仅不再随 γ 的增加而增大，而且有可能随其增加而有所下降，但仍比无风时大得多。

2.4.3 气动升力对高速列车运行的影响

对高速列车而言，无论是轮轨系统高速列车还是磁浮系统高速列车，过大的气动升力对运行高速列车均会带来不利影响。

在无环境风状态下，对于轮轨系统高速列车，当车辆受到正升力作用时，动力车轮轨之间的黏着力减小，降低高速列车牵引力，导致高速列车产生"飘"的现象；过大的正升力，还有可能导致高速列车爬轨和跳轨；弓网之间的接触力会进一步增大。当车辆受到负升力作用时，将增加高速列车动态轴重，使轮轨之间的接触力增大，加剧高速列车对钢轨的动力冲击、踏面和钢轨的磨损。对于磁浮系统高速列车,高速列车的悬浮是依靠电磁力,当高速列车的悬浮高度因其他外力发生频繁改变时,悬浮电磁力的大小也随之改变,以抵消这一外力。由于悬浮电磁力的变化与其他外力的变化存在时间差,由此导致车辆发生振动,严重影响旅客舒适性并有害于电磁悬浮系统。气动升力与高速列车运行速度的平方成正比,因高速列车运行速度的改变,再加上环境风的影响,气动升力很难保持稳定,无论车辆气动升力是正值还是负值,均对车辆振动产生影响。

当运行高速列车遭遇强侧风时,由其引发的升力在与侧向力共同作用下,极有可能导致高速列车倾覆,特别是对高路堤、高架桥上运行的高速列车,更具危害性。

2.4.4 改善高速列车气动升力措施

通过研究,改善车辆气动升力的主要措施是合理设计高速列车外形。合理设计高速列车头尾部流线型外形,如增加流线型头部长度和尖梭形的流线型头部对降低高速列车气动升力绝对值非常有效。合理设计头部鼻尖下方的导流板形状,由于导流板使高速列车下部气流分离,并挡住部分气流进入车体底部,可以调节升力的大小。合理设计车体底部结构,车体底部除转向架位置外,采用车体底罩结构,可以降低底部零部件对空气流动的干扰,减小升力绝对值。

2.5 气动侧向力特性

2.5.1 气动侧向力的定义

当气流与高速列车纵向对称面平行时,即无环境风作用时,气动侧向力为零。但高速列车在实际运行过程中,因自然风影响,高速列车各节车厢都会产生气动侧向力。

同样,为便于分析,定义无量纲系数,即各节车厢气动侧向力系数 C_z,其表达式为

$$C_z = \frac{F_z}{qS} \tag{2-8}$$

$$F_z = qSC_z = \frac{1}{2}\rho SC_z V^2 \qquad (2-9)$$

式中：F_z 为高速列车各节车厢的气动侧向力；C_z 为高速列车各节车厢的气动侧向力系数；S 为参考面积，一般是全车的正向投影面积，且不同车厢都取相同的参考面积；V 为高速列车运行速度或风洞试验中的来流速度。

2.5.2 气动侧向力的特性

研究表明，自然风 W、风向角 γ、高速列车运行速度与气动侧向力之间有以下规律。

（1）在大风作用下，高速列车的头车、中间车和尾车的气动侧向力（绝对值）均迅速增大，车厢气动侧向力与 $V_{风\to车}$ 相关。

（2）高速列车的头车、中间车和尾车的气动侧向力绝对值随 γ 在较小值范围内的增加而呈 2 次方关系增大。一般情况下，当 γ 小于某一个临界值时，气动侧向力均随 γ 的增加而迅速增大，当 γ 达到临界值时，气动侧向力达到最大值，随后，随着 γ 逐步增大到 90° 时，气动侧向力将随 γ 的增大逐渐减小。

（3）在相同的 γ 下，头车比中间车和尾车的气动侧向力绝对值都要大，且头车、中间车、尾车的气动侧向力绝对值均随 γ 的增加而迅速增大。

（4）在大风作用下，由于高速列车侧部迎风面的正压力与背风面的负压力叠加，使车厢气动侧向力成倍速增加。

2.5.3 气动侧向力的改善措施

显而易见，气动侧向力对高速列车的安全运行是不利的。较大的气动侧向力与升力共同作用下，高速列车极容易发生脱轨和倾覆事故。

气动侧向力反映了高速列车气动外形对侧风的敏感性，在很大程度上取决于车身外形。因此，应尽量从高速列车气动外形优化的角度降低气动侧向力，提升高速列车运行安全性。

主要是通过改进包括车厢高度、宽度和侧面形状在内的气动外形等措施，降低高速列车车厢的气动侧向力。

2.6 气动力矩特性

2.6.1 气动力矩的定义和特性

高速列车在侧风状态下运行时,除了上述的各气动力,每节车厢还会产生气动力矩,它们是阻力、升力、侧向力绕 3 个坐标方向产生的力矩,用 M_x、M_y、M_z 表示,分别称为倾覆力矩、侧偏力矩和俯仰力矩,都按右手定则确定正向。值得说明的是,当高速列车直线运行且无环境风时,各节车厢仅产生俯仰力矩 M_z。各气动力矩说明参见表 2-1。

同样,为便于分析,定义无量纲系数,各气动力矩系数的表达式为

$$m_x = \frac{M_x}{qSB} \tag{2-10}$$

$$M_x = qSBm_x = \frac{1}{2}\rho SBm_x V^2 \tag{2-11}$$

$$m_y = \frac{M_y}{qSB} \tag{2-12}$$

$$M_y = qSBm_y = \frac{1}{2}\rho SBm_y V^2 \tag{2-13}$$

$$m_z = \frac{M_z}{qSL} \tag{2-14}$$

$$M_z = qSLm_z = \frac{1}{2}\rho SLm_z V^2 \tag{2-15}$$

式中:m_x、m_y、m_z 分别为倾覆力矩系数、侧偏力矩系数和俯仰力矩系数;S 为参考面积,同上,一般是全车的正向投影面积,且不同车厢都取相同的参考面积;V 为高速列车运行速度或风洞试验中的来流速度;B 为高速列车各节车厢宽度,L 为各节车厢的长度。

与高速列车运行安全相关的气动力矩主要是 M_x 和 M_y,它们与侧风大小

31

和方向是密切相关的。一般情况下,当侧风与高速列车运行方向的夹角逐渐增大,M_x 和 M_y 先迅速增大,达到一个峰值后,将逐渐回落,但仍比无侧风时的大。

2.6.2 降低气动力矩的工程措施

众所周知,高速列车在较大的倾覆力矩和侧偏力矩的作用下,会发生车身倾覆或脱轨的事故,因此,降低高速列车的倾覆力矩和侧偏力矩对其安全运行至关重要。

在工程实际的中,主要采用 3 种方法:一是通过改善高速列车的气动外形,如优化头尾车的气动外形、车厢的高度和宽度以及车厢横断面的外形等措施降低气动升力和侧向力,从而减小相应的侧倾力矩和侧偏力矩;二是通过在高速列车运行的大风线路安装各式挡风墙,如图 2-11 所示,降低大风对高速列车的作用,减小高速列车受到的气动力矩;三是大风预警及降速和停运措施,也就是对在大风恶劣天气下运行的高速列车进行预警,如图 2-12 所示,使高速列车通过降低运行速度,甚至停止运行,从而减小或避开大风造成的高速列车气动力矩过大的情况。

图 2-11　高速列车线路挡风墙

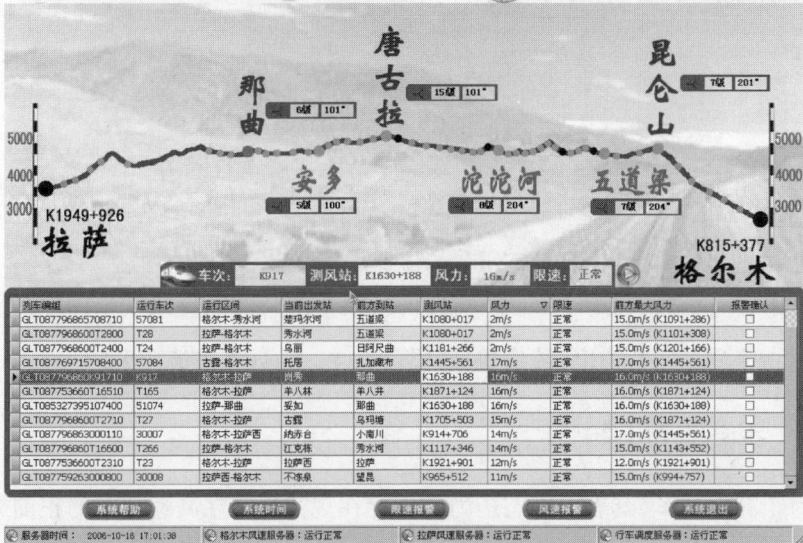

图 2-12　青藏线大风预警系统示意图

2.7　表面压力特性

高速列车是在大气环境下贴地运行的长大物体,其经过线路空间存在的空气介质必然会被高速列车排挤开,以便高速列车通过,从而在高速列车表面产生沿法线方向的压力,称为高速列车表面空气压力。本书重点讨论高速列车稳态表面压力特性。

2.7.1　表面压力的定义

高速列车表面空气压力用 p_b 表示,即空气垂直作用在高速列车表面单位面积上的力。其方向按垂直于高速列车表面,并以指向作用面方向为其正向,大小为高速列车外表面的静压与当地大气环境静压之差,即

$$p_b = p - p_\infty \tag{2-16}$$

式中: p_b 为高速列车表面空气压力; p 为高速列车表面静压; p_∞ 为当地大气环境静压,即参考压。

为便于分析比较,定义无量纲系数,即高速列车表面压力系数 C_p ,其表达式为

$$C_p = \frac{p_b}{q_\infty} = \frac{p - p_\infty}{\frac{1}{2}\rho V_\infty^2} \tag{2-17}$$

式中: C_p 为高速列车表面压力系数; q_∞ 为来流动压, $q_\infty = \frac{1}{2}\rho V_\infty^2$; ρ 为空气质量密度; V_∞ 为空气相对于高速列车的流速。

其中,在风洞试验中, V_∞ 为试验风速;实车试验或动模型试验时, V_∞ 为测试时的高速列车运行速度;数值模拟计算时, V_∞ 为远方来流速度。

2.7.2 表面压力的特性

对于高速列车,其表面稳态压力特性存在规律性。在高速列车的正前方,空气受到的挤压最严重,且最大正压力出现在车头前部,并存在压力驻点。在高速列车鼻尖即附近区域,气流受挤压,基本是正压区。随着气流沿车头车窗向上和侧面流动,气流流速逐渐增大,压力也随之逐渐降低,并且由正转负。在高速列车头部最大截面处,气流速度达到最大,压力降至最低(负压绝对值最大),此时,在高速列车头部形成了负压区,即产生了流动分离。当气流继续向车顶和车身平直截面流动,气流速度减小,压力也较为平稳。在车身平直表面,由于空气的摩擦,在高速列车表面形成了较薄的边界层,其中,靠近车体的气体以与高速列车相等的速度运动,并在车身表面呈现较小的负压状态。在车尾,高速列车将对周边空气产生吸引作用,绝大多数区域为负压状态,并产生流动分离,车尾的最大负压绝对值比车头的最大负压绝对值要小。值得注意的一个压力特性是,在尾部车窗附近区域,分离的气流会有一部分再次附着在车身表面,从而在该区域出现较小范围的小压力正压区。

流线型高速列车上表面的纵向中心线的表面压力特性如图2-13所示。

影响高速列车外表面空气压力的因素包括运行速度、边界层、高速列车外形、大风环境、运行路况等。

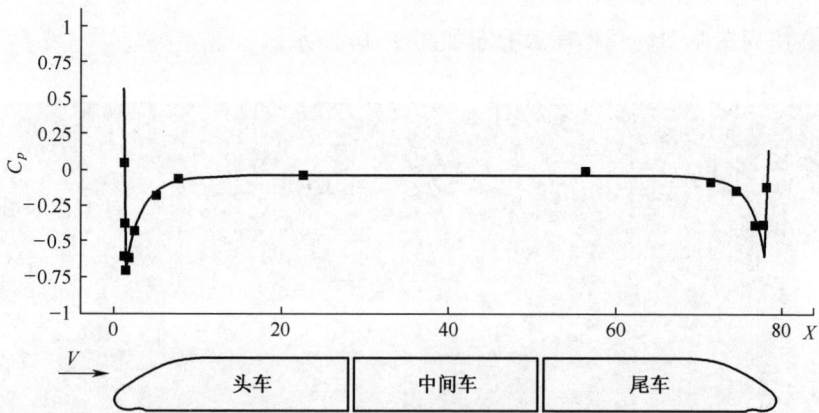

图 2-13 流线型高速列车上表面的纵向中心线的表面压力

2.8 气动噪声特性

空气受到扰动,出现了涡流和压力突变的情况,引起空气振动,由此产生空气噪声。当高速列车行驶时,空气绕过高速列车的流动为紊流,其表面生成许许多多的旋涡,给空气施加了变动的作用力而引起空气振动,产生声波发出气动噪声。早期的电力牵引车组的噪声主要来自轮轨噪声和受电弓摩擦及放电噪声,随着技术的进步,这些噪声大大减少。对于高速列车,空气动力学噪声成为主要的噪声来源。日本新干线开通初期,沿线噪声曾达 80～90dB,若在钢结构桥梁上,噪声会更加严重。起先都认为是轮轨接触的碰撞及传动部分振动等走行部分造成的,便很快设置了隔声墙措施,但后来慢慢认识到气动噪声才是不可忽视的。解决高速轨道交通噪声问题(即降低噪声问题)已成为工程界和科学界共同关注的一个热点,这个关键问题的解决直接关系到高速轨道交通的实用性和持续发展,因为它不仅影响到乘坐旅客的舒适程度,还影响到高速列车周围的生态环境。

日本在新干线高速列车上进行了大量实车噪声测量研究,将高速列车运行时的噪声源分为 5 类:受电弓噪声、头部噪声、车体上部噪声(车厢连接处噪声)、车体下部噪声(转向架噪声和轮轨噪声)和结构噪声。其中,除了轮轨噪声和结构噪声,其余都是气动噪声。

高速列车典型气动噪声源分布如图 2-14 所示。

（a）

（b）

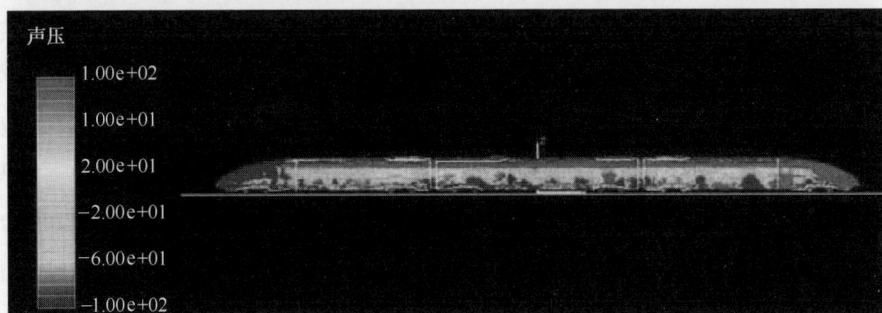

（c）

图 2-14　典型高速列车气动噪声源分布(彩色版本见彩插)

（a）高速列车头车典型气动噪声分布;（b）高速列车尾车典型气动噪声分布;

（c）高速列车全车典型气动噪声分布。

对气动噪声的分析研究表明,空气流过高速列车表面产生的气动噪声水平与空气流速的 6 次方成正比,机械噪声与流速的 3 次方成正比,线路结构物发出的噪声与高速列车速度 1~2 次方成正比。随着高速列车运行速度的提升,气动噪声成为主要的噪声来源。高速列车的气动噪声一般为湍流噪声,其产生机制和气动阻力的产生机制是相同的,都与物体表面上的边界层流动密切相关,特别是取决于其湍流状态。这就是说,高速列车的气动噪声大,其气动阻力必然大,也表明其气动外形设计不尽合理。

一般认为,宽带(高频部分)噪声主要是指湍流流入的干扰噪声和自激噪声。干扰噪声(低频部分)是当脱体涡遇到近旁运动物体时释放出脉冲性质的声能,一般都是在部分功率下降时出现,如高速列车进站和山谷中穿行,其特性取决于脱体涡的强度和路径。由于高速列车气动噪声的复杂性,气动噪声源及其产生机理还有待进一步研究。

世界高速轨道交通技术发达国家,对于高速列车的气动噪声研究也是非常重视的。以日本为例,规定新干线的路侧噪声强度不能超过 75dB,并从 20 世纪 80 年代开始就把气动噪声作为核心问题进行重点研究。根据我国相关规定要求,高速列车不停车以规定速度驶过时,在离轨道轴线 25m 远和距轨道顶面 3.5m 高处测得的 A 声级值不得高于 89dB(A)。

目前,基于高速列车车身结构外形的降噪措施如下:①改善气动外形减少声源;②整流外形减少涡分离(湍流)引起的脉动强度;③装饰吸音壁,采用双层填充吸音材料结构;④限止高速列车长度减少接缝,比较直观的方法是采用人体模型拾音和脉动压力分离等手段探索噪声源并获取噪声强度;⑤重点考虑受电弓即导流罩、外风挡和转向架及转向架舱等关键部位的气动外形优化。

参 考 文 献

[1] 田红旗. 列车空气动力学[M]. 北京:中国铁道出版社,2007.

[2] 贺德馨. 风工程与工业空气动力学[M]. 北京:国防工业出版社,2006.

[3] 田红旗. 中国高速轨道交通空气动力学研究进展及发展思考[J]. 中国工程科学,2015,17(4):30-41.

[4] Chiu T W, Squire L C. An experimental study of the flow over a train in a crosswind at large yaw angles up to 90 °[J]. Wind Eng. Ind. Aerodyn,1992(45):47-74.

[5] 梁习锋,曾剑明. 高速列车模型尾流测量及数值积分[J]. 流体力学实验与测量,1997,11(2):90-94.

[6] Gawthorpe R G. Aerodynamics in railway engineering, part 1: aerodynamics of trains in the open air [J]. proc. world congr. Inst. Mech. Eng. Railw. Eng. Int, 1978: 7-12.

[7] Sockel H. The aerodynamics of trails. In handbook of fluid dynamics and fluid machinery[M]. New York: Wiley & Sons.

[8] 黄志祥,陈立,蒋科林. 高速列车模型编组长度和风挡结构对气动阻力的影响[J]. 实验流体力学, 2012,26(5):36-41.

[9] 黄志祥,陈立,蒋科林. 高速列车减小空气阻力措施的风洞试验研究[J]. 铁道学报,2012,34(4): 16-21.

[10] 朱卫. 高速列车气动外形风洞试验研究[J]. 流体力学实验与测量,1997,11(2):105-107.

[11] 张健. 高速列车动车头形风洞试验研究[J]. 流体力学实验与测量,1997,11(2):85-89.

[12] Peters J L. Aerodynamics of high speed trains and Maglev vehicles. In impact of aerodynamics on vehicle design[C]. ed. Dorgham, M A 308-341. London: Inderscience, 1983.

[13] Baker C J. Ground vehicles in high cross winds part 1: steady aerodynamic forces[J]. J. of Fluids and Structures, 1991(5):69-90.

[14] 小野纯朗. 提高列车速度的理论和实践[M],徐勇,译. 北京:中国铁道出版社,1992.

[15] 蔡国华. 高速列车受电弓气动力特性风洞试验研究[C]. 第五届全国风工程及工业空气动力学学术会议论文集,1998:375-380.

[16] Steinbeuer J. Calculation of unsteady pressures during passing and tunnel entrance of trains[J]. ASME Aerodynamics of transportation, 18-20,6,1979:177-191.

[17] 田红旗,卢执中. 列车交会压力波的影响因素分析[J]. 铁道学报,2001 23(4):17-20.

[18] Pope C W. The simulation of flows in railway tunnels using 1/25th scale moving model facility. In aerodynamics and ventilation of vehicle tunnels[C]. ed. Haerter, A 48-56. New York: Elsevier, 1991.

[19] Woods W A, Pope C W. A generalized flow prediction method for the unsteady flow generated by a train in a single-track tunnel[J]. J. of wind engineering and industrial aerodynamics, 1981(7):331-360.

[20] Gawthorpe R G. Aerodynamics in railway engineering part 3: aerodynamics of trains in tunnels [C]. Mech. Eng. Railway. Eng. Int, 41-47, 1978.

[21] Tatsuo Maeda. Model experiments on micro-pressure wave radiating from shinkansen tunnel[J]. J. of wind Engineering, 1997,78:31-34.

[22] 张小钢. 高速列车湍流绕流三维数值计算研究. 成都:西南交通大学,1995.

[23] 王厚雄,何德昭,徐鹤寿. 列车风作用下的人体气动特性[C]. 第四届全国风工程及工业空气动力学学术会议论文集,1994.

[24] Khandhia Y, Gaylard A P, Johnson T. CFD simulation of three dimensional unsteady train aerodynamics [C]. MIRA International vehicle aerodynamics conference Birmingham, UK, 1996.

[25] Gawthorpe R G. Train drag reduction from Simple design changes. In impact of aerodynamics on vehicle de-

sign[C]. ed. Dorgham, M A 308-341. London: Inderscience.

[26] Gawthorpe R G. Wind effects on ground transportation[J]. J. Wind Eng. Ind. Aerodyn,1994,52(1-3):73-92.

[27] 周瑜平. 高速列车试验研究探索[C]. 第四届全国风工程及工业空气动力学学术会议论文集, 1994:369-374.

[28] 易仕和,邹建军,吴桂馥,等. 利用均匀抽吸地板进行高速列车模型地板边界层影响的试验研究 [J]. 流体力学试验与测量,1997,11(2):95-99.

[29] Schetz J A. Aerodynamics of high-speed trains[J]. Annu. Rev. Fluid Mech,2001,33:371-414.

[30] 池田充. 最近的受电弓降噪技术[J]. 国外铁道车辆,2011,48(3):20-23.

[31] 朱剑月,景建辉. 高速列车气动噪声的研究与控制[J]. 国外铁道车辆,2011,48(5):1-8.

[32] Talotte C. Aerodynamic Noise: a critical survey [J]. Journal of Sound and Vibration,2000,231(3): 549-562.

[33] 许平. 青藏铁路大风监测预警与行车指挥系统研究[D]. 长沙:中南大学,2009.

[34] 姚拴宝,郭迪龙,孙振旭,等. 基于 Kriging 代理模型的高速列车头型多目标优化设计[J]. 中国科学,2013,43(2):186-200.

[35] 孙振旭,宋婧婧,安亦然. CRH3 型高速列车气动噪声数值模拟研究[J]. 北京大学学报,2012,48 (5):701-711.

[36] 沈志云. 关于我国发展真空管道高速交通的思考[J]. 西南交通大学学报,2005,40(2):133-137.

[37] 刘加利,张继业,张卫华. 真空管道高速列车气动特性分析[J]. 机械工程学报,2013,49(22):137-143.

[38] 刘凤华. 高速列车气动性能低温风洞试验[J]. 交通运输工程学报,2018,18(6):93-100.

[39] 李明,李明高,刘楠,等. 超高速动车组新头型方案设计与验证[J]. 机车电传动,2016,6:35-38.

[40] 李国清,李明,孔繁冰,等. 列车头优化设计方法[P]. 中华人民共和国知识产权利发明专利, 2015,9.

第3章 试验设备

3.1 概　　述

以目前高速列车风洞试验常见的研究内容为基础,本章将重点讨论相关试验研究设备,主要包括风洞、地面效应模拟装置、气动力与力矩测量设备、静态与动态压力测量设备、流场显示与测量设备、气动噪声测量设备和其他设备。

3.2 风　　洞

3.2.1 风洞的类型

风洞是一种按一定要求设计的管道,在这个特殊的管道中,借助于动力装置产生可以人为控制的气流,根据运动的相对性和相似性原理进行各种气动力试验的设备。

风洞按其气流速度可分为低速风洞、高速风洞和超高速风洞等。低速风洞试验段气流速度一般小于135m/s(486km/h),气流的可压缩性影响可以忽略不计。现有的高速列车运行速度绝大多数都低于此值,因此,高速列车风洞试验几乎都是在低速风洞中开展。按通过试验段气流循环形式来分,低速风洞有两种基本类型,即"直流式"和"回流式"。按照试验段结构不同,低速风洞又有"开口"和"闭口"之别。

直流式风洞是把通过试验段的气流直接排在风洞外部,如图3-1所示。这种风洞设备简单,建造成本低,但电机功率大,空气温度难以保持稳定,流场品质易受外界的干扰。开口直流式风洞的试验段是敞开式的。由于开口式风洞的试验段与外界直接相连,为了防止外界空气直接流入试验段,使试验段气流中存在

40

横向流,需要在开口试验段的外面罩一密闭室。在开口试验段中,安装模型和进行试验都比较方便,但开口试验段的能量损失比闭口试验段大,流场品质也比闭口试验段差。

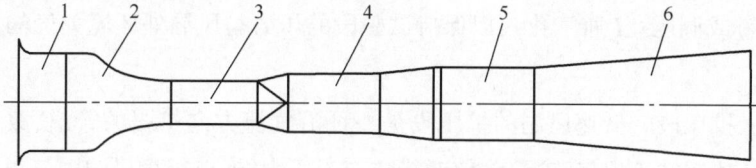

图 3-1　直流式低速风洞
1—稳定段;2—收缩段;3—试验段;4—第一扩散段;5—风扇段;6—第二扩散段。

回流式风洞的特点是通过试验段的气流经循环系统再返回试验段,如图 3-2所示。这种风洞能回收气流动能量,鼓风机用的电动机功率小,但构造复杂,设备庞大,建造成本高。世界上大多数风洞是回流式的。回流式风洞也包括开口和闭口两种。

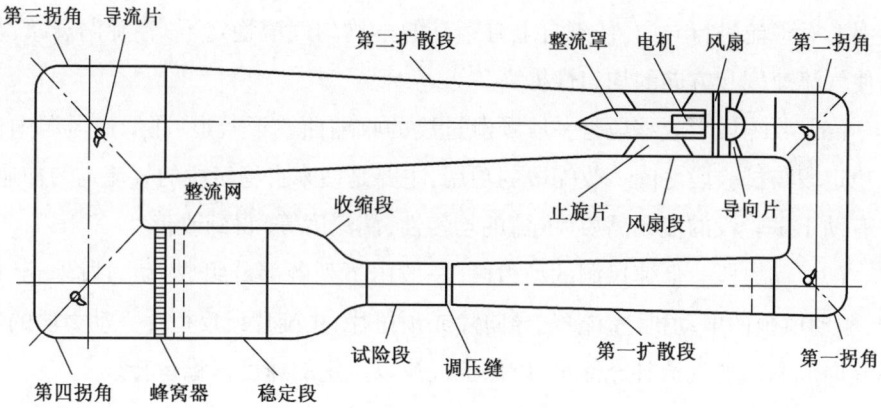

图 3-2　回流式风洞

3.2.2　风洞的构成

直流式低速风洞主要部件包括整流网、稳定段、收缩段、试验段、扩压段、动力段;回流式低速风洞主要部件包括整流网、稳定段、收缩段、试验段、调压缝(孔)、扩压段、拐角与导流片、动力段,各部分功能如下。

41

（1）试验段。试验段顾名思义为进行风洞试验的地方。试验段是风洞中模拟流场、进行模型气动力试验的主要部件，是整个风洞的核心。这就要求试验段的气流稳定、速度大小和方向在空间分布均匀、湍流度低、静压梯度低。

（2）调压缝（孔）。闭口回流式低速风洞试验段的后方，一般都有调压缝（通气缝）或调压孔（通气孔），以保持试验段的压力与风洞外环境大气的压力基本相等。

（3）扩压段。低速风洞的扩压段是一种沿气流方向扩张的管道，故又称扩散段。其功用在于使气流减速，使动能转变为压力能，以减少风洞中气流的能量损失，降低风洞工作所需的功率。

（4）拐角与导流片。回流式风洞的通道中通常都有 4 个使气流折转 90°的拐角。风洞中的拐角一般都装有导流片，导流片的功用就在于减小气流流经拐角时所产生的分离，减小二次流旋涡的强度，从而减少气流的能量损失，使气流流过拐角后的流场品质得到改善。

（5）稳定段。稳定段是一段横截面相同的管道，其特点是横截面积大，气流速度低，并具有一定的长度，一般都装有整流装置，如蜂窝器和整流网，通过切割大涡并对气流进行导向，使来自上游紊乱的不均匀气流稳定下来、旋涡衰减，从而使气流速度和方向的均匀性提高。

（6）收缩段。收缩段是一段顺滑过渡的收缩曲线形管道，在低速风洞中位于稳定段与试验段之间。收缩段的功用，主要是使来自稳定段的气流均匀加速，并有助于试验段的流场品质（气流的均匀性、湍流度等）得到改善。

（7）动力段。低速风洞的动力段，一般由下列各部分组成：动力段外壳、风扇、驱动风扇的电动机、整流罩、导向片或预扭片、止旋片或反扭片。动力段的功用是向风洞内的气流补充能量，以保证气流以一定的速度恒稳运转。

3.2.3　风洞的主要系统

风洞的主要系统包括动力系统、控制系统和测量系统。

（1）动力系统。风洞动力系统的主要功能是驱动风扇，为风洞提供稳定的气流。由于电动机可以将电能转变为机械能，并且便于自动控制，因此，驱动风扇的原动机多采用电动机。

实现风洞动压（对应气流速度）的调节有两种方案：一是调节风扇电机转

42

速;二是调节风扇浆距,也称为变距。因此,风洞动力系统分为调速系统和变距系统两类。风扇电机转速的调节按照电动机类型的不同又分为直流调速系统和交流调速系统。国内大多数风洞动力系统采用直流调速系统。

(2)控制系统。风洞的控制系统包括位置伺服系统(如高速列车试验模型侧风状态控制)、动压(气流速度)控制、供气压力和流量控制等。风洞中的控制系统大多采用计算机闭环控制系统,直流伺服电机为执行机构。

针对高速列车风洞试验,伺服系统主要是对高速列车模型的侧风状态进行控制,即控制试验模型的侧偏角(高速列车模型车身纵向中心线与试验气流的夹角),一般采用计算机控制或手动控制。计算机闭环控制系统中的控制器大多由工业控制计算机配以各种控制板卡组成,这样构成的好处就是,构组灵活,控制方式多样,性能可靠,升级换代容易。多数伺服系统采用直流伺服系统,如图 3-3 所示。

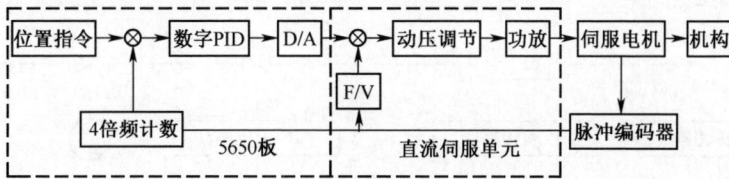

图 3-3　直流伺服控制系统原理框图

风洞的动压是指风洞试验段模型区域未受扰动的气流动压(也称速压),可以换算为气流速度。在高速列车风洞试验中,最多的试验工况是要求动压不变(试验风速不变),仅变化试验侧偏角,因此,要求试验段的气流动压启动平稳、超调量小和控制精度较高,而高速列车模型的侧偏角变化是其主要干扰源。所以,动压的直接测量是一个工程实际难题。如果在试验段采用皮托管直接测量动压,试验模型的干扰是不能忽略的,因此,目前通常采用测量风洞稳定段静压和试验段入口的壁面静压的压差确定试验段的动压,这种方法称为压强落差法。压差信号经放大后作为动压反馈信号,传感器的信号用高精度放大器放大后,其输出信号经低通滤波器形成单端信号输出。动压控制系统主要包括供电装置和动压调节装置等。动压控制系统如图 3-4 所示。

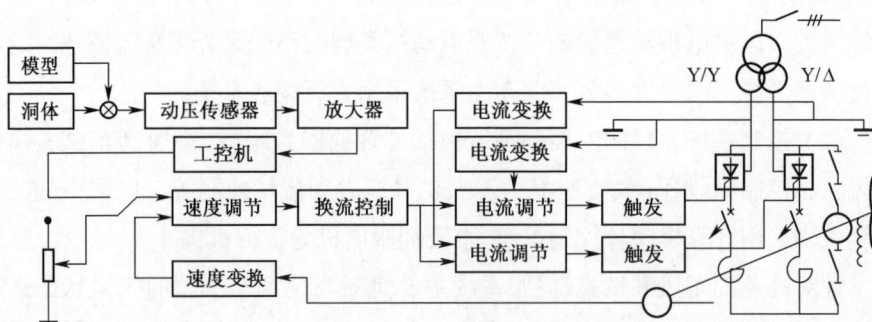

图 3-4　动压控制系统结构图

供气压力和流量控制系统一般是为特殊试验在外部提供稳定的气流或气压。控制系统一般由气源、闸阀、调节阀与阀门定位驱动装置、压力或流量传感器与控制装置等组成,如图 3-5 所示。在安装有吸气地板装置的风洞中会采用类似的系统。

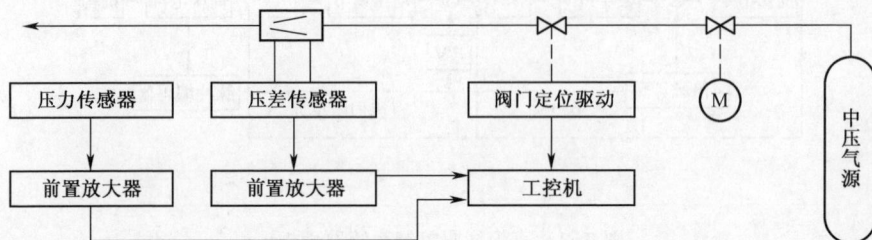

图 3-5　供气压力或流量控制系统结构图

(3) 测量系统。风洞的测量系统是基本构成部分,是获得风洞试验数据最主要的设备。随着电子技术(特别是计算机技术)的飞速发展,风洞的测量系统发展很快,不仅实现了多种参数、多通道的综合测量,而且可以自动完成几乎所有的测量数据处理过程,如原始数据的采集、处理,试验结果的显示和曲线与图表的绘制等。现代测量系统极大地提高了风洞试验效率,拓展了风洞的试验能力。

风洞测量系统的特点包括:测量的精确度要求很高,一般总的精度优于0.1%;测量信号小,干扰信号强,传感器输出电信号多为 mV 级甚至 μV 级,而风

44

洞中许多大功率强电设备会对测量信号产生干扰;测量范围广,通用性强,既要满足常规试验又要满足特殊试验要求,既有静态测试又有动态测试,信号幅值变化范围大;测量自动化程度高,系统可自动完成部分或全部工作。

测量系统由传感器和数据采集处理系统构成。测量对象大多是非电量的物理量,必须用传感器转换成电信号。各类传感器包括天平、压阻传感器、加速度传感器、光电式传感器、磁电式传感器和热电式传感器等。后面将根据高速列车风洞试验不同的测量内容进行相关测试设备的介绍。

3.2.4　高速列车模型试验对风洞的要求与建议

开展高速列车模型风洞试验对风洞有以下要求。

(1) 开展试验研究的风洞应当处于良好的工作状态,其试验条件控制系统以及数据采集与数据传输系统能正常工作并满足相应的设计要求,承担试验任务的风洞应当配备有可靠的安全保护装置以保证人员及风洞设备安全。

(2) 开展试验研究的风洞试验段流场品质应满足一定要求,在国内,推荐满足 GJB 1179—2012 对低速风洞流场品质指标的要求。

(3) 开展试验研究的风洞应具备对风洞试验段开展的流场校测及流场校测报告,流场校测主要包括气流动压场、方向场、湍流度等,在不改变影响流场品质的设备的情况下,流场校测和流场校测结果及报告的有效期一般不超过 8 年。

(4) 对安装有高速列车风洞试验专用地板的风洞试验段,必须定期对落差系数、轴向静压梯度和地板表面边界层厚度进行测量,至少每 4 年测量 1 次,落差系数的测量位置选择在 2/3 的高速列车模型车身高度处。

(5) 当风洞试验段下洞壁边界层较厚且不能满足高速列车模型风洞试验时,应安装试验专用地板模拟地面。

3.3　地面效应模拟装置

3.3.1　地面效应模拟装置简介

地面效应的模拟是高速列车模型风洞试验中必须考虑的问题,通常是在风洞试验段内安装地面模拟装置。地面效应模拟装置不仅要实现对高速列车运行路况的模拟,还要考虑地面边界层的模拟与控制。由于高速列车模型大多是多车编组,长度较长,考虑模型的支撑与控制,一般国内外的研究机构采用的是固定地板模拟装置模拟地面效应,如图 3-6 所示。为了控制地板表面的边界层,一般在地板表面采用吸气孔或开槽等方式降低边界层厚度。在国内,气动中心的 8m×6m 大型低速风洞,采用了固定地板加开槽的地板装置模拟地面效应,边界层控制效果较好,国内的高速列车模型风洞试验几乎都是在该平台上进行的,如图 3-7 所示。该风洞还研制了吸气地板装置,通过抽吸方式,降低固定地板表面边界层,如图 3-8 所示。

(a)

(b)

(c)

图 3-6 高速列车模型风洞试验的地面效应模拟装置

(a)DNW 的 LLF 风洞的地面效应模拟装置;(b)德国 KKK 风洞的地面效应模拟装置;

(c)同济大学地面交通工具中心的高速列车地面效应模拟装置。

图 3-7 气动中心 8m×6m 风洞地面效应模拟装置

3.3.2 对地面效应模拟装置的要求

为了更好地满足高速列车模型风洞试验要求,对地面效应模拟装置要求如下。

(1) 对于采用固定地板模拟地面的情况,地板长度应大于试验模型的长度,

图3-8 气动中心 8m×6m 风洞吸气地板装置

地板宽度应尽可能与风洞试验段等宽,地板前缘和后缘应采用圆弧形,尽可能减小地板前后缘对气流的影响。

(2) 地板表面在试验模型车身长度范围内的最大边界层厚度不应大于车身高度的30%,以减小边界层对试验的影响。

(3) 应配置可实现360°转动的转盘结构,对高速列车在不同侧风状态下进行模拟。

3.4 气动力与力矩测量设备

3.4.1 天平

高速列车模型风洞试验中的气动力与力矩测量采用的测量仪器主要是天平,是最重要的测量设备之一。

1. 天平的分类

按照测量的气动力与力矩载荷分量的数目,天平可分为单分量天平和多分量天平。单分量天平通常是只能测量气动阻力的天平,多分量天平则包括3分量天平和6分量天平等。其中,3分量天平可以测量2个气动力和1个气动力矩,6分量天平则可以测量3个方向的气动力和气动力矩。在高速列车风洞试验中,一般都采用6分量天平。

按照测量原理的不同,天平可分为机械天平、应变天平、压电天平和磁悬挂天平等。

（1）机械天平。机械天平是通过天平上的机械构件进行力的分解与传递，用机械平衡元件或力传感器测量作用在高速列车模型上的气动力载荷的测力装置。它一般包括力的分解机构、传力系统、感受元件、模型支撑机构和模型试验状态控制机构等。按结构分，机械天平分为挂线式、台式、塔式和框架式等。

（2）应变天平。随着计算机的广泛应用与风洞试验数据的采集和处理的自动化发展，应变天平在 20 世纪 60 年代应运而生。应变天平是一种单分量或多分量的应变式测力传感器，是目前在风洞试验中应用最广泛的气动力与力矩测量装置。应变天平通过承受模型上的气动力和力矩载荷，并传递给支撑系统，天平在气动力的作用下，产生变形，其应变与气动力的大小成正比。粘贴在天平元件表面的应变计也同时产生变形，使其阻值发生变化，在通过全桥电路将应变计的微小电阻变化转换成电压变化，并将电压输出信号通过 A/D 转换，得到气动力和力矩载荷值。应变天平一般由应变计、弹性元件、天平体和附件等组成。

由于高速列车的多车编组形式，每节车厢都要测量气动力和力矩，因此，应变天平是高速列车风洞试验中应用最多的。应变天平按结构形式可分为杆式、盒式、环式、轮辐式和片式。按天平与试验模型的相对位置可分为内置式和外置式。与机械天平相比，它具有质量小、体积小、适用性强、使用方便、设计加工简单和成本低等特点。气动中心在开展了大量高速列车风洞试验的基础上，研制了高速列车试验专用的盒式 6 分量应变天平，如图 3-9 所示，采用内置的方式安装在高速列车模型内部，如图 3-10 所示。

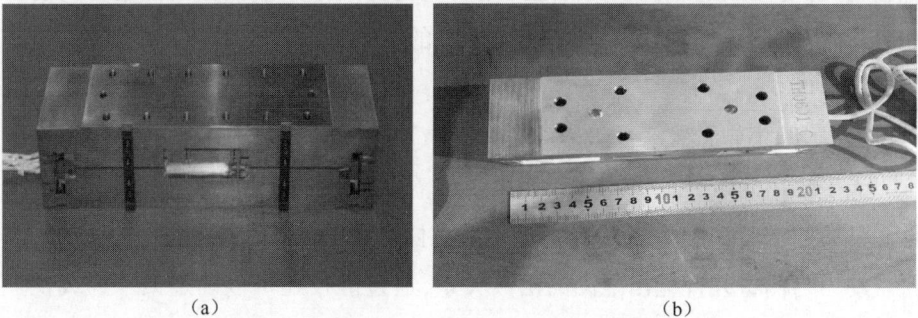

(a)   (b)

图 3-9　气动中心高速列车试验专用应变天平

(a)1：10～1：8 列车试验天平；(b)1：15～1：20 列车试验天平。

（3）压电天平。压电天平是利用压电材料受力后在其表面产生电荷的压电

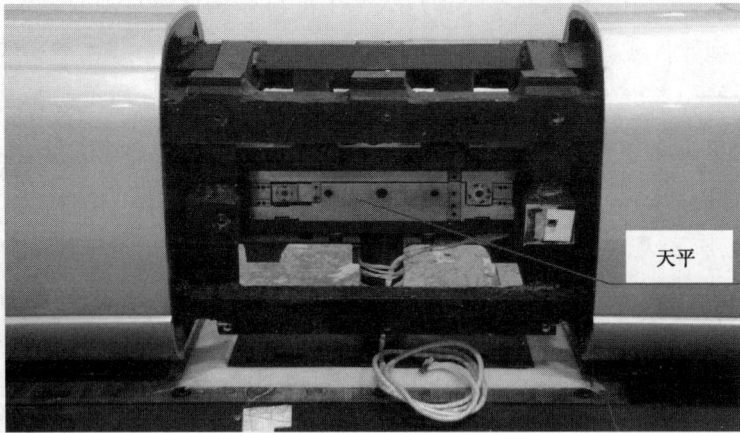

图 3-10 应变天平在高速列车模型内部的安装

效应的原理测量作用在模型上的气动力和力矩载荷的测力装置。压电测力天平按测力元件的不同可分为有弹性元件的压电天平和无弹性元件的压电天平。有弹性元件的压电天平是在弹性元件上粘贴压电元件;无弹性元件的压电天平是由不同极化方向的压电元件组装而成的。压电天平具有结构简单、灵敏度高、线性度好、刚度大、载荷范围宽以及频率响应快等优点,但其低频特性差。

(4) 磁悬挂天平。磁悬挂天平一般由电磁铁系统、模型系统、控制系统和测量系统等部分组成。其基本原理是利用磁力将内部装有磁心的模型悬浮于风洞试验段气流中,通过闭环控制系统,用外磁场变化对模型位置和状态进行控制。试验时,通过测量电磁铁系统的电流量的变化得到作用于试验模型上的气动力和力矩载荷。磁悬挂天平消除了支撑模型的支架系统对试验流场的干扰,使得流场"干净"。

2. 天平的校准

天平在风洞试验的使用前和使用中都需要进行校准,这是确保天平正常工作和试验数据可信的重要方面。天平的校准分为静校和动校。静校的目的是求得气动力与测量元件输出之间的函数关系,通过静校还可以确定天平的线性关系、干扰大小、重复性精度和灵敏度等特性。天平的静校主要是通过安装在标准平台的天平静校准架实施。动校的目的是检验天平的动态特性,一般通过标准模型安装在静校合格的天平上进行风洞试验,从而将试验结果与已知的校准数据相比较。动校包括天平的精密度与准确度在内的一系列性能的综合评定。

气动中心的高速列车试验专用应变天平在我国的大量高速列车风洞试验研究中得到了应用,性能可靠,其校准结果如表 3-1 所列。

表 3-1　气动中心高速列车试验专用应变天平的校准结果

天平名称	测量单元	Y	X	M_z	Z	M_y	M_x
TH1004A	设计载荷 N/(N·m)	3000	300	1000	2500	1000	300
	精密度/%	0.03	0.03	0.05	0.05	0.03	0.05
	准确度/%	0.05	0.05	0.05	0.05	0.10	0.30
TH1004B	设计载荷 N/(N·m)	3000	300	1000	2500	1000	300
	精密度/%	0.03	0.03	0.05	0.05	0.03	0.05
	准确度/%	0.05	0.05	0.05	0.05	0.10	0.30
TH1004C	设计载荷 N/(N·m)	3000	300	1000	2500	1000	300
	精密度/%	0.03	0.03	0.05	0.05	0.03	0.05
	准确度/%	0.05	0.05	0.05	0.05	0.10	0.40

3. 对试验天平的要求

在高速列车模型的风洞试验中,建议采用盒式 6 分量应变天平,天平应满足以下要求。

（1）高速列车模型各节车厢的最小气动载荷应不低于对应天平量程准度误差值的 5 倍,最大气动载荷不应高于对应天平量程的 80%。

（2）天平应当定期校准,并形成天平校准证书,天平校准及校准证书的有效期不超过 4 年;新加工或损坏并经修复后的天平必须重新校准并形成新的天平校准证书;对于高速列车模型风洞试验常用的应变天平的校准,推荐按《风洞应变天平规范》(GJB 2244A—2011)的要求执行。

（3）试验天平使用前检测的电桥桥臂电阻、电桥绝缘电阻及零点漂移应满足要求。

3.4.2　测力数据采集处理系统

天平和传感器输出的信号为低电平模拟信号,必须对信号进行放大、滤波、采样、量化和编码等处理,转换为数字信号,输送给计算机采集处理,这就是数据采集系统的工作。在高速列车风洞试验中,因气流脉动和电磁干扰,测量信号的频率十分丰富,采样前必须加入低通滤波器消除干扰,否则,将引起测量信号的失真,通常采样频率要高于 4 倍滤波截止频率。

典型的数据采集处理系统主要由放大器或信号调节器、A/D 板、计算机和外置设备组成。放大器的作用是对传感器输入信号放大,经过滤波处理成符合要求的信号,供 A/D 板使用。信号调节器除具备放大器的功能外,还提供传感器供桥电压。A/D 板完成多路信号的采样、量化和编码。计算机和外置设备完成数据采集控制、试验过程管理、数据处理和试验结果的输出等。

数据采集处理系统还可以分为串行数据采集处理系统和并行数据采集处理系统。只有 1 个 A/D 转换器,采用巡回工作方式的数据采集处理系统称为串行数据采集处理系统。系统中每个通道有一个 A/D 转换器,工作时,多通道同时采集的系统称为并行数据采集处理系统。并行数据采集处理系统是 20 世纪 90年代才出现的系统,主要用于动态数据测量。

3.5　压力测量设备

压力测量设备包括各种压力传感器,以及压力采集处理系统。压力传感器按测量方式可分为接触式与非接触式两大类。压力采集处理系统包括机械式和电子式压力扫描阀。

3.5.1　压力传感器

1. 接触式压力传感器

(1)测压管路。高速列车模型风洞试验的空气压力测量,主要是对模型表面的静态和动态压力进行测量,实际风洞试验中开展最多的是静态压力测量。对于风洞试验中开展最多的静态压力测量,通常采用测压管路感受模型表面静态压力。在高速列车模型表面需要测压的位置,沿表面法向打一个通孔,在通孔内埋入金属针形管,在模型外表面的针形管管头与模型表面平齐,针形管在模型内侧的管头连接塑料软管,并与压力测量设备相连。由于针形管所占面积小,方便大量布置,这种测压管路的方式可以在高速列车模型表面布置数以百计的测压点,可以获得大面积区域的表面压力。测点布置如图 3-11 所示。

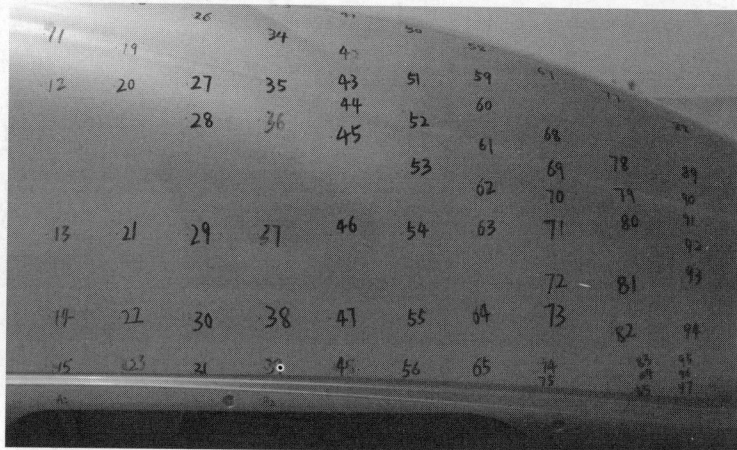

(a)

(b)

图 3-11　高速列车模型压力测量管路

(a)测压管路在模型外侧;(b)测压管路在模型内侧。

（2）传感器。测压传感器的结构形式包括应变式、压阻式、电感式、电容式和压电式等,体积小、工作可靠,便于数据采集与处理,还可以实现数据采集处理的自动化,但是需要定期进行校准。典型的脉动压力传感器如图 3-12 所示。

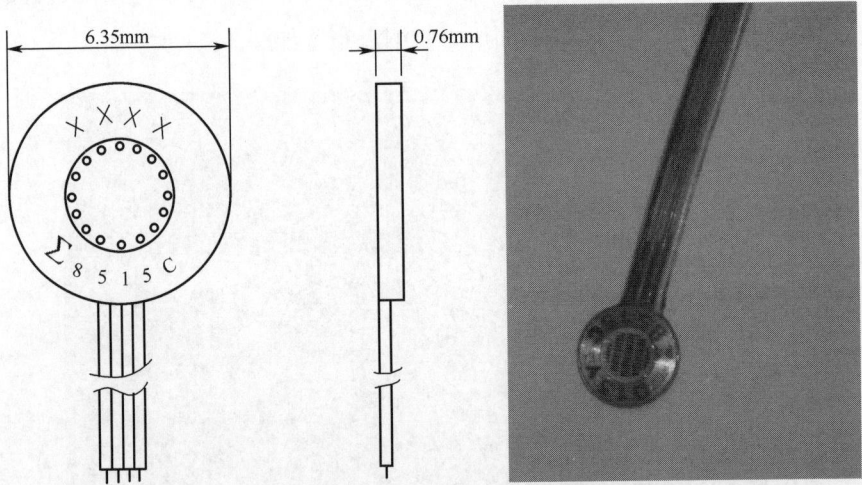

图 3-12　脉动压力传感器 Endevco 8515C-15

风洞试验中常用的压力传感器是固态压阻式传感器,根据半导体材料的压阻效应特性,在半导体材料的基片上采用扩散电阻的方法制成。基片作为受力元件,扩散电阻在基片内组成电桥,工作时需要外接精密稳压电源。当基片受到压力作用产生变形时,电桥各桥臂的电阻值发生变化,电桥失去平衡,输出与压力相对应的电压,测量输出电压的大小,就可以测出压力。硅压阻传感器体积小、频率范围宽,既可用于静态压力测量,也可用于高频脉动压力测量。

2. 非接触式压力测量装置

随着科技的发展,近年来,新型的非接触式压力测量装置逐渐得到工程应用。这些装置包括电信号测压装置、激光测压装置等。电信号测压装置可以生成与接收电信号,通过压力测点的电信号变化确定压力。激光测压装置可以发射多条激光,以每两条激光的交点定位被测点,通过激光强度的变化确定该点处的压力。

近年来,还出现了压敏漆和压敏荧光涂层测压技术。压敏漆是通过在模型表面涂上一种感受压力变化的特殊漆,该漆能对不同压力呈现不同的颜色,可以很直观地看到模型表面的压力分布。但其缺点是无法得到每一个测点的精确压力值,只能以相对较低的分辨率给出模型表面压力高低变化的分布特性。压敏荧光涂层目前正在作为压力测量的一种新型探索。压敏荧光涂层在使用时与压敏漆类似,也是涂在模型表面,在压力的作用下,涂层中的色基浓度会发生变化。由于涂层中的色基浓度的增加与压力的增强成正比,即压敏荧光涂层在不同压力的作用下反映出不同强度的荧光,从而通过不同的荧光强度给出对应的压力。通过用一套预先制作的标准色光尺对比被测位置的荧光强度,就可以读出当地相应的压力值了。压敏荧光涂层的优点是:只需要涂一次漆就可以连续完成所有试验状态,可以通过光电系统采集、滤波和数据处理,可以在一次试验中获得全部所需的压力分布数据,而且,它是一种定量的压力测压方式。

3.5.2 压力采集处理系统

在高速列车风洞试验中,风洞试验的压力采集处理系统通常为电子扫描阀系统。

国内从美国 Scanivalve 公司引进的 DSM3000、DSM3200 和 DSM3400 电子扫描阀系统,可测量点多,准确可靠,数据采集和处理便捷。该系统测量模块如图 3-13 所示。

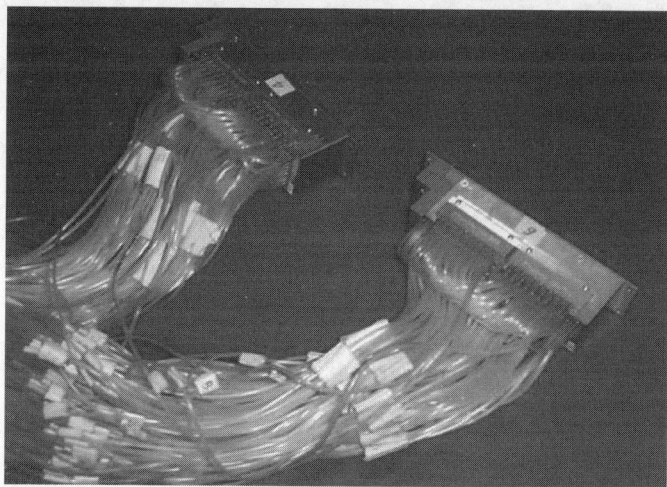

图 3-13 风洞试验的电子扫描阀模块

电子扫描阀模块具有多种结构形式,常见的是一个模块内安装 32 个或 64

个硅压阻传感器,每个传感器对应一个输入压力接管。扫描阀模块内还装有模拟信号电子开关、宽带放大器、控制电路和电源等。阀内还有气阀,以控制扫描阀模块的不同工作状态:工作、校准、隔离和清除等。每个传感器对应一个所测压力,采用电子开关对模块内的多个传感器输出信号扫描测量,极大地提高了测量速度。可以对每个传感器都进行实时校准,以消除传感器和信号调理电路的漂移与非线性,从而提高压力测量结果的精确度。另外,稳定的参考压对于提升压力测量结果准度非常重要,因此,扫面阀模块包括一个参考压端口,风洞试验时,将该端口通过管路与风洞外稳定的大气环境相连。

扫描阀模块直接安装在高速列车模型内部的空腔内,与高速列车模型内部的测压管路相连,可缩短压力传输路线,减小压力平衡时间,使测压系统具有较高的频响。同时,进出模型的较小直径的线缆也减少了对模型试验流场的干扰,如图 3-14 所示。

图 3-14　风洞试验中置于高速列车模型内部的电子扫描阀

3.5.3　对压力测量系统的要求

在高速列车模型风洞试验中,对压力测量与数据采集系统要求如下。

(1) 测压管路的要求。

① 测压管路和传感器应减小其对模型表面流动状态的干扰并能真实感受模型表面压力。

56

② 测压管路使用前必须进行气密性检查、通气性检查、抗压性检查,应避免水、灰尘和碎屑杂质等进入,并确保测压管路和传感器具有良好的通气性和气密性。

③ 测压管路的通气性要求。当测压管路输入端与输出端出现不小于3200Pa的阶跃压强差时,2s 内其两端的压强差值应小于 8Pa。

④ 测压管路气密性要求。当测压管路内压强与外界压强差大于 3200Pa 时,60s 内测压管路内外压强差损失应小于 8Pa。

⑤ 测压管路抗压性要求。整个测压管路应在管路内外压差为±3 倍来流动压范围内具有良好的通气性和气密性。

(2)扫描阀的要求。

① 扫描阀应在其量程范围内使用,但所选测压阀量程不应超过 3 倍来流动压。

② 扫描阀的精确度值应小于来流动压值的 0.3%。

③ 扫描阀连同快速接头应在±3 倍来流动压范围内具有良好的通气性和气密性。

④ 扫描阀应检定合格且在有效期内使用。

⑤ 选用电子扫描阀进行测压试验,建议将扫描阀阀体安装在模型内。

(3)数据采集系统的要求。数据采集系统精确度应优于测压阀精确度,应检定合格且在有效期内使用。

3.6　流场显示与测量设备

在高速列车模型风洞试验中,对高速列车外部绕流流场主要进行定性的流场显示和定量的流场测量。在流场显示试验中,测量设备或装置主要包括丝线、烟流发生器和水洞等。在流场测量试验中,测量设备主要包括探针与移测架系统和粒子图像测速仪(PIV)等。

3.6.1　流场显示设备

1. 丝线

高速列车流场显示试验中的丝线,包括普通丝线和荧光丝线。

普通丝线，一般用于粘贴在高速列车模型表面，选用柔性较好、单股不易分散的细线，颜色鲜艳，能与高速列车模型表面颜色形成鲜明对比，并在风洞试验段的光线下能明显显现，试验中，通常选用质量较好的针织毛线。

荧光丝线是含有荧光物质的直径极小的丝线，用于粘贴在高速列车模型表面，在紫外线照射下，能呈现出明显的荧光效果，从而显示模型表面的流态。荧光丝线直径比普通丝线更小，能更加真实反映流态。

2. 烟流发生器

烟流发生器是指能将诸如乙二醇、丙二醇等液体通过加热、加压处理，形成可控烟流的一种设备。目前，国内外风洞试验中常用的有单股烟流发生器和多股烟流发生器。单股烟流发生器，是指只能发出一股(缕)烟流的装置；多股烟流发生器，是指能发出多股(缕)烟流的装置。

烟流发生器一般由空压机、气液雾化装置和喷管等构成。空压机将液体试剂乙二醇、丙二醇等加压并经过管道输送至气液雾化装置，气液雾化装置通过电加热的方式，把液体试剂汽化，在一定压力的作用下，从喷管喷出。

气动中心研制的单股烟流发生器和多股烟流发生器如图 3-15 所示。

3. 水洞

水洞是一种用来研究边界层、尾流和湍流等现象，以及水流与试验物体之间作用力的设备，与风洞类似，只是试验介质为水，一般水流速度相对较低。在高

(a)

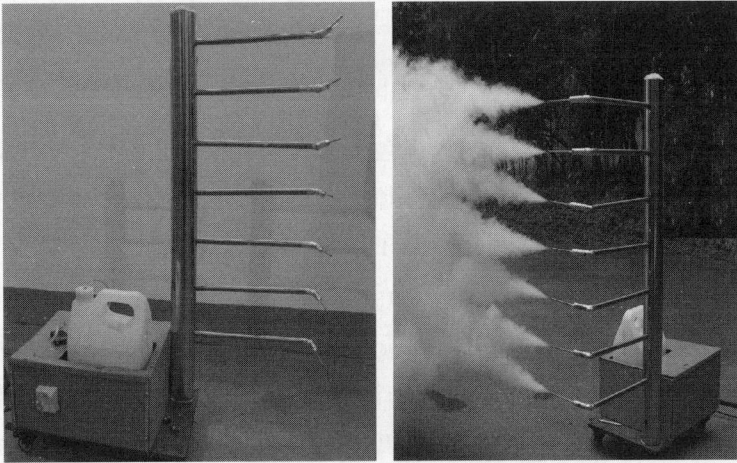

（b）

图 3-15　烟流发生器

（a）单股烟流发生器；（b）多股烟流发生器。

速列车模型的流场显示试验中,通过在试验段前方加入有色的液体试剂,或通过模型表面释放试剂的方式,将有色试剂混合于试验水流中,在流经试验模型区域时,显示出绕流形态。通过试验段周围透明可视的观察窗,可以观测、拍摄和记录模型周围绕流形态。

气动中心建设的 1m×1m 水洞如图 3-16 所示。

图 3-16　气动中心 1m×1m 水洞

3.6.2 流场测量设备

1. 探针与移测架系统

风洞试验中流场测量的探针一般包括五孔探针和七孔探针,它们都是能进行流场中气流速度和压力测量的多孔探头。在钝体尾流场的测量中,由于流动的复杂性,气流有较大的偏角。文献[11]认为,五孔探针对于三维旋涡复杂流动,尤其是大于 45° 流动角的气流(气流相对于探头体轴线),测量误差很大,而七孔探针可测量气流偏角为 78° 的大偏角流动,测试精度为 1%,并且可以得到空间流场某点的总压、静压。为提高测量效率,利用多根七孔探头制成耙,可以同时测量空间多个点的气动参数,如图 3-17 所示。下面以七孔探针为例进行介绍。

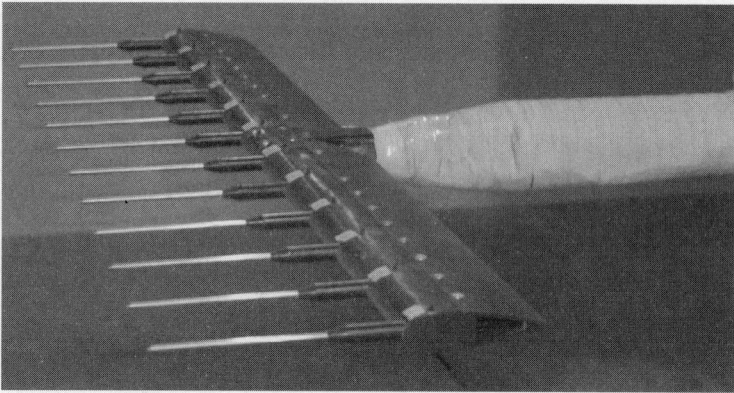

图 3-17　七孔探针耙

七孔探针的几何外形如图 3-18 所示。给七孔探针的七孔探头依次编号,正上方为 1 号孔,顺时针依次为 2~6 号孔,中间为 7 号孔。七孔探针测量的试验数据是探针各个测压孔对应的压力信号,经过一系列的数据处理可得到测量点的速度信息和总压、静压信息。

探针耙可通过机械连接,安装在数控移测架上使用,以提高空间流场的测量效率。移测架是一种能实现空间 3 个方向连续移动的设备,通过计算机控制其移动轨迹,带动其上的探针耙实现空间位置可测量与控制的移动。探针与移测架系统的结构如图 3-19 所示。

2. PIV 系统

流场测量的另一种重要设备就是光电测量设备,常见的光电测量设备包括激光多普勒测速仪(LDV)、粒子图像测速仪(PIV)和热线风速仪(HWA)等。以目前应用较多的粒子图像测速仪(PIV)为例,进行介绍。

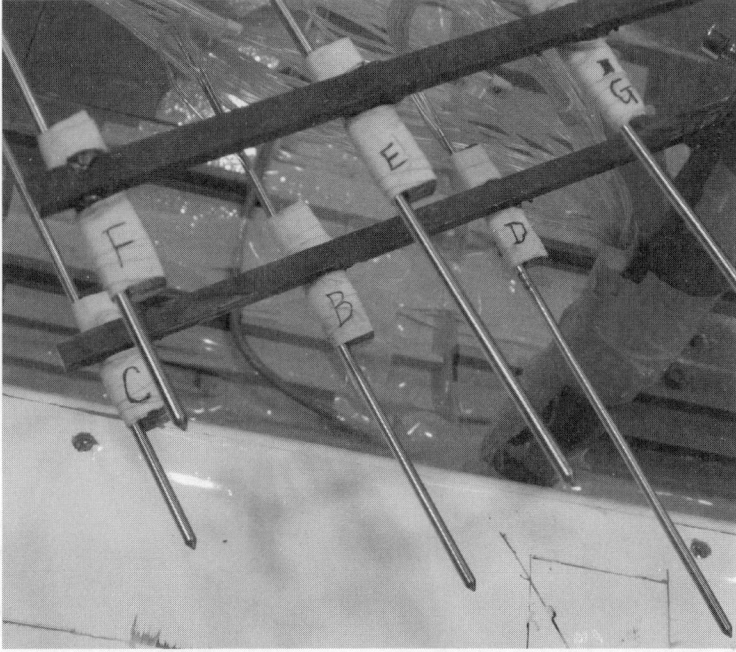

图 3-18 七孔探针

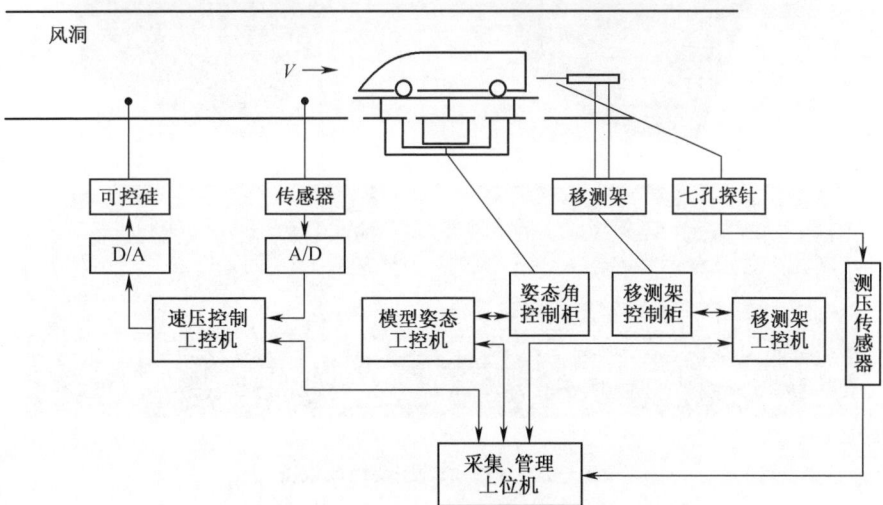

图 3-19 七孔探针与移测架系统结构图

PIV 系统包括照明激光器、同步控制器和高速 CCD 相机等。PIV 系统主要组成设备如图 3-20 所示,工作结构如图 3-21 所示。以某型 PIV 系统为例,其组成设备及性能如下。

图 3-20　PIV 系统主要组成设备

(a)激光器;(b) CCD 相机及控制盒;(c)电源系统;(d) 冷却系统;(e)同步控制器。

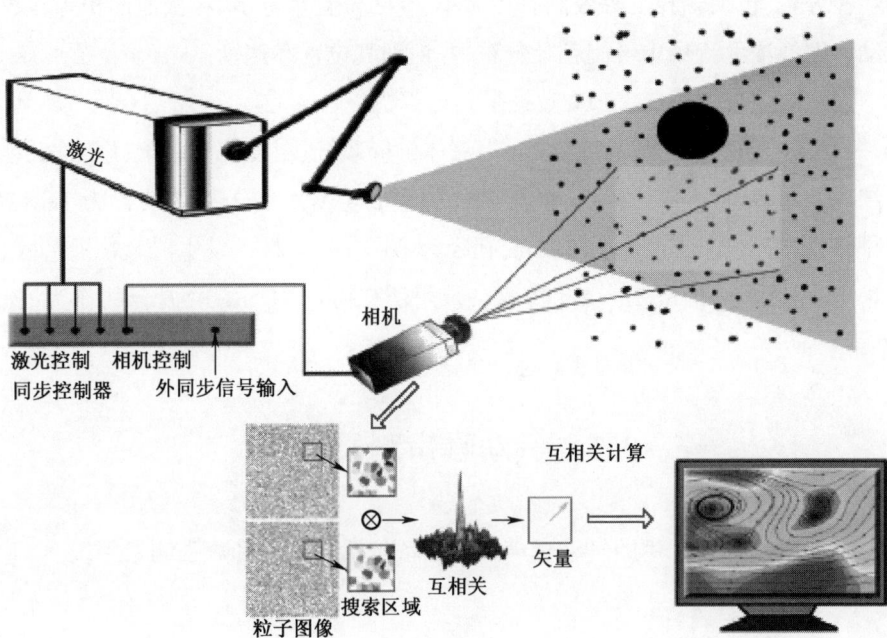

图 3-21 PIV 系统的工作原理图

（1）激光系统。光源为双脉冲 Nd : Yag 激光器，单脉冲能量可达 500mJ，脉冲宽度为 6~8ns。采用一个由透镜和柱面镜组成的光学组件，将激光变为所需的片光。在 CCD 的采集区域内，片光的厚度小于 1.5mm。

（2）记录系统。PIV 专用数字相机 ES11000 型加上图像采集卡，数字相机的分辨率为 4008 像素×2672 像素，当采用 CameraLink 接口时最高采集速度达 4.63 帧/s（理论最高约 2.3 对/s）。

（3）同步器。同步器保持激光器脉冲和数字相机 ES11000 的同步工作。同步控制器具有 7 个同步控制通道，每通道延时可分别设置，延时控制精度优于 10ns。

（4）图像采集软件。PIV 系统的控制和分析软件为 MicroVec，其工作平台为 Windows 2000/2003/XP。该软件具有图像实时采集、显示、控制、PIV 互相关计算、存储、分析、相机控制等功能；支持互相关计算点、线、图像中部分区域及全部区域的速度；支持任意数量图像的批处理；具有设定分区自动计算功能；支持矢量单点修正/单点赋值/全局自动滤波/全局平均化处理；实时分析图像中颗粒

63

的粒径分布,包括颗粒的等效圆直径大小、空间位置坐标、颗粒截面面积等参数;自动识别低浓度流场中不同粒径颗粒,并识别其位置和速度。

(5)数据分析系统。PIV 数据采集计算机一台。

(6)粒子发生器及布撒装置。由液体供应系统、温度控制系统、压缩气供应系统以及蒸发器组成,粒子发生器单台功率 2.4kW。粒子扩散装置为 1m×1m 的排管,排管上喷口孔距为 120mm,孔径为 ϕ1.5mm。粒子发生器及粒子扩散装置采用 4 套组合,形成 2m×2m 排管。采用乙二醇与丙二醇的混合物作为发烟物质。

3.7　气动噪声测量设备

风洞试验中的常用的气动噪声测量设备包括声级计和声强测量系统。

3.7.1　声级计

声级计是应用最广泛的噪声测量设备之一。声级计可以获得声源的声压级、计权声压级、暴露声级和等效声压级等参数,从而分析评价声源噪声强弱。

声级计一般由传声器、放大器、计权网络、滤波整形电路级显示仪表等组成。传声器用来接收声音,相当于传感器,通过音响补偿线路尽可能变为符合人耳听觉特点的频率特性,再经过放大,在指示仪表上指示出升级分贝数。声压 SP 被传声器转换为电量 E_0,送给 AC 放大器进行放大处理为 E_1,再由计权网络将其修正到适合人耳听觉特性的相应电压 E_2(也可根据测量要求不进行修正),然后送给后面的放大器放大,输出 E_2、E_3,根据需要输送给信号示波器或波形分析仪,最后取得噪声波形或进行频谱分析。声级计原理如图 3-22 所示。

图 3-22　声级计原理图

在气动中心 5.5m×4m 航空声学风洞中开展的高速列车模型气动噪声试验,采用面板尺寸为边长 1.8m 的正六边形传声器阵列对模型的噪声源分布进行定位。该传声器阵列采用的传声器通道数为 137,传声器呈螺旋形分布。所用传声器的主要技术指标如下。

(1)型号:G. R. A. S 公司的 1/4 英寸阵列传声器 40PH。

(2)频率范围:100Hz~20kHz。

(3)声压动态响应:40~130dB(A)。

(4)灵敏度:50mV/Pa(250Hz)。

同时,为了测量试验模型的远场噪声辐射特性,还采用了远场传声器。远场传声器的主要技术指标如下。

(1)型号:G. R. A. S 公司的 1/2 英寸传声器 46AE。

(2)频率范围:3. 15Hz~20kHz(±2dB)。

(3)动态响应:14dBAre. 20μPa~135dBre. 20μPa。

(4)灵敏度:50mV/Pa(250Hz)。

3.7.2 声强测量系统

声强测量系统是对单位时间内流经空间某点附近单位面积上的声能进行测量。声强系统一般由声腔探头、信号分析仪、计算机和输出设备等构成,如图 3-23 所示。使用声强测量系统,要求声场对媒质流没有影响。

图 3-23 声强测量系统组成示意图

3.8 其 他 设 备

在高速列车风洞试验中,也存在使用一些特殊项目和工况的研究设备,工程实际应用较少,如特种风洞和辅助测量设备等。典型的特殊风洞包括结冰风洞、气候环境风洞和风沙风洞等,地效模拟设备,如高速列车试验目前应用较少的移动带系统,试验段流场参数测量设备,如 IFA300 恒温风速仪和紊流球等,以及高速列车试验模型外形检测的辅助设备,如激光三坐标仪。

1. 结冰风洞

这种风洞可以开展高速列车模型部件,如受电弓及其导流罩和转向架与转向架舱的结冰影响及防除冰研究试验。国内在气动中心建设有一座 3m×2m 量级的结冰风洞。

2. 气候环境风洞

这种风洞可以模拟高速列车在热、雨、雾、结冰、干燥和潮湿下雪条件下的试验状态,开展诸如高速列车空调、通风等系统性能的研究试验。奥地利维也纳的铁路技术制造厂(Rail Tec Arsenal)于 2002 年建成了世界上最大的两个全尺寸气候风洞,如图 3-24 所示。两个风洞的试验段分别长 100m 和 31m,可以模拟热、雨、雾、结冰、干燥和潮湿下雪条件下的试验状态,既能模拟热带气候,也能模拟西伯利亚的严寒气候。模拟温度范围$-50℃ \sim 60℃$,试验风速 83m/s,相对湿度 98%,太阳辐射强度 $250 \sim 1000W/m^2$。该风洞试验主要包括:试验验证高速列车的加热、通风、空调系统;车辆模拟容量下的温度、湿度、流速的测量;研究高速列车相对舒适的一些参数;高速列车电子、电器等设备恶劣气候条件下的可靠性和安全性实验,如刹车、牵引、冷启动、门窗密封性等。

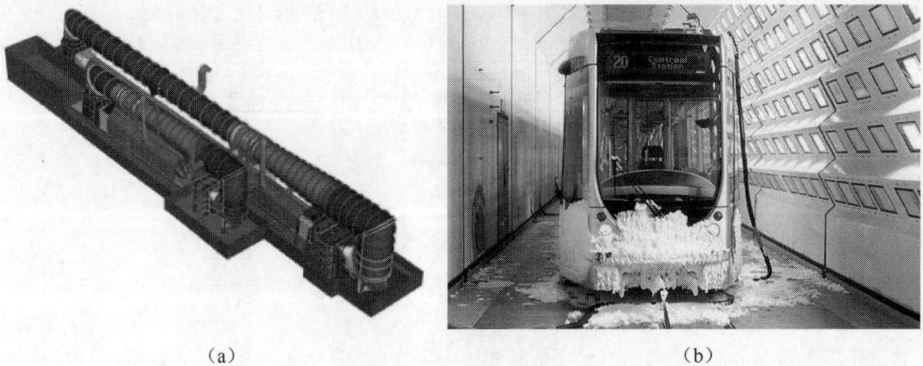

(a)   (b)

图 3-24 奥地利 Rail Tec Arsenal 气候环境风洞

3. 风沙风洞

这种风洞可以模拟高速列车运行的风沙环境,研究起沙扬尘的临界风速、风沙尘流密度空间分布规律、沙(尘)粒粒径与环境风速关系、风沙沙(尘)粒跃移速度与环境风速关系等,以及针对风吹沙(尘)对高速列车运行安全构成的影响,为高速列车车窗玻璃、设备舱、转向架空气弹簧等部件抗风沙性能的提升提供依据。

4. 移动带系统

移动带系统可以实现地面运动速度与试验风速相同,模拟运动地面状态,可以完全消除地面边界层。高速列车风洞试验由于采用多编组模型,长度较长,多点支撑,一般较少采用移动带系统。

气动中心的 $\phi 3.2m$ 风洞研制了一套配备了移动带系统。该系统由移动带传动系统、移动带纠偏张紧系统、移动带支撑与吸附系统,以及系统支撑框架等部分组成。该移动带的工作面长度为 2.76m,工作面宽度为 2.4m,带面速度范围 5~60m/s,带面的上下跳动小于或等于 3mm,如图 3-25 所示。

5. 激光三坐标仪

激光三坐标仪是指在一个六面体的空间范围内,具有几何形状、长度及圆周分度等测量能力的仪器。它有可进行 3 个相互垂直方向移动的探测器,通过探头接触模型表面离散的测点,3 个轴的位移测量系统经数据处理器或计算机计

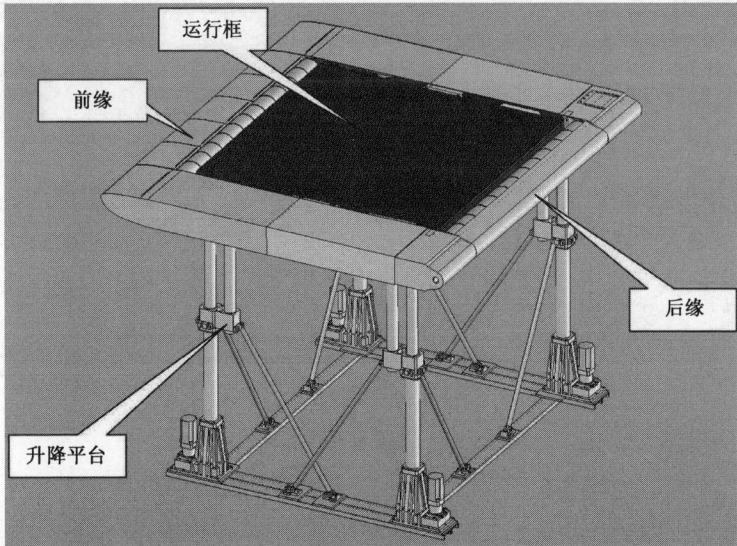

(a)

（b）

图 3-25 φ3.2m 风洞移动带系统

（a）结构示意图；（b）实物图。

算出所测点的坐标，从而获得整个模型的外形参数，以检验模型外形是否满足设计要求，如图 3-26 所示。

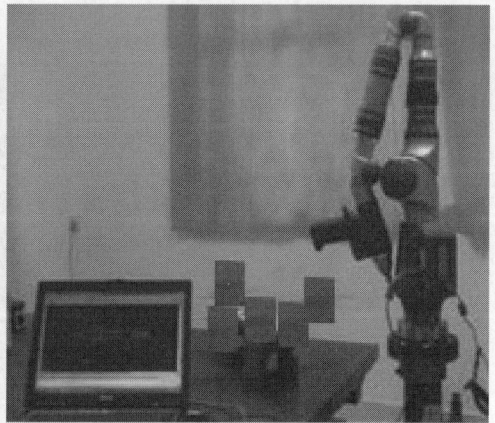

（a）   （b）

图 3-26 激光三坐标仪

6. IFA300 恒温风速仪

IFA300 恒温风速仪主要用于风洞试验段流场的测量，包括气、液流动速度和速度场、温度场、剪切力、边界层内流速测量等，如图 3-27 所示。

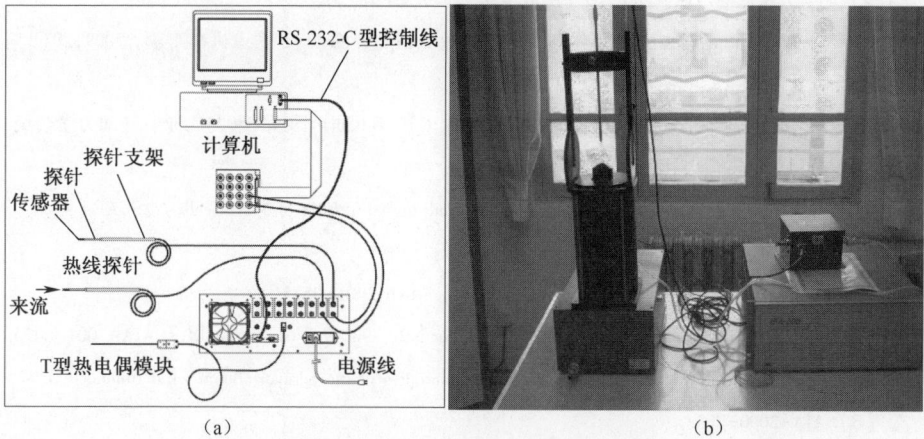

图 3-27　IFA300 恒温风速仪

(a)组成原理图;(b)实物图。

参 考 文 献

[1] 王勋年.低速风洞试验[M].北京:国防工业出版社,2002.

[2] (美)艾伦·波普.低速风洞实验[M].彭锡铭,等译.北京:国防工业出版社,1980.

[3] 王铁城.空气动力学实验技术[M].北京:航空工业出版社,1995.

[4] 恽起麟.实验空气动力学[M].北京:国防工业出版社,1991.

[5] 田红旗.列车空气动力学[M].北京:中国铁道出版社,2007.

[6] 田红旗.中国高速轨道交通空气动力学研究进展及发展思考[J].中国工程科学,2015,17(4):
    30-41.

[7] 刘义信,等.GJB4395—2002 航空航天器低速风洞测力试验方法[S].中国人民解放军总装备
    部,2002.

[8] 张晖,等.GJB5314—2004 航空航天器低速风洞测压试验方法[S].中国人民解放军总装备部,2004.

[9] 黄志祥,陈立,蒋科林.高速列车减小空气阻力措施的风洞试验研究[J].铁道学报,2012,34(4):
    16-21.

[10] 黄志祥,陈立.车辆风洞试验研究的流场显示与测量技术[C].第十届全国流动显示会议,2014:
    127-131.

[11] 顾蕴松.七孔探针流速测试技术简介[R].南京航空航天大学技术报告,2005,3.

[12] 张瑞亭,赵云生.高速列车的减振降噪技术[J].国外铁道车辆,2005,42(2):10-16.

[13] 朱剑月,景建辉.高速列车气动噪声的研究与控制[J].国外铁道车辆,2011,48(5):1-8.

［14］丸冈昭 . 大型低噪声风洞［J］. 国外铁道车辆，1999，3：28-31.

［15］孙艳军，夏娟，梅元贵 . 高速列车气动噪声及减噪措施介绍［J］. 铁道机车车辆，2009,29（3）：25-28.

［16］战培国 . 国外车辆风洞及气动模拟测试技术综述［C］. 第八届全国风工程与工业空气动力学会议，2010：611-618.

［17］Landman D. A study of ground simulation for wind tunnel testing of full‐scale NASCAR's［R］. AIAA2000-0153.

［18］Sant Y L. Low speed tests using PSP at ONERA［R］. AIAA 2001-0555.

［19］Larose G L. The new boundary layer control system for NRC's9m×9m wind tunnel［R］. AIAA2001-0455.

［20］Eitelbeerg G. Some development in experimental techniques of the german‐dutch wind tunnels（DNW）［R］. AIAA2000-2643.

［21］Shigeya W. Stereo PIV applications to large-scale low-speed wind tunnel［R］. AIAA2003-919.

［22］Jaroslaw S S. Optimization of car body under constraints of noise，vibration，harshness and crash［R］. AIAA2000-1521.

［23］Arnette. Aerodynamic commissioning results for the Korea aerospace research institute low speed wind tunnel［R］. AIAA2000-0291.

［24］Driver David M. Oil film interferometry shear stress measurements in large wind tunnels—Technique and applications［R］. AIAA2004-2113.

［25］李征初，杨炯，梁鉴，等 . ϕ3.2m 风洞活动地板系统研制［J］. 实验流体力学学报，2011，25（4）：89-93.

第4章 试验模型

4.1 概 述

根据国内外大量的高速列车模型风洞试验研究经验来看,在高速列车风洞试验中,设计制作良好、满足要求的试验模型不仅能提高高速列车风洞试验效率,更是获得精准可靠试验数据的基础。从文献[1]可知,在影响高速列车风洞试验数据的常见主要因素中,与试验模型相关的因素占比较大。由此可见,为了获得可靠的试验数据,满足试验要求的模型显得十分重要和必要。

以高速列车路况模拟的平地路基和支撑系统为例,根据大量的高速列车相关试验研究经验,路基轨道和支撑系统的结构外形对试验结果有明显影响。例如,平地路基轨道模型伸出高速列车模型头、尾的长度,路基轨道模型前端和两侧的斜坡坡度,以及支座的高度,都会明显影响试验数据的准度,支座的支腿结构也会对重复性试验精度产生影响。为此,在大量的高速列车试验研究成果和经验的基础上,气动中心研制了一套用于1∶10~1∶8的三车编组高速列车模型风洞试验的标准路基轨道和支撑系统,有效解决了路基轨道和支撑系统对试验数据的影响问题,提高了高速列车风洞试验的精细化水平和试验数据的精准度,并进一步提升了试验规范化水平。

又如,高速列车模型各节车厢之间的风挡,作为高速列车模型车身的关键结构部件之一,也是影响高速列车试验数据,尤其是气动阻力数据的一个重要因素。从文献[2]可以看出,高速列车的风挡对整车气动阻力在不同车厢之间的分配产生重要影响,也就是说,各节车厢的气动阻力对高速列车的风挡结构十分敏感。

另外,根据大量的高速列车试验研究经验,对于同一系列的高速列车型号的风洞试验研究而言,建议采用一个统一的路基和支撑系统平台,在高速列车风洞试验尤其是高速列车模型风洞试验越来越精细化、试验要求越来越高的发展趋势下,可以减少因人为的试验条件差异带来的影响,从而实现不同期高速列车试验研究数据的可比性。

4.2 试验模型的组成

4.2.1 类型

高速列车试验模型主要包括两大部分:一是车体模型;二是地面模拟与支撑系统。

车体模型包括车身主体部分、车身关键部件和附属部件等,其中,车身主体部分包括头车、尾车和中间车等。通常情况下,头车、尾车又包含流线头型部分和等截面段部分,以方便不同头型的更换;车身关键部件包含受电弓与导流罩、车顶空调与导流罩、风挡(内风挡和外风挡)、裙板、排障器、转向架与设备舱等;附属部件主要是测压模型的金属测压管。车体模型各部分如图 4-1 所示。车

图 4-1 高速列车车身主体与关键结构部件图

体模型,通常是高速列车空气动力学风洞试验主要研究的方面。以高速列车模型为例,通常对不同头型(头尾流线型部分)及车身关键部件开展对比研究。

　　地面模拟与支撑系统包括平地路基模型、高路堤模型、高架桥模型、轨道模型、天平支座和模型调试的假天平等。平地路基模型、高路堤模型和高架桥模型是对 3 种不同地面(路况)的模拟,如图 4-2 所示。平地路基模型一般模拟高速

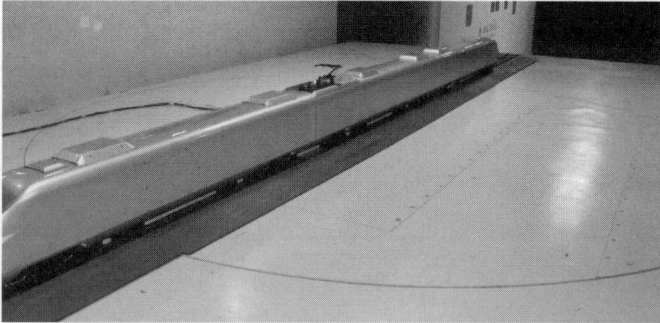

(a)

(b)

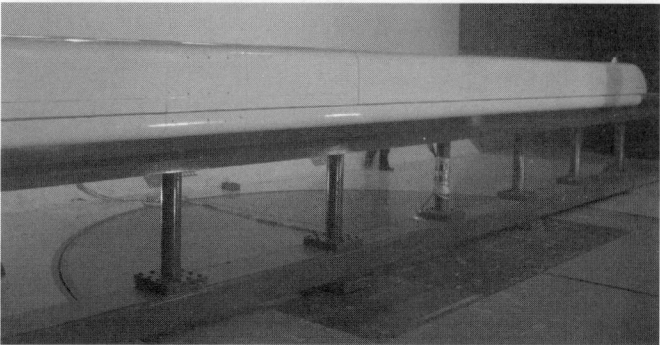

(c)

图 4-2　3 种地面路况模拟方式

(a)平地路基;(b)高路堤;(c)高架桥。

列车在较平坦的路面或高度在 1m 以内的路堤运行工况,路基模型截面尺寸一般采用相对固定的数值,不以具体路面或路基尺寸进行缩比模拟,本章在后面章节将以我国的标准平地路基模型进行介绍。高路堤模型一般模拟高速列车在 2~5m 的路堤运行工况,模型截面尺寸一般按实际高路堤进行缩比。高架桥模型一般模拟高速列车在高架上运行的工况,模型截面尺寸和桥身高度一般也按实际高架尺寸进行缩比。由于目前在风洞试验中,绝大多数是以固定地板方式模拟地面,高路堤和高架桥对大侧风工况的准确模拟相对困难,因此,目前风洞试验中的平地路基应用相对较多,国内基本都是采用平地路基模拟高速列车地面运行工况,本章也将主要以平地路基(单线)为例。轨道模型是模拟高速列车运行的铁轨,通常为 2 根,按真实铁轨截面尺寸进行缩比,沿路基纵向安装在路基上表面两侧,间距也按实际尺寸缩比。在风洞试验中,应该根据高速列车实际运行的地面(路况),分别采用平地路基、高路堤或高架桥模型进行地面(路况)的模拟。在风洞试验中,由于平地路基、高路堤和高架桥模型都是有限长度与宽度的结构,且无法实现与高速列车模型之间的相对运动,因此,对于地面(路况)的模拟不完全真实。但是,平地路基、高路堤和高架桥模型是分别对 3 种不同地面(路况)的截面形状的几何外形进行模拟,尤其是在侧风工况下,上述 3 种地面模拟装置可以对地面绕流状态进行比较真实的体现。在风洞试验中,对上述 3 种地面模拟装置的两侧和前后端均采用了一定坡度的斜坡过渡,就是尽量减小对试验中气流的干扰和影响。在诸如移动地板等地面模拟装置尚不具备的情况下,采用上述 3 种地面模拟装置,在工程上是完全可行的,由此带来的干扰和影响也是可以接受的。

　　天平支座是高速列车车体模型的重要支撑结构,位于天平下方,支座上表面与天平下表面相连,支座下表面与路基相连,如图 4-3 所示。假天平是试验模型在风洞外安装调试的支撑件,是真实天平在安装调试阶段的替代品(避免在试验模型安装调试期间损坏真实天平),其外形与真实风洞试验用的天平基本相同,并有完全相同的连接孔位。

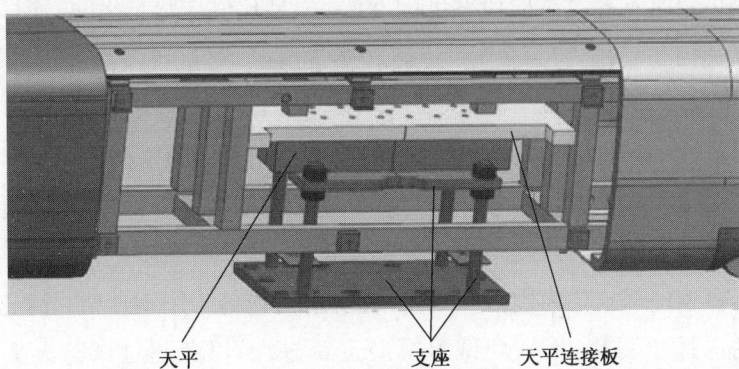

天平   支座 天平连接板

图 4-3　天平支座结构图

4.3　试验模型的设计

4.3.1　设计基准

高速列车模型的设计应以真实高速列车理论外形的三维数模为基础,主要几何外形应与真实高速列车的理论外形相似,并采用真实高速列车的理论外形经过相应缩比的三维数模。高速列车模型三维数模的坐标轴系原点建议选取车头鼻尖点,X 轴平行于车身纵向中心线,以指向车尾方向为正;Y 轴垂直于车身底面,以指向上方为;Z 轴按右手定则确定。

4.3.2　设计要求

试验模型的设计任务,由型号试验委托单位交给具有相关资质与工程经验的设计单位,并主要由模型设计单位负责实施,型号试验委托单位、模型加工单位、风洞试验单位和数值计算单位(若有则包括)的相关技术人员共同参与,以确保设计既满足试验和数值计算的要求,又符合实际加工条件。由于国内没有专门的高速列车风洞试验模型设计规范与标准,因此,建议参照低速风洞试验中的航空模型设计标准 GJB 180A—2006,参考相关要求开展设计工作。

1. 车体模型的设计要求

(1)试验模型的比例应参考风洞试验段的大小和流场品质,整个试验模型在最大侧偏角时不超过试验段宽度的 90%,模型比例应尽量大,从而尽可能模拟真实高速列车局部外形细节和特征。通常情况下,试验模型比例为 1：20、1：15 或 1：8。

（2）高速列车带路基轨道模型在侧偏角为 30°时的阻塞度应不大于 15%。

（3）高速列车模型材料的选择。为了方便数控加工并确保模型强度,高速列车模型内部一般采用强度高的金属做骨架,外部采用轻质材料成型。常用的高速列车模型外部材质为代木(一种合成树脂),内部采用钢骨架。高速列车模型材质的选择原则是:不宜使试验模型重量过大,以免超过试验天平的承载能力。

（4）对于需要获得整车气动特性的试验研究,高速列车模型的编组方式为多车编组。通常情况下,为了尽可能提高模型比例,且更加完整地模拟真实高速列车外形特征,一般采用 3 车编组(头车+中间车+尾车)。如需专门研究高速列车编组长度的影响,编组方式可选为:头车+N 节中间车+尾车;如需研究大侧风(最大侧偏角为 90°)下的高速列车气动安全特性,则选择一节头车+半节中间车的编组方式,半节中间车的长度不应小于整节中间车长度的 1/2,半节中间车尾部采用导圆弧角结构;各种编组方式示意图如图 4-4 所示,一节半车编组的半节中间车尾部结构如图 4-5 所示。

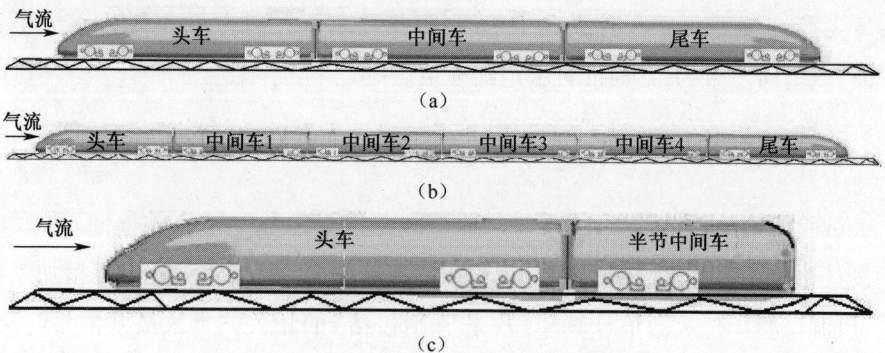

图 4-4　高速列车不同编组示意图

(a)三车编组示意图;(b)多车编组示意图;(c)一节半车编组示意图。

（5）高速列车模型内部钢骨架可以采用诸如简单的桁架结构,以便提高整个车身结构的强度和刚度。

图4-5　一节半车编组的半节中间车尾部外形结构图

（6）高速列车模型内部的天平连接板下表面应保持水平,车身各部分结构可以选择天平连接板下表面为基准。设计时需注意,车体内部骨架在天平连接处的空腔尺寸应该大于此处天平连接板的尺寸。

（7）高速列车模型各节车厢的重心应尽量位于天平连接板处,如果重心偏差较大,建议采用配重的方式调节车厢重心;高速列车模型的重量应综合考虑试验时所受的载荷,根据试验装置尤其是试验天平的承载能力确定。

（8）为了实现高速列车模型各节车厢的单独测力,并避免侧偏状态时风挡之间发生串气,各节车之间的风挡应采用嵌套结构,且风挡之间保持一定的间隙。建议高速列车模型各节车厢之间的内风挡采用"回"字形的嵌套结构,如图4-6所示。嵌套结构之间的缝隙应尽量小,确保在吹风过程中模型振动而不至于发生触碰。同样,外风挡的间隙也要尽量小,应确保在吹风过程中模型振动而不至于发生触碰。

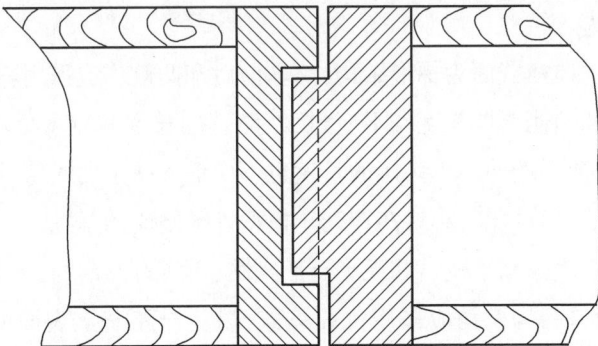

图4-6　内风挡的"回"字形嵌套结构图

（9）高速列车转向架车轮下表面与轨道上表面等高,但为了各节车厢不与轨道发生触碰,建议与轨道接触的转向架车轮下部设计为削去弧面成平面的结构,使得车轮下表面与轨道上表面保持一定的缝隙,该缝隙也应尽量小,但应确保车轮与轨道在试验过程中模型振动而不发生触碰。转向架车轮下部结构如图4-7所示。

图4-7　高速列车模型转向架车轮下表面削掉圆弧

（10）高速列车测压模型设计的附加要求。高速列车模型测压剖面的选取需根据试验要求确定,在压力变化剧烈的区域应适当增加测压剖面,在压力变化平缓的区域可适当减少测压剖面。

2. 路基模型与支撑系统的设计要求

（1）由于在风洞试验中,通常不考虑高速列车的交会工况,因此,一般选择采用(单线)平地路基(以下简称路基)和轨道模型,轨道在路基上表面,且与路基长度相同。

（2）路基主体横截面为梯形结构,路基前后和两侧均应采用斜坡过渡,且前后端斜坡坡度和两侧斜坡坡度均不应过大;路基的长度和宽度也不应低于一定的限值,且路基前后端伸出车头尾的长度也不应低于一定的限值,以尽量减小路基对气流的影响,尽可能减小对高速列车模型外部绕流的干扰。

（3）路基上表面除了轨道和天平支座支腿,不宜有凸起物,天平支座下连接板、各种连接螺钉等沟槽均应采用沉孔方式,以免对路基上表面的气流产生干扰。同时,该沉孔建议设计为沿路基表面纵向的长圆孔(U形孔),以便对天平支座进行纵向位置的调节。

（4）天平支座应采用能保障强度、提升刚度的支撑结构,既确保试验过程中试验模型的安全性,又能尽量减小高速列车模型的振动。根据大量高速列车试验研究经验,建议采用按长方形四角分布的多腿支座结构,支座的支柱采用圆形截面,且天平支座在宽度方向的两根支腿间距与路基上的轨道间距相同,如图4-8所示。

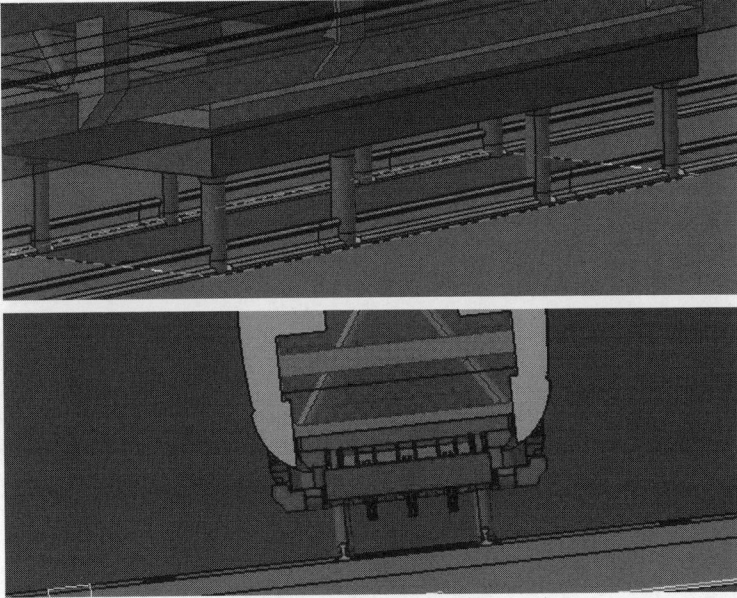

图4-8 天平支座结构图

(5)天平支座在路基上表面应能沿前后和左右方向进行一段间距的调节,以方便调节各节车厢之间的间隙(内外风挡的间隙),可调节的间距大小不应小于内外风挡的间隙。

图4-9给出了平地路基结构示意图。

3. 试验模型接头部位精度的建议

(1)试验模型接头直径配合精度:H7/h6。

(2)试验模型接头锥孔配合精度:4~6级精度。

(3)试验模型接头沿 X、Y、Z 方向位移偏差:±0.20mm。

(4)试验模型接头与基准线的同轴度偏差:±0.20mm。

4. 试验模型的强度和刚度

(1)试验模型强度校核部位包括模型支撑点的连接部件、车体配件及其固定件,以及车头、车身与支撑的连接件。

（2）试验模型强度计算安全系数不小于3。

（3）试验模型设计时应充分考虑刚度。

4.3.3 试验模型加工用样板的设计要求

（1）高速列车模型反外切样板精度。

① 样板前后对合长度应大于 30~35mm。

② 样板对合面直线度误差：0.05mm。

③ 样板工作部位的表面粗糙度 Ra 值：1.6~0.8μm。

（2）样板工作面长度大于 500mm 时，按坐标数据加工精度。

① 车头样板纵坐标：+0.050 mm。

② 车身样板纵坐标：+0.080 mm。

③ 车头宽度：±0.10 mm。

④ 车头长度：±0.15 mm。

（3）样板工作面长度小于 500mm 时，按坐标数据加工精度。

① 车头样板纵坐标：±0.05 mm。

② 车身样板纵坐标：±0.08 mm。

③ 车头宽度：±0.05 mm。

④ 车头长度：±0.10 mm。

（4）高速列车模型反内切样板按坐标数据加工精度：-0.03~-0.10mm。

（5）上下样板对合间隙：0~0.03mm。

（6）样板刻线。样板表面刻线的精度要求。

① 宽度：0.15~0.30 mm。

② 深度：0.08~0.15 mm。

③ 距离公差：±0.15 mm。

（7）样板标记。样板表面应清晰标出下列标记。

① 图号。

② 名称。

③ 模型纵横切面编号。

④ "上""下""左""右"标记。

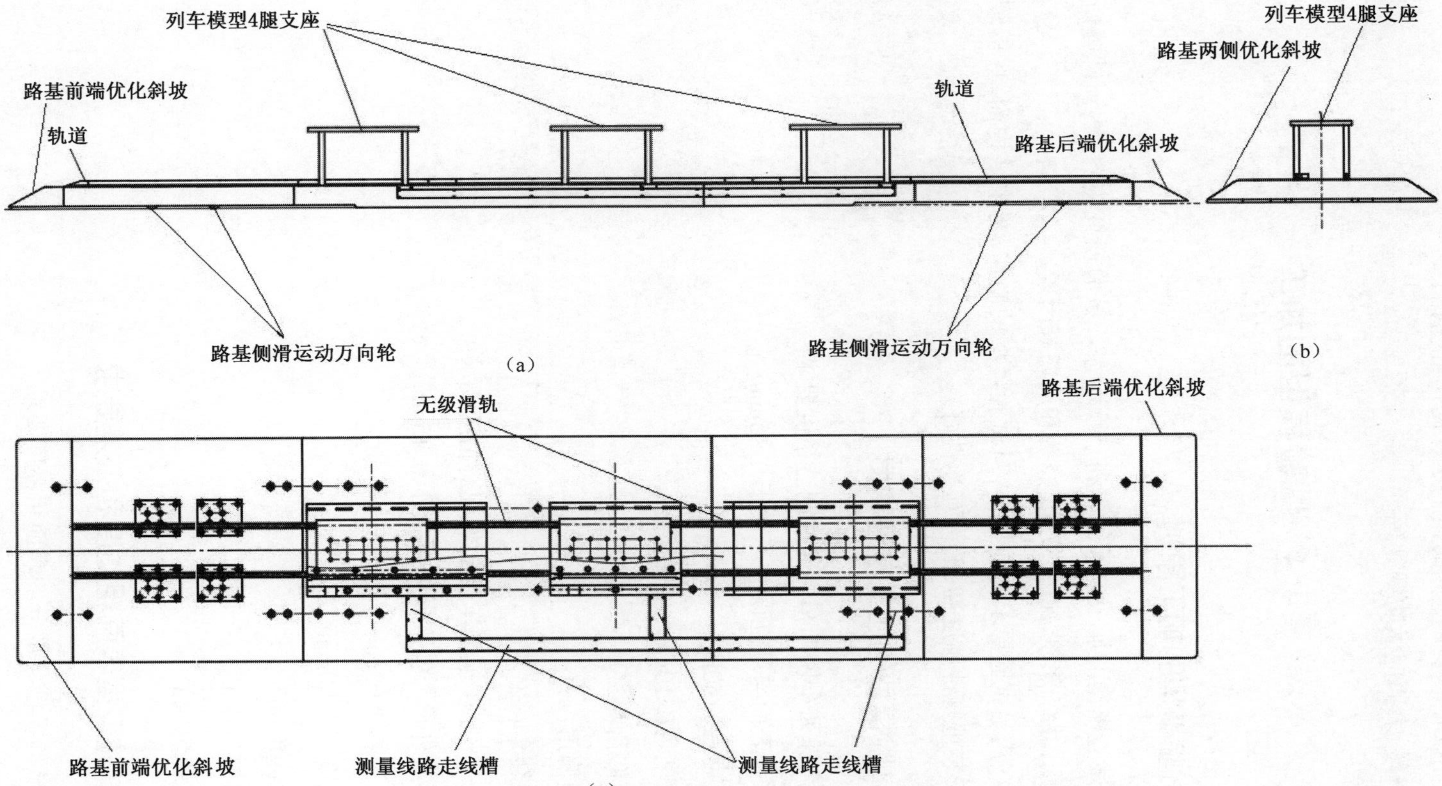

列车模型4腿支座
路基两侧优化斜坡

(b)

路基后端优化斜坡

路基后端优化斜坡

轨道

路基侧滑运动万向轮

列车模型4腿支座

轨道

路基前端优化斜坡

路基侧滑运动万向轮

(a)

无级滑机

测量线路走线槽

测量线路结构示意图

测量线路走线槽

路基前端优化斜坡

(c)

图 4-9　平地路基结构示意图
(a) 侧视图; (b) 正视图; (c) 俯视图。

81

（8）样板非工作面一侧的角上建议制作工艺孔。

（9）样板表面应做防锈处理。

4.4 试验模型的加工

4.4.1 试验模型的加工原则

（1）试验模型的加工应遵循有利于顺利完成试验研究内容,达到试验研究目的的原则,并综合考虑试验安全、经费和周期等因素。

（2）在满足试验要求的前提下,对试验模型的制作,要求结构简单、拆装方便、多次安装重复性精度高、部件互换性好。

4.4.2 试验模型的加工制造精度

（1）高速列车模型车头部件制造精度要求。

① 车头表面与基准误差不大于 0.15mm。

② 长度:±1.50mm。

③ 宽度:±0.10mm。

④ 俯仰角:±3′。

⑤ 侧偏角:±3′。

⑥ 扭转角:±3′。

（2）高速列车模型车身部件制造精度要求。

① 车身外形与基准误差不大于 0.15mm。

② 长度:±2.00mm

③ 宽度:±1.00mm。

④ 俯仰角:±3′。

⑤ 侧偏角:±3′。

⑥ 扭转角:±3′。

4.4.3 试验模型表面粗糙度和公差要求

（1）试验模型各部分的表面粗糙度要求。

① 车头表面粗糙度 Ra 值:1.6~0.8μm。

② 车身、外挂物表面粗糙度 Ra 值:3.2~0.8μm。

③ 其他配合面的表面粗糙度 Ra 值:3.2~1.6μm。

（2）未注尺寸、形状和位置公差要求。

① 未注尺寸公差可根据国家标准 GB 1804—79《公差与配合　未注公差尺寸的极限偏差》中规定的公差等级,选按 IT12 级精度加工。

② 未注形状和位置公差可根据国家标准 GB 1184—80《形状和位置公差　未注公差的规定》中规定的公差等级,选按 B 级公差加工。

4.4.4　高速列车模型总装要求

（1）高速列车模型各部件的位置精度要求如下。

① 车头沿车体坐标轴系的 X 轴方向相对车身表面位置:±0.30mm。

② 车头沿车体坐标轴系的 Y 轴方向相对车身表面位置:±0.30mm。

③ 车头沿车体坐标轴系的 Z 轴方向相对车身表面位置:±0.30mm。

④ 模型其他车体配件相对车身对称面的距离:±0.80mm。

（2）高速列车模型各部件的角度精度要求如下。

① 车头相对车身的构造水平线的安装角:±3′。

② 车头、车身的几何扭转角:±3′。

③ 车头、车身的俯仰角:±3′。

④ 车头、车身的侧偏角:±3′。

⑤ 其他车体配件相对车身参考面的偏角:±6′。

（3）高速列车模型总装完成后应按以下要求做出模型刻线。

① 车头和车身的水平基准线。

② 车身参考面(即车身对称面)与车身的交线。

③ 车头参考面(即车头对称面)与车头的交线。

④ 其他车体配件的中心线及其在车头或车身上的位置线。

⑤ 刻线宽度小于 0.2mm,深度小于 0.2mm。

⑥ 高速列车模型及零部件应标有安装位置和安装方向的标记,避免安装差错。

（4）高速列车模型总装后的表面漆处理要求。

① 清漆漆层厚度:0.05~0.10mm。

② 色漆漆层厚度:0.08~0.15mm。

③ 高速列车模型表面喷漆后应光滑,并达到镜面标准。

4.4.5 其他要求

(1) 受电弓升弓和降弓两种状态建议采用同一个模型,模型升弓角度可调,升弓、降弓两个状态的弓头保持水平。

(2) 高速列车模型交付时,应附带可调节重量的配重块,以便安装时配重所需。

(3) 天平连接板下表面和工字形支座上表面的中心线应在安装天平后仍可见,模型表面、工字形支座等基准线应划出标线,确保模型纵向中心、侧面都有基准线。

(4) 天平支座下盖板应采用板式结构进行封闭,防止试验时气流直接冲击天平。

(5) 天平连接板下表面、天平支座上表面应标记纵向和横向中心线,每节车厢在车顶两端应标记纵向中心线,在侧面两端标记水平线。

(6) 分别对每个头、尾车,支座、路基进行安装调试,保证盖板、风挡与模型外表面光顺、无台阶,缝隙均匀。

(7) 平地路基底部建议采用顶杆(类似千斤顶)调平的方式,以方便在试验段安装时进行路基表面的快速调平。

(8) 所有钢结构焊缝要仔细检查,缺漏焊缝补焊,并修补缺陷焊缝。焊接完成后,焊缝要进行打磨,消除尖刺等,并对高速列车模型内部空腔进行清理。

4.4.6 高速列车测压模型的附加要求

(1) 测压孔周围光滑,没有毛刺或凹凸不平,孔口无倒角或圆角,且法向垂直,表面粗糙度 Ra 值为 0.4~3.2μm。

(2) 测压孔轴线应与测压孔处的模型表面法线一致。

(3) 测压管路长度宜短,避免直角拐弯,防止折断,确保测压管内没有水、灰尘等杂质进入,从而堵塞测压孔。

(4) 高速列车模型内的测压管宜采用退火后的不锈钢管,保证90°弯折不会出现断裂,且安装前必须进行气密性检查、通气性检查和抗压性检查。

① 测压管路的通气性要求。当测压管路输入端与输出端出现不小于 3200Pa 的阶跃压强差时,2s 内其两端的压强差值应小于 8Pa。

② 测压管路气密性要求。当测压管路内压强与外界压强差大于 3200Pa 时,60s 内测压管路内外压强差损失应小于 8Pa。

③ 测压管路抗压性要求。当其内部压强是外部压强的 1~2.5 倍试验动压或外部压强是内部压强的 1~11 倍试验动压时,能满足通气性和气密性要求。

(5) 高速列车模型内部测压管安装完成后,建议在测压管外侧贴上标记,按测压管在高速列车模型车体分布区域,对测压管按一定位置规律进行编号。

4.5 试验模型的组装调试与验收

在试验模型完成加工制作后,应组织人员对试验模型进行验收。试验模型的验收应由型号试验委托单位、模型加工单位、风洞试验单位和数值计算单位(若有则包括)的相关技术人员共同参与。

4.5.1 试验模型的相关技术文件

对试验模型的验收,应具备以下技术文件。

(1) 试验模型设计任务书。

(2) 试验模型图纸,包括电子文档。

(3) 试验模型主要承力部件、天平接头及其他车体配件的强度计算报告。

(4) 试验模型检验报告。

(5) 试验模型出厂合格证。

(6) 若试验模型设计包含样板设计,技术文件还应包括全套样板的设计数据和图样、检验报告以及合格证等。

4.5.2 试验模型的验收步骤

对于采用数控加工的试验模型的检验宜采用三维数模为基准,对于采用样板加工的试验模型的检验宜采用样板为基准。主要步骤如下。

（1）对试验模型在专门的模型平台上进行检测。首先检查模型的部件齐全与否，再重点检测加工状态和质量是否满足设计要求，检测按4.3节和4.4节中的相关规定与要求进行。

（2）对试验模型按试验状态要求进行初步的预安装和调试。

① 试验模型的预装和调试应按照4.3节和4.4节中的要求进行。

② 试验模型的预装和调试要组装路基轨道、支座、天平与整个车体，并更换试验方案中要求更换的所有车身关键部件。

（3）根据对试验模型的检测、预安装和调试情况编写《试验模型验收记录》，所有验收参与方进行签字确认。

4.6 其 他

4.6.1 试验模型的包装

（1）试验模型的包装建议采取以下措施。

① 高速列车模型车身水平放置在模型箱中，并支撑固定。高速列车模型可拆卸部件分别用托架固紧在箱体上。

② 对高速列车模型各部分主体及附件应编号和标记，按类别放置在模型箱内。

③ 对于有测压孔的高速列车模型，建议将模型表面包裹一层尼龙之类的保护膜，防止灰尘和水等进入测压孔内，造成测压孔的堵塞。

④ 对于高速列车模型与托架的接触面，建议垫上毛毡或泡沫塑料等松软防震物。

⑤ 对试验模型中易锈金属部件，建议涂上防锈油再装入模型箱中。

⑥ 试验模型样板均应包好装入模型箱中。

（2）试验模型装箱的箱体应满足以下要求。

① 模型箱体要密封、防潮，外表面喷有“小心轻放”“防潮防雨”“请勿倒置”等标记。

② 模型箱体外表面应有模型名称或编号，模型有多个包装箱时，每个包装箱外应有序号和总数。

4.6.2　试验模型运输

试验模型在运输过程中应有防护措施:一方面要避免模型在运输过程中产生剧烈的震动,防止模型在运输过程中出现破损;另一方面要避免模型在运输工程中长时间暴露在雨雪下,防止模型因受潮出现锈蚀、变形等损坏。

4.6.3　试验模型保管

试验模型的保管需满足以下要求。

(1) 试验模型交接和保管需有专人负责。

(2) 试验模型宜在阴凉、干燥的地方放置。

(3) 对于不需要重复使用的非金属材质试验模型,不宜放置时间过长,建议最长不超过6个月,则应完成试验。

参 考 文 献

[1] 黄志祥,陈立,蒋科林. 高速列车模型风洞试验数据的影响因素分析[J]. 铁道学报,2016,38(7): 34-39.

[2] 黄志祥,陈立,蒋科林. 高速列车模型编组长度和风挡结构对气动阻力的影响[J]. 实验流体力学, 2012,26(5): 36-41.

[3] 黄志祥,陈立,蒋科林. 高速列车减小空气阻力措施的风洞试验研究[J]. 铁道学报,2012,34(4): 16-21.

[4] 黄志祥,陈立,蒋科林. 高速列车空气动力学特性的风洞试验研究[J]. 铁道车辆,2011,12(49): 1-4.

[5] 黄志祥,陈立,张为卓. 高速列车模型风洞试验的模拟方法研究[J]. 铁道科学与工程学报,2013,10 (3): 87-93.

[6] 孙海生,等. GJB180A—2006 低速风洞飞机模型设计准则[S]. 中国人民解放军总装备部,2006.

[7] 刘义信,等. GJB4395—2002 航空航天器低速风洞测力试验方法[S]. 中国人民解放军总装备部,2002.

[8] 张晖,等. GJB5314—2004 航空航天器低速风洞测压试验方法[S]. 中国人民解放军总装备部,2004.

[9] 杨明智,袁先旭,鲁寨军. 强侧风下青藏线列车气动性能风洞试验研究[J]. 实验流体力学,2008, 22(1): 76-79.

[10] European Standard. Railway applications-Aerodynamics-part 6:Requirements and test procedures for cross

wind assessment[S]. FprEN14067-6,2009.

[11] Bocciolone M, Cheli F, Corradi R, et al. Cross wind action on rail vehicles: Wind tunnel experimental ana-lyses[J]. Journal of Wind Engineering and Industrial Aerodynamics, 2008, 96(5):584-610.

[12] 黄志祥. 一种高速列车模型风洞试验标准路基[P]. 中华人民共和国知识产权利发明专利, 2017,11.

[13] Baker C J,Jones J,Lopez-Calleja F. Measurements of the cross wind forces on trains[J]. Journal of Wind Engineering and Industrial Aerodynamics, 2004, 92(7): 223-227.

[14] Minoru Suzuki, Katsuji Tanemoto. Aerodynamic characteristics of train/vehicles under cross winds [J]. Journal of Wind Engineering and Industrial Aerodynamics,2003,91(1-2):143-147.

[15] Bell James R, Burton David, Thompson Mark, et al. The slipstream and wake structure of high speed trains [C]. 2013 International Conference on Industrial Aerodynamics. Changsha. China. Oct. ,2013:121-129.

[16] 蔡国华. 高速客车模型气动特性实验研究[J]. 实验流体力学, 2007,21(4):27-31.

[17] 田红旗 , 周丹 , 许平. 列车空气动力性能与流线型头部外形[J]. 中国铁道科学,2006,27(3): 47-55.

[18] 田红旗. 列车编组方式对运行空气阻力的影响[J]. 机车电传动,2000,4:9-11.

[19] 田红旗. 中国恶劣风环境下铁路安全行车研究进展[J]. 中南大学学报, 2010,41(6):2435-2443.

[20] 田红旗,高广军. 270km·h-1 高速列车气动力性能研究[J]. 中国铁道科学,2003,24(2):14-18.

[21] Schetz Joseph A. 高速列车空气动力学[J]. 力学进展,2003,33(3):404-423.

[22] 伊腾顺一. 改善空气动力学性能,实现新干线的高速[J]. 国外铁道车辆, 2002, 39(3): 9-12.

[23] 肖京平,黄志祥,陈立. 高速列车空气动力学研究技术综述[J]. 力学与实践, 2013, 35(2): 1-12.

[24] 滕万秀,余以正,程亚军,等. 一种高速列车风洞试验标准模型路基[P]. 中华人民共和国知识产权实用新型专利,2018,3.

第5章 试验技术

5.1 概　述

本章重点讨论高速列车风洞试验的常用技术,主要包括风洞试验段流场校测技术、高速列车模型气动力与力矩测量(测力)技术、静态与动态压力测量(测压)技术、高速列车外部绕流的流场显示与测量技术和气动噪声测量技术等。

5.2　风洞试验的相似理论

5.2.1　基本概念

风洞试验是以绕模型的流动与绕实物的流动相似为基础的,也即要求这两个流动的对应点在对应时刻所有表征流动状况的相应物理量的比例关系保持不变。如果物理量是矢量,还包括方向相同。一般情况下,只有保持几何相似、运动相似、动力相似、热力学相似以及质量相似,两个流动才能完全相似。如果只是某些物理量满足相似条件,则称为部分相似。

几何相似是流动相似最基本的条件。一个物体经过各向等比例变形后能与另一个物体完全重合,则称这两者几何相似。变形后能够相互重合的点称为"对应点",同一物体上对应点之间的连线称为"对应线"。两个几何相似物体的对应线长度成比例。对风洞试验而言,这个比例就是模型的缩尺比。

在两个几何相似的流动中,流体微团流过任意对应流线的时间之比为一常数,则称两者为运动相似。运动相似意味着速度场、加速度场的几何相似,即对应点的速度和加速度之比保持不变。

在两个几何相似的流动中,如果各对应点对应流体微团上所受的同名作用力的大小之比为常值,而且方向相同,则称为动力相似。

在两个几何相似的流动中,如果各对应点的温度之比为常值,则称为热力学相似。如果各对应点的密度之比为常值,则称为质量相似。

在高速列车风洞试验中,主要是实现高速列车模型试验和实车运行的几何相似及运动相似。

5.2.2 相似定理

(1) 相似的正定理。相似的现象,其同名相似准则的数值相同。该定理给出了相似现象的必要条件,也指出了试验时可测量哪些量的问题。如果两个流动现象相似,按定义,这两者的无量纲形式的方程组及初始条件和边界条件应该相同,具有相同的无量纲形式解。因而,出现在这两者的无量纲形式的方程组及初始条件和边界条件中所有无量纲组合数对应相等。这些无量纲组合数称为相似准则,如雷诺数 Re、马赫数 Ma 等。反过来说,如果两个流动的相似准则相等,初始条件和边界条件相似,则这两者的无量纲形式的方程组及初始条件和边界条件完全相同,因而,具有相同的无量纲形式解,也就是说,这两个流动是相似的。这就是相似的逆定理的内容。

(2) 相似的逆定理。两个现象的单值条件相似,而且由单值条件组成的同名相似准则的数值相同,则这两个现象相似。该定理给出了相似现象的充分条件,即两个现象满足这些条件就必定相似,指出了试验应满足的前提条件。

单值条件涵盖了初始条件和边界条件,而且有更广的含义。它是指满足同一物理方程的各种现象单一地区分开来所必须具有的基本条件,它包括以下几方面。

① 几何条件。流动现象发生的空间几何形状和大小,如流动边界的形状。例如,在风洞中进行飞机的模型试验,模型的形状和大小就是几何条件。

② 物理条件。流场中各种介质的状态和性质,如介质的密度、黏性系数等。

③ 边界条件。同周围介质相互作用的条件,即边界的流动情况和边界的性质等。边界条件可分为流体与固体接触面条件、不同流体的分界面条件和流动的入口与出口断面条件。

④ 时间条件。非定常运动起始时刻的流速、压力和温度等。

在进行风洞试验时,应根据相似理论安排试验,保证绕模型流动和实际流动相似。值得注意的是,在各种相似准则中,单值条件组成的相似准则对于现象相似是决定性的相似准则。在相似现象之间,有些非单值条件组成的相似准则数值相同,这是现象相似的必然结果,如空气动力系数、欧拉数、牛顿数。按这些相似准则整理试验数据,即可把模型试验数据用到实际流动中去。

5.2.3　相似准则的导出

导出相似准则的方法常用的有两种,即量纲分析法和方程分析法。若所研究的现象十分复杂,不能用物理方程组描述,只能一般地写出影响现象的准则,采用量纲分析法导出相似准则。若所研究的现象可以用物理方程组描述,则通常采用方程分析法导出相似准则。用方程分析法导出相似准则,首先列出描述相似现象的方程,然后列出各物理量成比例的关系式,并代入物理方程,从而得到由相似常数组合而成的相似系数,并令其为1,经整理即可得到相似准则。

5.2.4　风洞试验常用的相似准则

在风洞试验中,常用的物理量有空气密度 ρ 、速度 V_t 、黏性系数 μ 、压力 P 等。物体的特征长度用 l 表示。

（1）雷诺数 Re ,即

$$Re = 惯性力 / 黏性力 = \frac{\rho V l}{\mu} \tag{5-1}$$

它是一个表征流体的黏性对流动影响的相似准则。凡是与流体的黏性有关的物理量,如阻力、最大升力、抖振起始点等,都与 Re 的大小有关。

（2）马赫数 Ma 。 Ma 是表征惯性力 F_i 与弹性力 F_c 之比的相似准则,对于完全气体,有

$$惯性力 / 弹性力 = \frac{F_i}{F_c} = \frac{\rho v^2 l^2}{p l^2} \propto \frac{v^2}{a^2} \tag{5-2}$$

$$M_a = \frac{v}{a} \tag{5-3}$$

式中： a 为空气中声音传播速度,即声速。

Ma 是气体的压缩性对流动影响的一个量度。对低速流动,气体的压缩性可以忽略不计,即不考虑 Ma ;但当流速较高（ $Ma \geqslant 0.3$ ）时,不能忽略气体压缩性

影响。Ma 是一个十分重要的相似准则,它几乎对所有高速流动现象都有影响。在低速风洞进行喷流试验和直升机旋翼试验时,对局部高速流动要模拟 Ma。

(3)弗劳德数 Fr。Fr 是表征惯性力 F_i 与重力 F_g 之比的相似准则,即

$$惯性力/重力 = \frac{F_i}{F_g} = \frac{\rho v^2 l^2}{\rho g l^3} = \frac{v^2}{gl} \tag{5-4}$$

$$Fr = \frac{V}{\sqrt{gl}} \tag{5-5}$$

Fr 是重力作用对流动影响的一个量度。对试验模型外挂物投放、模型自由飞及尾旋试验等,Fr 是主要的相似准则。

(4)斯特劳哈尔数 Sr。Sr 是非定常运动惯性力 F_e 与惯性力 F_i 之比,即

$$Sr = \frac{F_e}{F_i} = \frac{\rho v l^3}{\rho v^2 l^2} = \frac{l}{vt} = \frac{lf}{v} \tag{5-6}$$

式中:f 为周期性的非定常流动的特征频率。

Sr 是表征流动非定常性的相似准则。当进行结构弹性振动、旋涡声学等模型试验时,要求模型与实物的 Sr 相等。

(5)欧拉数 Eu。Eu 表征流体的压力 F_p 与惯性力 F_i 之比,即

$$Eu = \frac{F_p}{F_i} = \frac{\Delta p l^2}{\rho v^2 l^2} = \frac{\Delta p}{\rho v^2} \tag{5-7}$$

流体力学中的压力系数 Cp 即是欧拉数。如果模型试验流场与实物相似,那么,两者表面各对应点的压力系数相等。

(6)牛顿数 Ne。Ne 代表作用在物体上的力 F 与惯性力 F_i 之比,即

$$Ne = \frac{F}{F_i} = \frac{F}{\rho v^2 l^2} \tag{5-8}$$

空气动力系数本质上都是牛顿数。如果绕模型的流动与绕实物的流动相似,那么,两者的空气动力系数相等。这样,就可以把风洞高速列车模型试验的结果用于实际高速列车运行。

在高速列车模型风洞试验中,由于所用的介质都是空气,可以认为比热比 γ、普朗特数(Prandtl)Pr 和弗劳德数(Froude)Fr 等相似准则和高速列车实际运行时相同。如果高速列车的速度不高,可以不考虑压缩性对流动影响,即可不

考虑 Ma 的影响,但当流速较高($Ma \geqslant 0.3$)时,气体的压缩性影响不可忽略,Ma 是一个十分重要的相似准则。

在高速列车模型风洞试验中,要求模拟的一个重要的相似准则是雷诺数。

雷诺数表示惯性力与黏性力之比,凡是与流体的黏性有关的现象,如边界层流态,转捩点和分离点的位置,模型的最小气动阻力系数和最大的升力系数等,都与 Re 有关。它是一个表征流体的黏性对流动影响的重要的相似准则。因此,在高速列车模型风洞试验中,要求试验时的雷诺数尽可能接近实际高速列车运行的雷诺数。

必须指出,即使只模拟主要的相似准则,如雷诺数,也不是一件容易的事。

5.2.5 完全模拟和部分模拟

按相似定理的要求,两个现象"完全相似"的条件是单值条件相似以及所有的相似参数完全相同。模型试验做到与实物完全相似称为完全模拟。实际上,这是很难做到的,有时根本无法做到。通常,只能做到使其主要相似参数相同,而忽略次要的相似参数,或对其进行修正,这称为部分模拟或近似模拟。对于某一项试验,并非所有的相似准则都同等重要。因此,每做一个试验,特别是新的试验项目,必须对此试验的目的、内容以及影响此试验结果的主要物理参数进行透彻的分析与研究,从而决定模拟哪些对该试验起决定性作用的相似准则。

5.2.6 自模拟

自模拟的含义是自动模拟,是指在一定范围内,某相似参数的变化对所研究现象的影响可以不予考虑,这时,此相似参数就可以不予调整,或者说,此相似参数已进入自模区或自准区。如图 5-1 所示,当雷诺数 $Re \geqslant 3.6 \times 10^5$ 时,气动特性随雷诺数的变化很小,称此时的雷诺数为临界雷诺数 Re_{cr},当 $Re \geqslant Re_{cr}$,则雷诺数进入自准区。利用现象的自模性可以明显简化模型试验的条件。例如,只要知道临界雷诺数 Re_{cr},则进行风洞试验时,只需要保持试验的雷诺数 $Re \geqslant Re_{cr}$ 即可,而无须花更大的代价使模型试验的雷诺数与实车雷诺数相同。

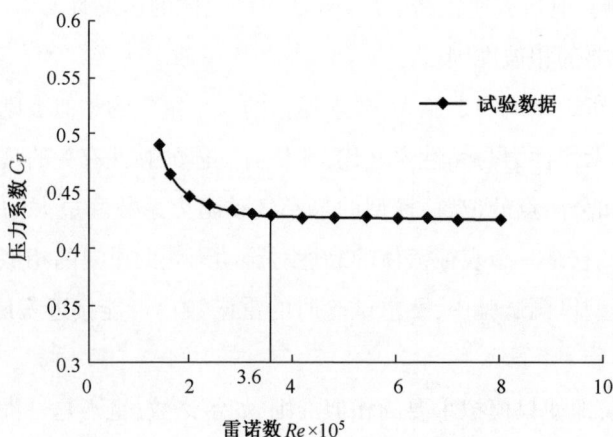

图 5-1　压力系数与雷诺数的关系曲线

5.3　流场校测

在试验段流场的校测中,需要测量的流场参数很多,包括总压、静压和动压的测量、气流方向的测量、轴向静压梯度的测量、温度的测量、落差系数的测量、气流湍流度和气流噪声的测量等。但对于常见的高速列车风洞试验而言,必须获得的参数主要还有落差系数、轴向静压梯度、边界层厚度和湍流度等,这些参数都是对试验段的流场进行控制或开展试验数据的处理修正所必需的,是高速列车风洞试验所必须开展的工作。

5.3.1　总压、静压和动压的测量

1. 定义

总压,也称驻点压力,即气流流动受到滞止、速度降至零处的压力。静压,即气流作用在平行于气流流动方向的物体表面的压力。动压,即单位体积的气流包含的动能,因气流流动产生的附加压力,动压是总压与静压的差。

2. 测量方法

一般采用总静压复合管同时进行总压和静压测量,根据不同使用场合与测量要求,总压管头部的形状和尺寸设计为多种不同形式,目前采用最多的是 L

形总静压复合管。管身为圆柱形,管头为圆锥形,管头最前端为感受气流压力的探针孔,在靠近总压管管头的圆柱形管身表面,沿管身法线方向,在管身圆柱一周开有小孔,即静压探针孔。将 L 形总静压管的管头探针孔迎着气流并对准气流流动方向,总压和静压探针通过压力管道接入压力扫描阀,即可测量管头附近的气流总压和静压,用测量的总压减静压即可获得该处的气流动压值。如果需要一次同时测量多点的气流总压、静压和动压,可以把多根总静压复合管安装在一个固定支架上,形成排管架进行测量。总静压复合管的几何尺寸应尽量小,以减小对气流的干扰。

5.3.2 落差系数的测量

1. 定义

落差系数是指风洞试验段中对应高速列车模型某一位置的气流动压(也称速压)与风洞试验入口处未经扰动的气流动压之比。它是用于风洞试验段气流控制与反馈的一个重要参数,风洞动力系统根据该参数可以准确控制试验段高速列车模型处的气流速度。

2. 测量方法

(1) 风洞入口处动压测量。在风洞入口处安装一个经过计量标定的风速管(定义为风速管 A),风速管管头的总压孔正对前方试验来流,风速管尾端的总压和静压各接一个两通道管。将风速管的总压和静压各分成"两份":一份总压和静压接入风洞试验段气流速度控制系统,用于反馈和监测风速管处的气流速度;另一份总压和静压接入扫描阀,分别测量总压和静压压力,然后换算成气流动压。

(2) 高速列车模型处动压测量。在试验段的高速列车模型区域,由于高速列车模型采用多车编组,长度大,因此,在每节车厢都要分别选择一个位置作为气流动压的测点。以三车编组为例,分别在头车、中间车和尾车的动压测点处,安装标准风速管(定义为风速管 B),将管头的总压孔固定在上述位置,同样,总压孔正对来流,分别测量风速管的总压和静压。由此可以分别得出头车、中间车和尾车在上述位置的动压。值得说明的是,头车、中间车和尾车的动压都采用同一根风速管(风速管 B)进行测量,只是进行风速管位置的移动。风速管 B 在头车位置时,定义为风速管 B_T,在中间车位置时,定义为风速管 B_Z,在尾车位置时,定义为风速管 B_W。

（3）落差系数的计算。定义风洞入口处扫描阀测量的总压为 P_0，静压为 P_{II}；头车位置的总压和静压分别为 P_{0T} 和 P_{IIT}，落差系数为 ζ_T；中间车车位置的总压和静压分别为 P_{0Z} 和 P_{IIZ}，落差系数为 ζ_Z；尾车位置的总压和静压分别为 P_{0W} 与 P_{IIW}，落差系数为 ζ_W，即

$$\zeta_T = \frac{P_{0T} - P_{IIT}}{P_0 - P_{II}} \tag{5-9}$$

$$\zeta_Z = \frac{P_{0Z} - P_{IIZ}}{P_0 - P_{II}} \tag{5-10}$$

$$\zeta_W = \frac{P_{0W} - P_{IIW}}{P_0 - P_{II}} \tag{5-11}$$

对于落差系数的测量，需要说明两点。一是关于试验风速的选择，试验风速不同，落差系数也会有所不同。在测量过程中，一般采用名义的试验风速进行，该名义试验风速尽管不完全精确，但应该覆盖所要开展的高速列车模型风洞试验的所有风速范围。二是用于风洞动力系统进行气流速度控制的落差系数的选择，落差系数是用于风洞动力系统控制试验段高速列车模型处的气流速度的一个参数，一个试验只能给出一个落差系数进行气流速度控制。对于多编组高速列车模型，由于不同位置的车厢的落差系数会有所差别，建议将高速列车模型长度范围内，选取中间位置的落差系数 ζ_Z 作为风洞试验段气流速度控制的落差系数。

5.3.3 轴向静压梯度的测量

1. 定义

由于风洞试验段壁面的边界层沿气流方向不断增厚，导致试验段的有效截面积逐渐减小，气流流速则不断增大，静压不断减小，形成了沿试验段气流方向的静压梯度，这种静压梯度称为轴向静压梯度。它会对高速列车试验模型的气动力试验数据产生影响。

2. 测量方法

由于高速列车模型一般为多车编组，长度大，不同车厢位置的轴向静压梯度存在差异，因此，通常根据高速列车模型不同车厢位置，分别进行分段测量轴向

静压梯度。

（1）静压的测量。轴向静压梯度是通过风洞试验段轴线的静压分布测量获得的，静压可以用标准风速管进行测量。为了提高测量效率，通常将风速管固定在一台可以往一个方向进行直线且无级滑动的导轨上。将导轨沿风洞试验段轴线方向固定，风速管管头置于高速列车模型高度范围内，管头总压孔正对试验来流，通过导轨带动风速管管头从风洞轴线的前端往后端移动。为了测量足够长度区域的静压，所测区域应分别向高速列车模型车头鼻尖前端，以及尾部鼻尖的后端延伸一段距离，确保涵盖整个试验模型区域。

（2）轴向静压梯度的计算。通过风洞试验段轴线位置（X）的静压分布（C_p），求解 $C_p = f(x)$，从而获得轴向静压梯度 $\dfrac{\mathrm{d}C_p}{\mathrm{d}x}$。风速管在轴线方向的不同位置的坐标为 X，对应位置的静压系数为 C_p，则

$$C_p = \frac{P - P_\infty}{\frac{1}{2}\rho V^2} = f(x) \tag{5-12}$$

由于在轴线方向的不同位置测得的静压是离散点的数据，可以用作图法求得 $C_p \sim X$ 曲线斜率，或者按下式计算，即

$$\frac{\mathrm{d}C_p}{\mathrm{d}x} = \frac{m\sum\limits_{i=1}^{m} x_i C_{pi} - \sum\limits_{i=1}^{m} C_{pi} \sum\limits_{i=1}^{m} x_i}{m\sum\limits_{i=1}^{m} x_i{}^2 - \left(\sum\limits_{i=1}^{m} x_i\right)^2} \tag{5-13}$$

式中：X_i 为第 i 点测点距离试验段入口处的距离；C_{pi} 为第 i 点测点压力系数；m 为测量的总点数。

5.3.4 边界层厚度的测量

1. 定义

目前，在高速列车模型风洞试验中，由于采用固定地板模拟地面，气流在地板和路基表面从前往后将会形成边界层，并沿气流方向不断增厚。通常定义从地板表面(气流速度为零)至 99% V_∞ 处(V_∞ 为主流区气流速度)的距离为边界层厚度。

根据欧洲高速列车侧风试验规范 EN14067—6 的要求,在高速列车模型区域的最大边界层厚度不应超过车体高度的 30%。厚度较大的边界层会对高速列车试验模型的气动力试验数据产生影响。

2. 测量方法

对于边界层的测量,通常采用测压耙(由一列按一定间距上下并排的探针组成,最上面的一根探针为静压探针,其余均为总压探针)进行总压和静压的压力测量,经过计算动压换算成气流速度,再计算边界层厚度。测压耙如图 5-2 所示。

(a)   (b)

图 5-2　测压耙

将测压耙固定在需要测量边界层厚度的地板表面,使测压耙的探针正对来流,与来流平行,且各探针分别通过测压管连接扫描阀,进行压力测量。总压探针测得的压力为 P_0,各静压探针测得的压力为 P_i,则各总压探针感受到的动压为 q_i,按下式换算成对应的气流速度 V_i,即

$$q_i = P_0 - P_i = \frac{1}{2}\rho V_i^2 \tag{5-14}$$

$$V_i = \sqrt{2(P_0 - P_i)/\rho} \tag{5-15}$$

式中:ρ 为试验段气流密度;i 为第 i 根总压探针。

由测压耙获得的典型 V_i 速度剖面如图 5-3 所示。

将各总压探针处的气流速度 V_i 与 99% V_∞ 进行比较,通过线性插值的方式获得 99% V_∞ 对应的高度,即为测压耙所在地板位置的边界层厚度。

需要说明的是,为了确保能测量出完整的气流速度剖面,并计算边界层厚度,测压耙的总高度应至少是边界层厚度的 1.5 倍。

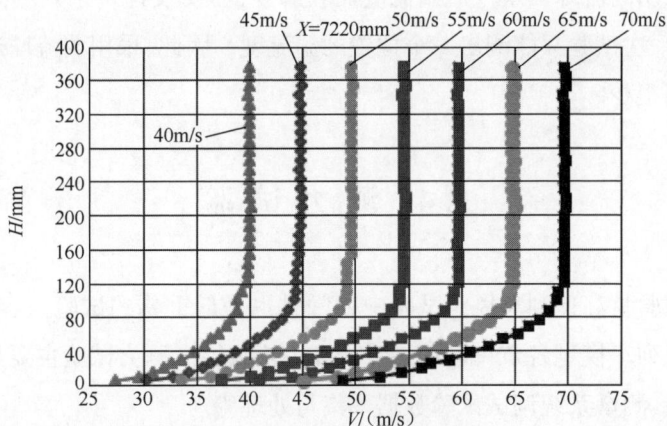

图 5-3 典型的 V_i 速度剖面

5.3.5 湍流度的测量

1. 定义

湍流度又称湍流强度,是度量气流速度脉动程度的一种标准,通常以脉动速度均方和与时均速度之比表示脉动的大小,用 ε 表示。

湍流度的大小会影响边界层类型及转捩点和分离点的位置。在高速列车风洞试验中,为了尽量减小气流湍流度对试验数据的影响,试验段的气流湍流度应尽可能小,建议试验模型区域的气流湍流度不大于 0.2%。

2. 测量方法

目前,在风洞试验中,一般采用热线风速仪进行湍流度的测量。将热线风速仪的探头置于试验段流场中并固定,使热线轴与气流方向垂直,分别测量风速为 0 时的电桥电压 E_0、风速不为零时的电桥电压 E 及脉动电压的均方根 E_R , n 为常数,按下式计算该风速下的的气流湍流度,即

$$\varepsilon(\%) = 100 \times \frac{2E \times E_R}{n(E^2 - E_0{}^2)} \tag{5-16}$$

用热线风速仪可以方便地测出风洞气流湍流度随风速的变化规律。若用多个热线探头组成排管,则可方便地测出整个试验段的湍流度分布。

另一种湍流度的测量方法是采用紊流球测量。它是依据气流在圆球表面由层流转变为湍流的临界雷诺数与湍流度存在函数关系的原理,获得被测气流的

湍流度。采用湍流球测量气流湍流度比较麻烦,需要设计一系列不同直径的湍流球,而且一次试验只能测出一个位置的湍流度。因此,采用湍流球进行湍流度测量的应用很少。

5.4 测 力 试 验

测力试验是高速列车风洞试验中最常见也是最重要的试验内容,主要目的是获得高速列车模型各节车厢的气动力和力矩特性。测力试验主要步骤包括试验模型安装、测量系统调试试验数据采集与处理等。

5.4.1 试验模型安装

(1)地面效应模拟装置的安装。下面以目前常用的平地路基为例进行介绍。将路基沿风洞试验段地板表面纵向中心线安装固定,路基表面要调平。路基安装调平后,沿路基表面纵向在其两侧安装固定轨道,两根轨道中心间距与高速列车模型转向架两侧车轮的中心间距相同。

(2)高速列车模型的安装。首先将高速列车模型各节车厢的主体部分安装连接完毕,然后将测力天平安装在高速列车模型内部空腔的天平连接板上,再把天平支座以同样的方法与天平连接在一起,天平尾端测量线路沿着天平支座的支腿从上到下进行绑扎固定,并将天平线的接头引出高速列车模型外部,最后将高速列车模型各节车厢连同支座安装固定在路基表面。高速列车模型各节车厢的相邻处应平顺过渡,无台阶和错位,且各节车厢的安装过程中,应避免出现较大的侧偏、俯仰和滚转安装角度。

值得注意的是,对于测力试验,高速列车模型的各节车厢在整个试验过程中应始终保持独立,互不接触,其车身部件也不应与轨道、支座和天平连接线发生触碰,以免影响测力试验结果的准确性。

5.4.2 测量系统调试

(1)静态加载。试验模型按要求安装完毕后,应对测量系统进行调试,主要是通过对高速列车模型安装有天平且需要测力的各节车厢进行静态加载。一般采用经过标定的弹簧称和砝码进行加载,在车厢上沿图2-1中3个坐标轴方向分别施加阻力、升力和侧向力载荷。各个方向施加的载荷应准确,便于验证,且分别沿正向和负向两个方向加载。需要注意的是,施加的载荷应考虑与拟测的气动分量量值范围匹配。

(2)试吹风。测量系统调试完成且能正常工作后,可以开展试吹风,主要是为了检验整个试验系统在吹风试验过程中能否正常工作,且试验模型强度和刚度能否满足试验要求。试吹风的试验侧偏角和风速范围应包含试验内容中要求的所有试验侧偏角与风速。

5.4.3　试验数据采集与处理

完成测量系统调试后,就可以进行正式吹风试验了。正式试验内容一般包括重复性试验、变雷诺数试验和变侧偏角试验。重复性试验主要是为了检验整个测量系统的精度(均方根误差),一般选取某重点关注工况开展的重复性试验。变雷诺数试验是选择试验侧偏角为0°,进行试验风速从低到高的变化试验,获得气动特性随风速变化的规律,为变侧偏角试验选择自准区内的试验风速。变侧偏角试验是根据变雷诺数试验选择的试验风速进行固定风速的侧偏角变化试验,获得气动特性随侧偏角变化的特性。除了变雷诺数试验确定试验风速外,试验风速应尽量大,以获得尽可能大的试验雷诺数。

1. 试验数据的采集

试验数据应在试验气流动压稳定后延时采集,测力数据采集系统每通道应保持较高的采样频率。测力试验数据一般包括初读数、吹风数和结果数。

2. 测力数据处理

在没有特殊要求的情况下,测力试验数据按每节车厢分别单独给出,以每节车厢的体轴系给定,而且,测力试验结果一般以按无量纲的气动力和力矩系数表示。各气动力相关符号的定义如表5-1所列。按以下公式计算气动力和力矩系数,即

$$c_x = \frac{X}{qS} \tag{5-17}$$

$$c_y = \frac{Y}{qS} \tag{5-18}$$

$$c_z = \frac{Z}{qS} \qquad (5-19)$$

$$m_x = \frac{M_x}{qSB} \qquad (5-20)$$

$$m_y = \frac{M_y}{qSB} \qquad (5-21)$$

$$m_z = \frac{M_z}{qSL} \qquad (5-22)$$

式中：q 为试验动压；S 为高速列车模型正投影面积；B 为高速列车模型车宽；L 为各节车车厢长度。

表 5-1 气动力相关符号的说明

A	试验段有效横截面积
B	横向参考长度
c_x	阻力系数
c_y	升力系数
c_z	侧向力系数
$\mathrm{d}\,\overline{c_p}/\mathrm{d}x$	轴向静压梯度
L	纵向参考长度
M_x	倾覆力矩
m_x	倾覆力矩系数
M_y	侧偏力矩
m_y	侧偏力矩系数
M_z	俯仰力矩
m_z	俯仰力矩系数
q	来流速压

	S		参考面积
	V		试验风速
	X		阻力
	Y		升力
	Z		侧向力
	α		攻角
	β		侧偏角
	γ		滚转角
	σ		均方根误差
	Δ		增量
下标		i	模型表面第 i 点
		M	模型
		q	风轴
		T	天平轴
		t	体轴
		u	未经修正
		头	头车
		中	中间车
		尾	尾车

3. 数据修正

高速列车模型风洞试验的数据修正,应根据试验模型的阻塞、试验段的流场

103

情况等进行,一般包含以下几个方面。

（1）阻塞修正。根据 EN14067-6 的要求,当高速列车带路基轨道模型在 30°侧偏角下的阻塞度小于 15%时,可以不需要进行阻塞修正。

（2）水平浮力修正。分别对每节车采用当地轴向静压梯度进行水平浮力修正。

（3）支架干扰修正。高速列车模型风洞试验通常采用内式天平,支架外露部分很少,一般不需要进行支架干扰修正。

（4）边界层影响修正。根据 EN14067-6 的要求,当试验模型车身长度范围内的地板表面最大边界层厚度不大于车身高度的 30%时,可以不进行边界层影响修正。对于边界层较厚的情况,由于目前没有明确、通用的修正方法,因此,在风洞试验中,试验模型车身长度范围内的地板表面最大边界层厚度应不大于车身高度的 30%。

4. 数据存储

测力试验数据应按不同的测量单元(通常为不同车厢)分别给出,数据中必须包含所测量的气动力和力矩,另建议包括试验条件,如试验侧偏角、试验风速和试验动压等。

（1）测力试验结果按每节车厢分别存储为 1 个文件,头车、中间车和尾车的结果数据文件名依次为试验编号_T+. dat、试验编号_Z+. dat、试验编号_W+. dat。

（2）每个结果数据按 9 列存储,前 6 列依次为 c_y、c_x、m_z、c_z、m_y、m_x,第 7 列为侧偏角 β,第 8 列为名义风速 V,第 9 列为实时动压 q。

5. 试验结果表示形式

（1）变风速试验结果提供 $c_y - V$、$c_x - V$ 和 $m_z - V$ 为一组的曲线图,横坐标为试验风速 V,纵坐标为气动力和力矩系数。

（2）变侧偏角试验结果提供 $c_x - \beta$、$c_y - \beta$、$c_z - \beta$、$m_x - \beta$、$m_y - \beta$ 和 $m_z - \beta$ 为一组的曲线图,横坐标为试验侧偏角 β,纵坐标为气动力和力矩系数。

（3）试验结果数据表以风速-气动力/力矩系数和侧偏角-气动力/力矩系数的形式给出,对于不同优化方案的比较,建议在数据表中按百分比给出相对差量。

5.4.4　其他说明

1. 重复性试验

（1）重复性试验精度用气动力和力矩系数的均方根误差表示,即

$$\sigma = \sqrt{\frac{\sum\limits_{i=1}^{n} (\bar{x} - x_i)^2}{n-1}} \qquad (5\text{-}23)$$

式中：σ 为均方根误差；x_i 为第 i 次测量的某气动力系数值；$\bar{x}$ 为重复测量的某气动力系数的算术平均值；n 为重复性试验次数。

（2）对重复性精度（$\beta = 0°$）的建议如表 5-2 所列。

表 5-2　重复性精度的建议

均方根误差	头车	中间车	尾车
c_x	≤0.0015	≤0.0010	≤0.0015
c_y	≤0.0025	≤0.0020	≤0.0030

2. 变风速试验

变风速试验进行雷诺数自准区判断，是否进入自准区，以气动力系数的均方根误差（按式（5-23）计算）与重复性精度的比较来判断。

5.5　测 压 试 验

5.5.1　试验模型的安装

试验模型采用与 5.4.1 节相同的安装方法，只是另外需要安装扫描阀系统（目前几乎都采用电子扫描阀）。在此需要说明 3 点。

（1）测压试验与测力试验可以共用同一套试验模型。但是，不建议在同一试验条次中同时采集测力和测压试验数据。这主要是因为测压试验管路的相互连接可能导致需要独立测力的各单元互相"拉扯"，影响测力试验结果的准确性。

（2）对于测压试验，试验模型各部分可以相互接触甚至触碰，不要求各节车厢、车厢与路基轨道之间完全相互独立。

（3）电子扫描阀通过测压软管与高速列车试验模型的测压管路相连，建议将扫描阀阀体，以及测压管路和测压系统线缆等尽可能放置在高速列车模型空腔内。如果车体模型内部空间放置不下,应尽可能放置并固定在远离高速列车模型的区域,以减小对外部流场的干扰,提高测压结果的准确性。

5.5.2　测量系统调试

1. 通气性和气密性检测

(1) 通气性一般采用高压气枪从测压管路的软管一端打气,在测压管路的另一端感受气流是否强劲,由此判断整个测压管路的通气性是否良好。

(2) 气密性一般采用压力计进行。通过压力计给测压管路软管一端输入一定压力,并密封测压管路另一端。如果测压管路气密性好,则压力计的读数稳定后保持不变;如果压力计读数一直变化,逐渐减小,则测压管路气密性不好。

2. 试吹风

试吹风主要是为了检验整个压力测量系统是否能正常工作。试吹风的试验侧偏角范围应包含正式试验内容的最大试验侧偏角,风速应不小于正式试验内容中要求的最大试验风速。在确定试吹风工况时,应估算压力最大值,在试吹风的过程中,应对压力进行监测,确保测量系统采集的压力不超过扫描阀量程。

5.5.3　数据采集与处理

1. 数据采集

(1) 参考压的获取。测压试验中,扫描阀需要获得稳定的参考压,以提升测压数据的准确性。为此,需要专门连接一根管路,将扫面的参考压端口与风洞试验段外稳定的大气压环境相连,甚至为了确保参考压端口的大气压力稳定,需要将参考压端口的另一端置于与外界大气相通的半封闭空腔内。

(2) 测压试验数据应在气流动压稳定后延时采集,数据采样应延时,且采样时间也不宜过短,确保采样数据量。

2. 数据处理

(1) 静态压力的数据处理。在没有特殊要求的情况下,每个测压点的静态压力试验结果以无量纲的压力系数 c_p 表示,即

$$c_{pi} = \frac{p_i - p_\infty}{q_\infty} = \frac{p_i - p_\infty}{\frac{1}{2}\rho V^2} \tag{5-24}$$

式中：p_i 为扫描阀测量的第 i 点测压点的压力；p_∞ 为不受干扰的试验段前方来流静压；q_∞ 为不受干扰的试验段前方来流动压；ρ 为当地气流密度；V 为不受干扰的试验段前方来流速度。

对于开口试验段的风洞，试验段压力和试验室大气压力 p_a 相等。因此，$p_\infty = p_a$，因此，测压试验可很方便地进行。扫描阀上的参考压直接通大气就行，但是对于一些闭口试验段的风洞来说，试验时由于试验模型的存在，风洞内无法直接获得准确的 p_∞，为此，需要对式（5-24）作适当的变换，便可使测量更为简便。

（2）脉动压力的数据处理。脉动压力传感器输出各测点脉动压力时程数据，分别计算定常压力、均方根脉动压力及脉动压力系数。脉动压力功率谱计算采用加窗平均周期图法（Welch 法），该方法将时域信号进行分块，然后分别进行功率谱分析，再取各块平均值作为功率谱密度结果。脉动压力信号经测压管路传输会发生畸变。为减小畸变量和提高精度，测压管路要尽可能短和粗。

3. 数据修正

（1）对于静态压力试验数据，由于高速列车试验模型的阻塞比通常较小，目前，对高速列车模型风洞试验的测压结果不进行修正的居多；可以利用壁压法进行阻塞项的修正，但具体方法需要进一步研究。

（2）对于脉动压力试验数据，脉动压力信号在管路传输过程中发生的畸变需要进行修正。一般根据测压管路长度，采用理论计算修正。

4. 数据存储

（1）每条次的测压试验结果按每个试验侧偏角或风速分别存储 1 个文件，文件名为"试验编号_序号 . dat"。

（2）测压试验数据应包括初读数、吹风数和结果数以及压力系数。

5. 试验结果表示形式

测压试验结果通常有两种表示方法：①矢量法；②坐标法。

（1）矢量法。把试验数据中的压力系数 c_p 以矢量的形式画在试验模型的测压剖面对应的测压点上，取一适当长度表示压力系数的一个单位，再将每个点的 c_p 值比照单位长度以对应长度的线段给出，线段长度对应压力系数的大小。所有线段还标有箭头，表示压力的方向：箭头背离测压剖面的测点，表示正压；箭头指向测压剖面的测点，则表示负压。这些线段分别与模型对应测压点的表面相垂直。

（2）坐标法。测压数据以坐标图的形式给出，测压坐标图的纵坐标为 c_p，横坐标为测压点的位置坐标。

测压数据除了以图的形式表示，还应给出压力数据的测压表。测压表中应给出测压点编号和对应的 c_p，对测压点中的坏点应在表中标出。

5.6 流场显示与测量试验

5.6.1 流场显示技术

1. 烟流法流态显示技术

高速列车模型风洞试验的烟流法包括单管烟流流态显示技术和排管烟流流态显示技术。单管烟流流态显示的特点是灵活、方便，可以根据需要，对重点关注的车身部位的局部流场进行流态显示，由于只能形成一股烟流，因此，不能对车身大面积区域流场同时进行显示。排管烟流流态显示主要是对车身重点关注剖面，尤其是车身纵向中心剖面的流场进行宏观显示。排管烟流流态显示可以产生一排烟流，同时显示一个剖面的流场状态，流场显示区域大、宏观性好，但不适用于对车身局部或部件的流态显示。

（1）单管烟流流态显示技术。试验过程中，应将烟管置于远离试验模型的正前方，将喷枪嘴置于需要显示流态的部位上游，喷枪中的烟流即可流经该处，显示该处流态。通常，在试验过程中，为了保证发烟质量，并确保试验人员的安全，试验风速不宜过高。烟流流态显示的部位车头纵向中心剖面、转向架区域、风挡区域、受电弓区域车轮和车尾部等区域，如图 5-4 所示。

（2）排管烟流流态显示技术。试验过程中，将排管架固定在试验模型上游前方位置，并使喷枪嘴与需要显示流态的剖面在同一个平面内，当喷枪中的烟流流经车身该剖面时，即可显示该剖面内的流态。排管架及其支撑装置截面应尽量采用顺风向投影面积小的流线化外形，以减少对试验模型前方气流的干扰。同单管烟流流态显示技术一样，在试验过程中，为了保证发烟质量，试验风速一般不宜过高。排管烟流流态显示的部位主要是车身纵向中心剖面，如图 5-5 所示。

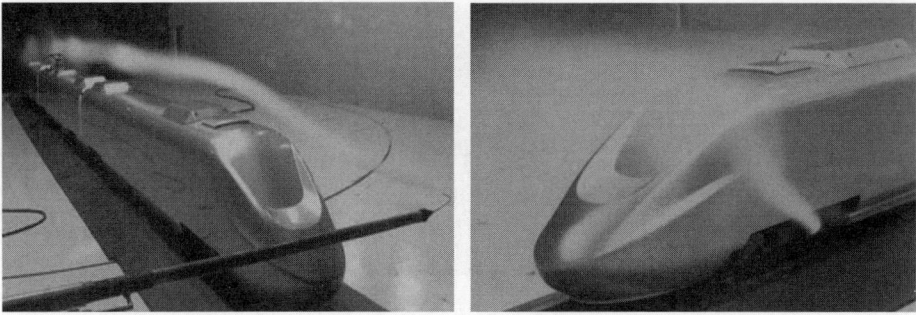

（a）   （b）

图 5-4　高速列车模型的单管烟流流态显示

（a）高速列车模型纵向流态显示；（b）高速列车模型横向流态显示。

图 5-5　高速列车模型的排管烟流流态显示

2. 丝线法流态显示技术

丝线流态显示法因其简单易行、直观方便而常用于高速列车模型流态显示试验中。将彩色丝线一端粘贴于车身表面需要观察流态的部位，另一端自由放开。丝线长度和间距的确定。既要考虑避免丝线发生缠绕，还需根据进行流态显示部位的流场复杂情况确定。流场情况越复杂，丝线长度和间距就相对长和密一些，流动简单和流场变化小的区域，则丝线就相对短和稀疏一些。丝线建议选择轻质柔软的细毛线，以尽量减小其本身质量和惯性的影响。

在试验过程中，为了便于观察和保证丝线流态显示效果，试验风速一般不宜过高。丝线流态显示的区域一般在高速列车模型的车头、外风挡、受电弓及导流罩和车尾等区域。丝线流态显示试验如图 5-6 所示。

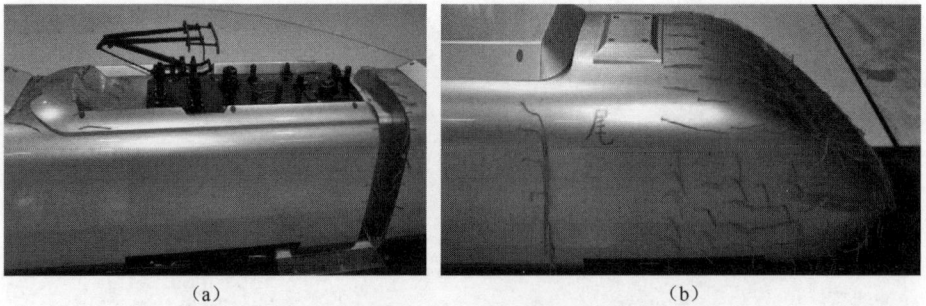

図 5-6 高速列车模型的丝线流态显示

(a)受电弓和风挡区域丝线流态显示；(b) 车尾丝线流态显示。

3. 水洞法流态显示技术

高速列车模型的水洞流态显示,是指利用水流进行车辆模型外部绕流的流态显示。将试验模型固定在水洞试验段中,待水流速度稳定后,将有色液态染料从试验模型的水流上游或经模型表面开孔注入,有色水流经过试验模型时,即可显示模型外部绕流情况。

气动中心采用水洞流态显示法对高速列车模型表面流态进行显示的试验结果,如图 5-7 所示。

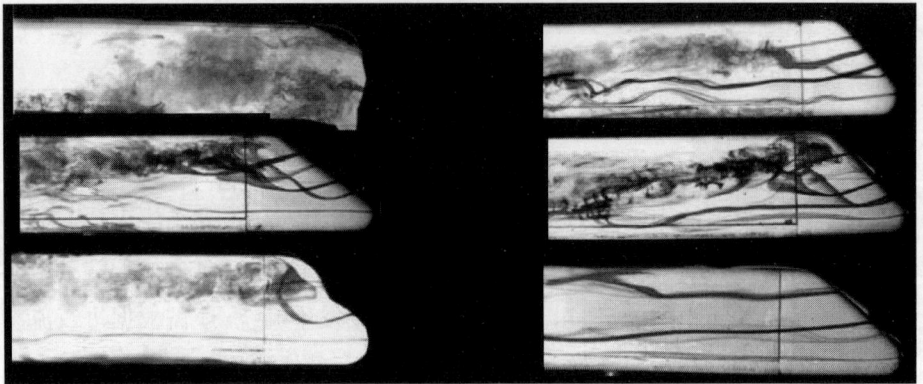

图 5-7 高速列车模型外部绕流的水洞流态显示

5.6.2 流场测量技术

1. 探针流场测量技术

高速列车模型局部空间流场可以采用探针法进行测量,尤其是尾部流场。

一般由多根探针形成探针阵列,固定在探针靶或探针架上,然后安装在移测架系统上,可以实现对车身不同区域的空间流场进行测量。在探针的安装过程中,应注意探针头部与来流方向一致,且要确保探针孔的方向正确。由移测架带动探针测量空间各点的总压、静压和速度矢量。探针感受的压力信号经压力传感器转换成电信号,传输至计算机自动采集处理,并跟踪显示各测量点的速度矢量和压力值。

对于高速列车模型局部空间流场的测量,通常采用七孔探针组成测量靶(多根探针组成的线型阵列)进行测量。七孔探针的几何外形如图 5-8 所示。给七孔探针的七孔探头依次编号,正上方为 1 号孔,顺时针依次为 2~6 号孔,中间为 7 号孔。

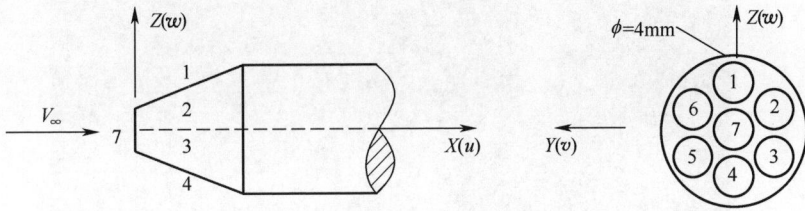

图 5-8　七孔探针外形示意图

七孔探针测量的试验数据是探针各个测压孔对应的压力信号,经过一系列的数据处理可得到测量点的速度信息和总压、静压信息。由所测七孔压力值自动判断流动区域,通过计算得到流场中三维速度,最终经过后处理得到速度矢量图。

气动中心研制了一套由计算机控制的六自由度移测架装置,安装七孔探针阵列,可对高速列车模型尾部流场进行快速测量,如图 5-9 所示。

2. PIV 流场测量技术

PIV 测量技术是一种高效的非接触流场测量技术,目前在风洞试验中得到广泛应用。

(1)测量系统。PIV 流场测量系统包括二维 PIV 系统和三维 PIV 系统,二维 PIV 系统比三维 PIV 系统组成简单。二维 PIV 系统一般采用一台相机,能够给出一个流场剖面内完整的速度矢量场,得到的是三维速度矢量在被测片光平面内的投影结果。三维 PIV 系统采用两台相机,以一定角度摆放并面向流场片

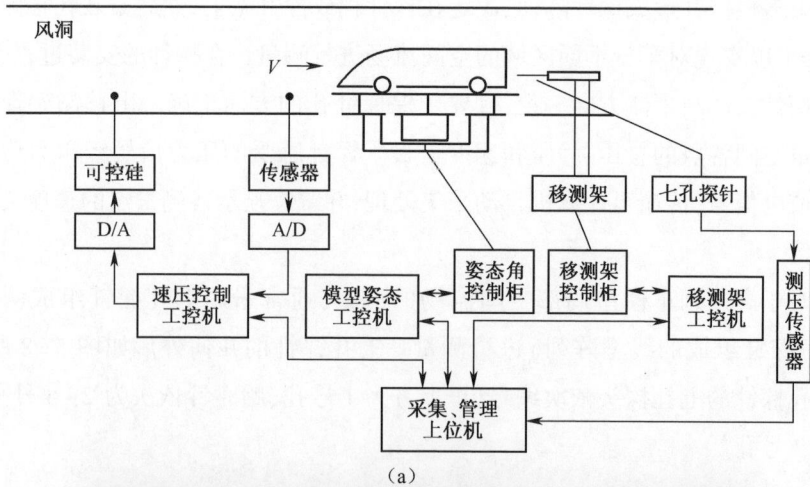

(a)

(b)

图 5-9 用探针法测量高速列车模型尾部流场

(a)尾部流场探针法测量示意图;(b)高速列车尾部流场的探针法测量。

光切面,根据体视投影的原理得到一个流场剖面内的 3 个速度矢量。照明激光器作为照明光源,使用两台脉冲激光器经过光束合束器通过一个光路出口并且空间上严格重合地发射出来,经过导光臂和片光源系统,产生照明流场的脉冲激光片光源。数字相机通过外部触发捕捉两帧图像,同时将捕捉到的一系列图像数据通过图像采集板实时地传输到计算机内存中。触发信号由同步控制器提供,从而保持与脉冲激光器的完全同步。目前,二维 PIV 系统能够覆盖和测量的最大区域流场尺寸可达 1200mm×800mm。PIV 测试需要配备专门的粒子发生器和粒子播撒排管架,采用乙二醇/丙二醇混合液加热产生的烟雾作为示踪粒子可以获得较好的显示效果。

（2）测量步骤。PIV 流场测量的主要步骤如下。首先,完成试验模型的安装,确保试验模型状态正确;然后,调试 PIV 系统,校准测量视场范围、检查测量区域与试验模型(头车和尾车)的相对位置;最后,调试发烟器,观察动车组模型流场测量区域的粒子分布情况,对高速列车模型不同部位进行 PIV 流场测量。

（3）测量方法。在 PIV 流场测量过程中,发烟器装置固联在一个支撑装置上,位于风洞试验段上游距离试验模型较远的中心位置,发烟器固定在支撑装置上,可以实现上下方向的平移,以确保由其发出的烟流经试验模型时能覆盖所需测量的截面。对于水平和纵向截面的测量,可采用横梁加滑轨固定相机的方式进行。通过调整支撑相机横梁导轨的位置,实现对所需测量截面的拍摄。激光器应能根据所需测量的截面调整位置,确保片光能完整覆盖所测截面。另外,由于高速列车试验模型的表面一般采用了银白色的喷漆,并进行了抛光处理,对激光的反射较强,为了确保相机拍摄的质量,应对所测表面进行反光处理,降低模型表面的反光对相机拍摄效果的影响。对局部地板表面,也应采取措施以减少相机拍摄图像的背景杂光,如图 5-10 所示。

（4）数据处理。PIV 的视场坐标系为:原点位于视场左下顶点,X 轴指向视场右侧,Y 轴指向视场上方。在试验过程中,同一试验条件下的每个测量截面在不同跨帧时间下分别进行采集,每个跨帧时间下采集一定帧数的试验图片,对每个跨帧时间,选取信噪比高、示踪粒子分布区域较大的试验图片分别进行处理,选取最优的跨帧时间。采用专门软件处理相机拍摄的测量剖面图片,输出按照视场坐标系给出的数据文件,然后利用图形处理软件将坐标系转换为模型体轴系,绘制速度矢量图和流线图。为清晰给出高速列车模型尾部宏观流场结构,在后期的数据处理中采用 PIV 流场数据拼接技术给出宏观图像。

5.6.3　存在的问题

尽管流场显示与测量技术不断发展完善,但目前仍然存在一些工程实际问题。

（1）在烟流流态显示中,长时间发烟容易导致发烟不连续,发烟效果变差。

（2）在丝线流态显示技术中,丝线的质量、尺寸等对流场显示效果影响较大,存在流态显示失真和不够细致的问题。此外,目前有一种荧光丝线技术显示

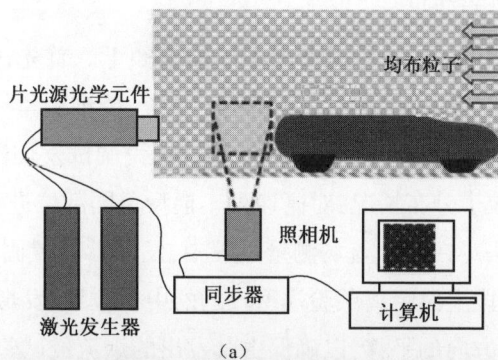

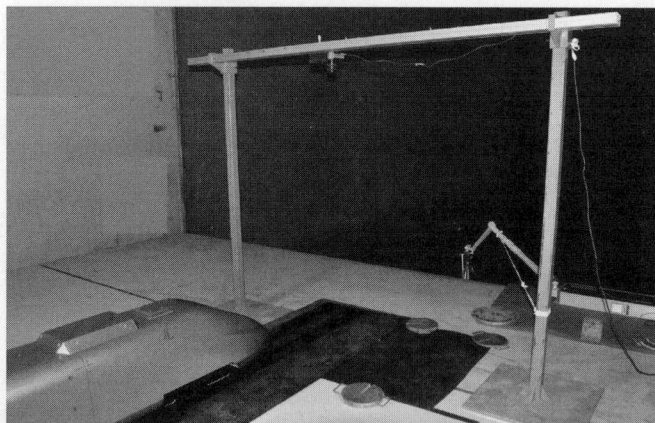

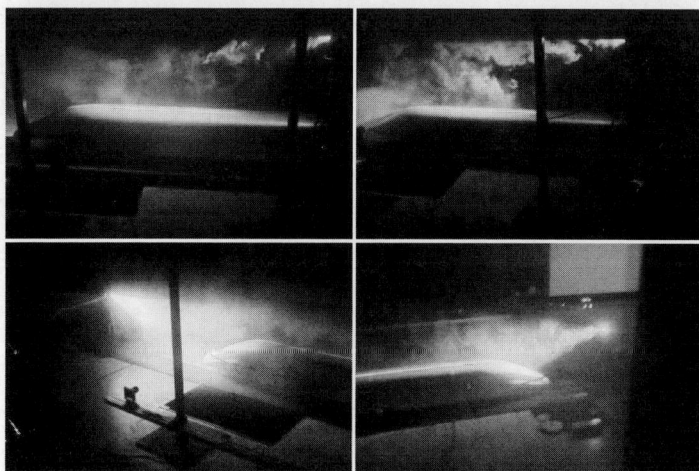

图 5-10　高速列车模型外部流场的 PIV 测量

(a)尾部流场的 PIV 测量示意图;(b)高速列车试验模型风洞内的 PIV 测量;(c)高速列车试验模型的 PIV 测量。

效果较好,但因费用相对较高、耗时较长,对试验环境的要求更多,限制了其在高速列车风洞试验中的应用。

(3)在 PIV 流场测量技术中,示踪粒子的播撒和分布对测量结果有至关重要的影响,如何在进一步提高试验风速的情况下仍然保证粒子的均匀性和合适的浓度,使得测量效果进一步提高,也需不断尝试改进。

5.7　气动噪声测量技术

5.7.1　试验模型的安装

气动噪声试验模型的安装与测力试验模型的安装基本相同,只是不需要在高速列车模型内部安装试验天平。

在声学风洞试验段安装模拟地面的固定地面装置,分别安装平地路基和轨道模型,通过支座上部连接板直接与高速列车试验模型相连,支座支腿下部固定在路基上部,且支座左右两侧支腿与轨道等宽。试验模型安装完成后,路基上表面除了轨道和支座支腿,没有其他凸起物,螺钉孔等凹坑全部填平。高速列车模型各节车厢相邻处平顺过渡,没有错位和台阶。对于某些必须裸露在气流中的支撑部件,为了减小其对所需测量气动噪声的干扰,还需进行消声处理。

5.7.2　试验方案

试验采用相位传声器阵列识别模型的噪声源分布,进行远场噪声测量,一般采用多通道的螺旋型传声器阵列架。阵列架在高度方向直接置于地板表面,可随试验地板升降,在沿着气流方向,可在地板表面顺气流方向自由移动,覆盖整个地板长度方向。阵列架只承受装置、设备及电缆重量,不承受试验风载。

(1)阵列架传声器布置形式。根据需要在等间距网格上布置,整个阵列架根据一定的排列方式形成阵列框,每个阵列框可单独拆装。阵列架位置的选取应避开风洞剪切层附近压力波动较大区域。

(2)为了减小阵列架对气动噪声测量结果的干扰,需要对阵列架进行消声处理。

（3）传声器安装方式。设计传声器专用安装支座，根据试验需要，将传声器连同专用支座安装在对应的网格中。

（4）为了测量试验模型的远场噪声传播特性，在试验模型侧面按一定间距布置自由场传声器若干个。按照 ISO 3095：2005 标准，确定传声器的位置，同时，根据风洞试验几何相似性要求确定远场传声器距模型的相对位置。具体试验时，需要考虑避开风洞射流剪切层附近压力波动较大区域，综合考虑风洞现场安装情况确定安装位置。远场传声器垂直布置，与风洞轴线平行。

（5）试验时，传声器阵列和远场传声器分别置于试验模型两侧。试验总体方案示意图如图 5-11 所示。

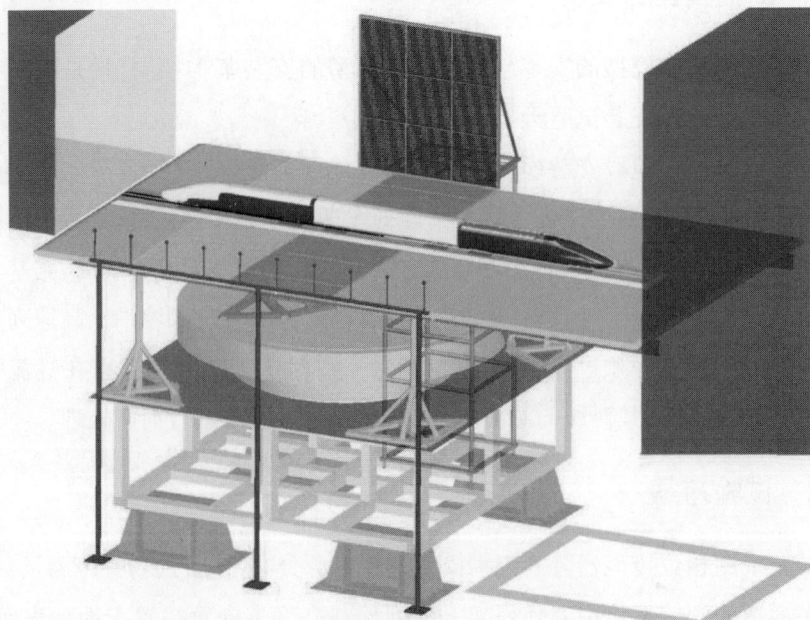

图 5-11　高速列车气动噪声测量的风洞试验方案示意图

（6）声学测量设备安装完成后，对阵列传声器的具体位置进行标定和记录。传声器采用声学风洞测量系统配套的校准器校准。模型安装完成，确认状态后，即可进行正式试验。

（7）试验条件的确定。计算出每个风速下对应的试验气流动压，试验时，按对应动压控制试验风速，并计算来流马赫数 Ma。

5.7.3 试验数据处理

1. 远场传声器数据处理方法

声学风洞试验过程中,数据采集系统记录的是传声器响应的电信号,需要根据试验前传声器的校准结果将电信号转换为声压信号 $p(n)$ 。为了方便评估信号的变化特征,需要将时域信号转换为频域信号,一般采用快速傅里叶变换(FFT)将时域信号转换为频域信号。

为了在统计意义上评估声音信号能量的变化特征,需要对声音信号的功率谱密度(PSD)进行分析。试验计算功率谱密度(PSD)的方法为加窗重叠平均周期图法(Welch 法),该方法先对时域信号分段,然后对每一段数据采用合适的非矩形窗函数进行预处理,并计算每段数据的功率谱密度,最后取所有数据段的功率谱密度的平均值,得到样本功率谱密度。

2. 传声器阵列数据处理

与远场自由场传声器数据处理方法一样,首先采用傅里叶变换将传声器阵列中各个传声器的时域信号转换为频域,并通过增加窗函数减小"频谱泄漏"。

传声器阵列数据处理的经典算法是聚束成形算法。在风洞试验过程中,风洞背景噪声降低传声器阵列的信噪比,可通过扣除互谱矩阵对角线元素的方法抑制风洞背景噪声的影响,改进传声器阵列的动态范围。对于宽频信号,如 1/3 倍频程、倍频程等,可采取对窄带信号求和的方式求解。

5.7.4 试验数据修正

对于高速列车模型气动噪声测量数据的修正,一般主要进行以下修正。

(1)多普勒效应修正。在风洞试验过程中,高速列车模型与麦克相对静止,而真实高速列车噪声测量时,高速列车运动,传声器静止,二者存在相对运动,因此风洞数据要换算到实车测量传声器数据时,需要进行多普勒效应修正。

(2)空气吸声修正。声波在空气中传播会有空气吸声效应导致声衰减,声衰减与大气的温度、湿度、压力、声波频率和传播距离有关,因此,需要进行空气吸声修正。

(3)风洞剪切层修正。在开口射流风洞进行气动声学试验时,试验模型位于试验段射流内部,传声器一般位于试验段射流外部,声波通过风洞剪切层时,剪切层对声波产生折射效应,折射效应与声波在剪切层的入射角和射流内马赫数有关。剪切层的折射效应会改变声波传播方向和声波声压大小。因此,在射流外部采用传声器进行气动声学试验时,必须对剪切层效应进行修正。

5.7.5　数据存盘与给定

（1）声学试验过程中数据文件名与试验条次编号一致。数据格式为二进制格式,存盘形式为以传声器编号为列排列,行号表示数据抽样数。

（2）传声器阵列结果数据最终以噪声源分布图形式给出,完成高速列车模型在不同工况、不同风速下全频段、指定频段的噪声云图并进行对比。

（3）远场传声器结果数据最终给出频谱图,按1/3倍频程频谱图给出。

参 考 文 献

[1] 王勋年.低速风洞试验[M].北京:国防工业出版社,2002.

[2] 贺德馨.风工程与工业空气动力学[M].北京:国防工业出版社,2006.

[3] 王铁城.空气动力学实验技术[M].北京:航空工业出版社,1995.

[4] 恽起麟.实验空气动力学[M].北京:国防工业出版社,1991.

[5] 田红旗.列车空气动力学[M].北京:中国铁道出版社,2007.

[6] (美)艾伦·波普.低速风洞实验[M].彭锡铭,等译.北京:国防工业出版社,1980.

[7] 刘义信,等.GJB4395—2002航空航天器低速风洞测力试验方法[S].中国人民解放军总装备部,2002.

[8] 张晖,等.GJB5314—2004航空航天器低速风洞测压试验方法[S].中国人民解放军总装备部,2004.

[9] 田红旗.中国高速轨道交通空气动力学研究进展及发展思考[J].中国工程科学,2015,17(4):30-41.

[10] 黄志祥,陈立,蒋科林.高速列车减小空气阻力措施的风洞试验研究[J].铁道学报,2012,34(4):16-21.

[11] 黄志祥,陈立.车辆风洞试验研究的流场显示与测量技术[C].第十届全国流动显示会议,2014:127-131.

[12] 黄志祥,陈立,蒋科林.高速列车模型风洞试验数据的影响因素分析[J].铁道学报,2016,38(7):34-39.

[13] 黄志祥,陈立,蒋科林.高速列车模型编组长度和风挡结构对气动阻力的影响[J].实验流体力学,2012,26(5):36-41.

[14] 顾蕴松. 七孔探针流速测试技术简介[R]. 南京航空航天大学技术报告，2005，3.

[15] 张瑞亭，赵云生. 高速列车的减振降噪技术[J]. 国外铁道车辆，2005，42(2)：10-16.

[16] Baker C J，Jones J，Lopez-Calleja F. Measurements of the cross wind forceson trains[J]. Journal of Wind Engineering and Industrial Aerodynamics，2004，92(7)：223-227.

[17] 杨明智，袁先旭，鲁寨军. 强侧风下青藏线列车气动性能风洞试验研究[J]. 实验流体力学，2008，22(1)：76-79.

[18] Railway applications-Aerodynamics-part 6：Requirements and test procedures for cross wind assessment (FprEN14067-6：2009).

[19] Bocciolone M，Cheli F，Corradi R，et al. Cross wind action on rail vehicles：Wind tunnel experimental analyses[J]. Journal of Wind Engineering and Industrial Aerodynamics，2008，96(5)：584-610.

[20] 黄志祥，陈立，蒋科林. 高速列车空气动力学特性的风洞试验研究[J]. 铁道车辆，2011，12(49)：1-4.

[21] 黄志祥，陈立，张为卓. 高速列车模型风洞试验的模拟方法研究[J]. 铁道科学与工程学报，2013，10(3)：87-93.

[22] 肖京平，黄志祥，陈立. 高速列车空气动力学研究技术综述[J]. 力学与实践，2013，35(2)：1-12.

[23] 田红旗. 中国恶劣风环境下铁路安全行车研究进展[J]. 中南大学学报，2010，41(6)：2435-2443.

[24] 田红旗，高广军. 270km·h⁻¹高速列车气动力性能研究[J]. 中国铁道科学，2003，24(2)：14-18.

[25] Schetz Joseph A. 高速列车空气动力学[J]. 力学进展，2003，33(3)：404-423.

[26] 伊腾顺一. 改善空气动力学性能，实现新干线的高速[J]. 国外铁道车辆，2002，39(3)：9-12.

[27] 冈本勋. 日本新干线列车技术发展趋势[J]. 国外铁道车辆，2003，40(4)：4-7.

[28] (日)Masahiko Horiuchi. E955 型新干线高速试验列车(FASTECH360Z)概述[J]. 国外铁道车辆，2008，45(3)：12-17.

[29] 梁习锋，田红旗，邹建军. 动力车纵向气动力风洞试验及数值计算[J]. 国防科技大学学报，2003，25(6)：101-105.

[30] 刘庆宽，杜彦良，乔富贵. 日本列车横风和强风对策研究[J]. 铁道学报，2008，30(1)：82-88.

[31] 田红旗，梁习锋. "中华之星"高速列车综合空气动力性能研究[J]. 机车电传动，2003，5：40-45.

[32] 战培国. 国外车辆风洞及气动模拟测试技术综述[C]. 第八届全国风工程和工业空气动力学学术会议论文集，2010：611-618.

[33] 琚娟，高波. 高速铁路隧道内空气流场的流动显示[J]. 铁道建筑，2003，10：50-52.

[34] 黄问盈，杨宁清，黄民. 列车基本阻力的思考[J]. 中国铁道科学，2000，21(3)：44-57.

[35] 田红旗，梁习锋，许平. 列车空气动力性能研究及外形、结构设计方法[J]. 中国铁道科学，2002，23(5)：138-141.

[36] 田红旗. 列车编组方式对列车空气阻力的影响[J]. 机车电传动，2000，41(4)：9-11.

[37] 高广军，田红旗，姚松，等. 兰新线强横风对车辆倾覆稳定性的影响[J]. 铁道学报，2004，26(4)：

36-40.

[38] 张在中,周丹. 不同头部外形高速列车气动性能风洞试验研究[J]. 中南大学学报,2013,44(6): 2603-2608.

[39] Schetz J A. Aerodynamics of high-speed train[J]. Annual Review of FluidMechanics, 2001, 33: 371-414.

[40] Baker C J, Jones J, Lopez-Calleja F, et al. Measurements of the cross windforces on trains[J]. Journal of Wind Engineering and Industrial Aerodynamics,2004, 92(7/8): 547-563.

[41] Raghunathan R S, Kim S D, Setoguchi T. Aerodynamics of high-speedrailway train[J]. Progress in Aerospace Sciences, 2002, 38(6): 469-514.

[42] 周丹,田红旗,鲁寨军. 大风对路堤上运行的客运列车气动性能的影响[J]. 交通运输工程学报, 2007, 7(4):6-9.

[43] 池田充. 最近的受电弓降噪技术[J]. 国外铁道车辆,2011,48(3): 20-23.

[44] Takeshi Kurita. 降低受电弓噪声[J]. 国外铁道车辆,2008,45(6): 20-23.

[45] 朱剑月,景建辉. 高速列车气动噪声的研究与控制[J]. 国外铁道车辆,2011,48(5): 1-8.

[46] Talotte C. Aerodynamic Noise: a critical survey[J]. Journal of Sound and Vibration, 2000,231(3): 549-562.

[47] Nagakura K. Localization of aerodynamic noise sources of shinkansen trains[J]. Journal of Sound and Vibration, 2006,293(3): 547-565.

[48] 孙艳军,夏娟,梅元贵.高速列车气动噪声及减噪措施介绍[J].铁道机车车辆, 2009, 29 (3): 25-28.

[49] 马大猷、沈壕. 声学手册[M]. 北京:科学出版社,2006.

[50] Muller Thomas J. Aero-acoustic Measurements[M]. USA: Springer, 2001.

[51] 车学科,聂万胜,何浩波,等. 低湍流度风洞试验[M]. 北京:国防工业出版社,2018.

第6章 试验结果分析与应用

以目前高速列车风洞试验常见的研究内容为基础,根据第5章介绍的相关试验技术,本章列举了一些典型试验的研究结果,包括气动力与力矩、表面压力(主要是静态压力)、流场和气动噪声测量试验等典型气动特性的研究结果,并对试验结果的影响因素进行了分析。另外,对工程应用中的减阻试验和防风试验等研究结果进行了介绍。

6.1 典型气动特性研究结果

6.1.1 测力试验

本章所有气动力试验结果均按体轴系给出。

1. 多车编组试验

1)气动阻力

(1)变风速试验。某4种不同头型高速列车模型三车编组的各节车厢(不带受电弓模型)在侧偏角 $\beta=0°$、不同风速下的气动阻力变化规律如图6-1所示。

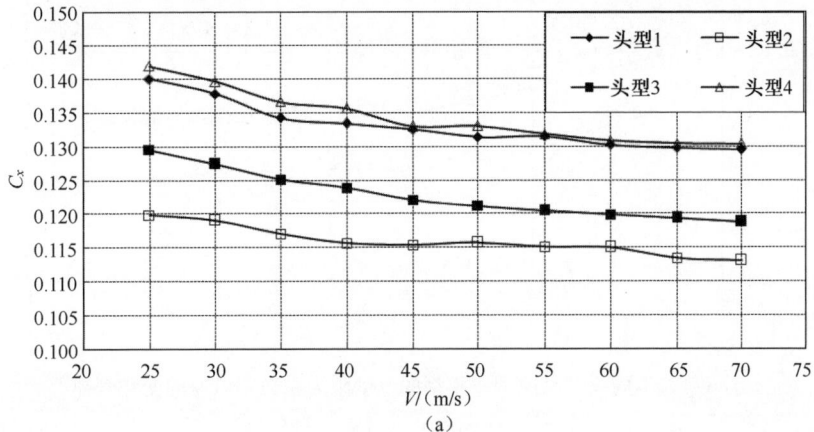

(a)

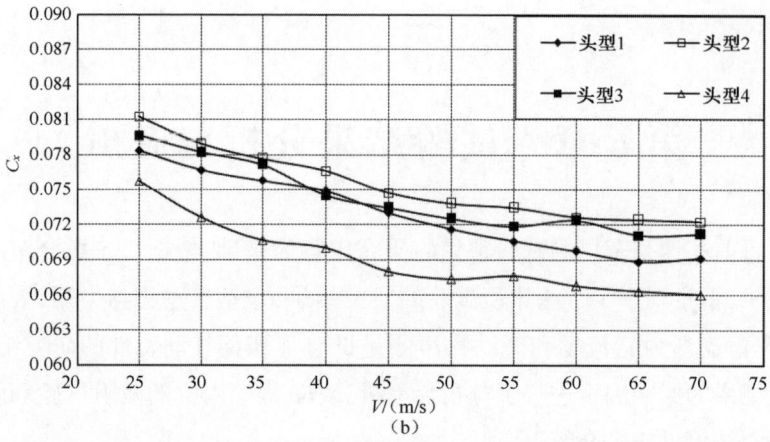

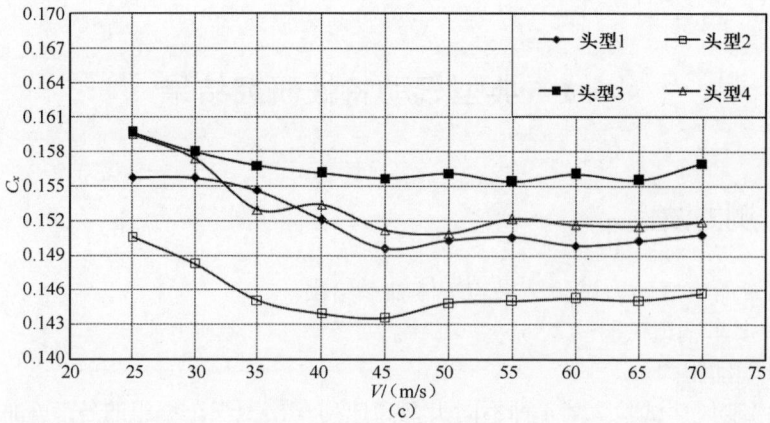

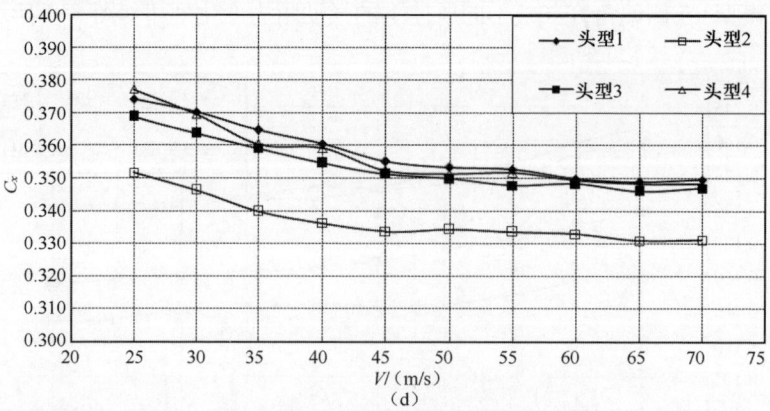

图 6-1　不同头型高速列车模型的气动阻力系数随风速的变化规律

（a）头车；（b）中间车；（c）尾车；（d）全车。

从图 6-1 可以看出,不同头型高速列车模型的各节车厢及全车的气动阻力系数基本都是随风速的增大先减小,然后趋于变化较小的平稳阶段,即进入"自准区"。

(2) 变侧偏角试验。某 4 种不同头型高速列车模型三车编组的各节车厢(不带受电弓模型)在某固定风速、不同侧偏角下的气动阻力变化规律如图 6-2 所示。

从图 6-2 可以看出,在侧偏角 $|\beta| \leqslant 30°$ 的条件下,各头型的头车和全车的气动阻力系数基本都是随侧偏角的增大,先增大后减小,头车的气动阻力系数甚至在较大的侧偏角下出现负值,中间车和尾车的气动阻力系数基本都是随侧偏角的增大而逐渐增大。

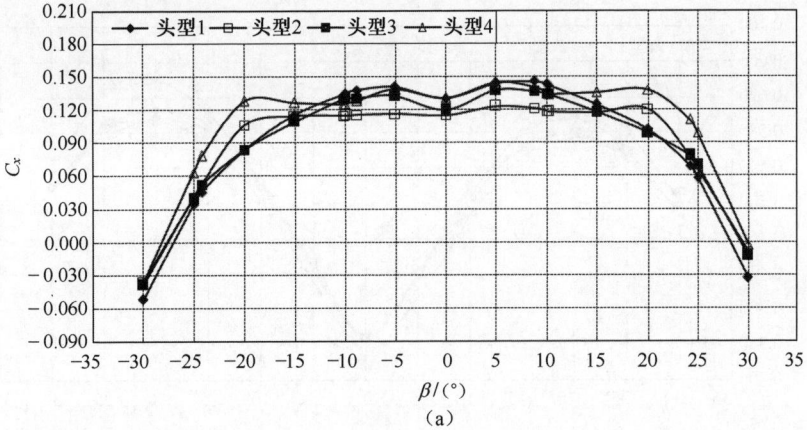

(a)

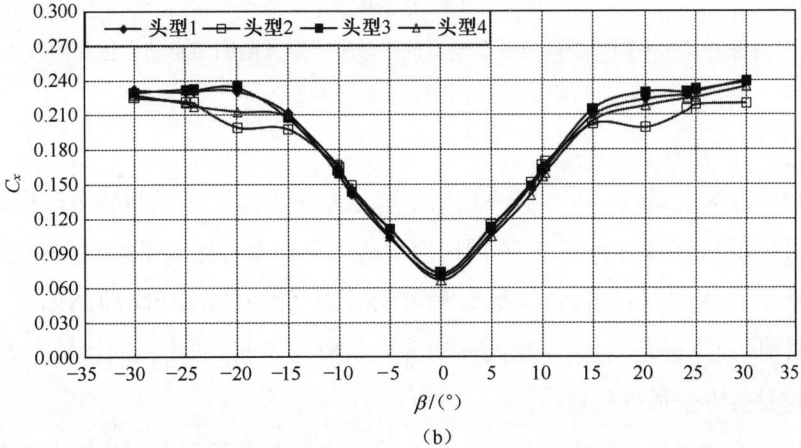

(b)

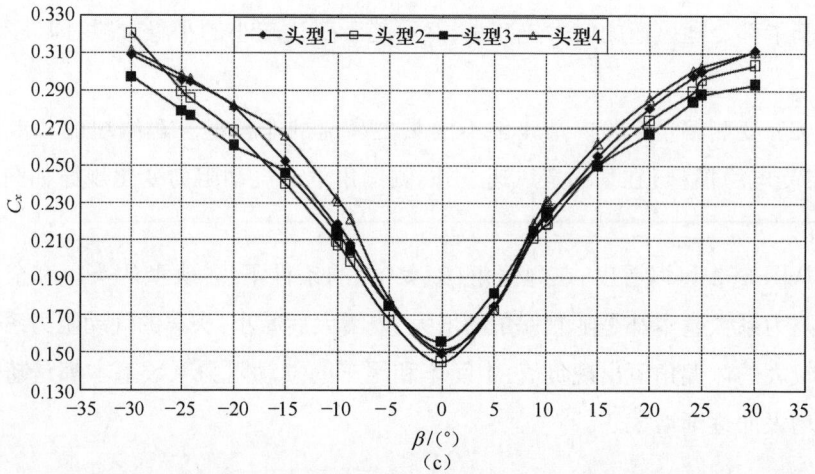

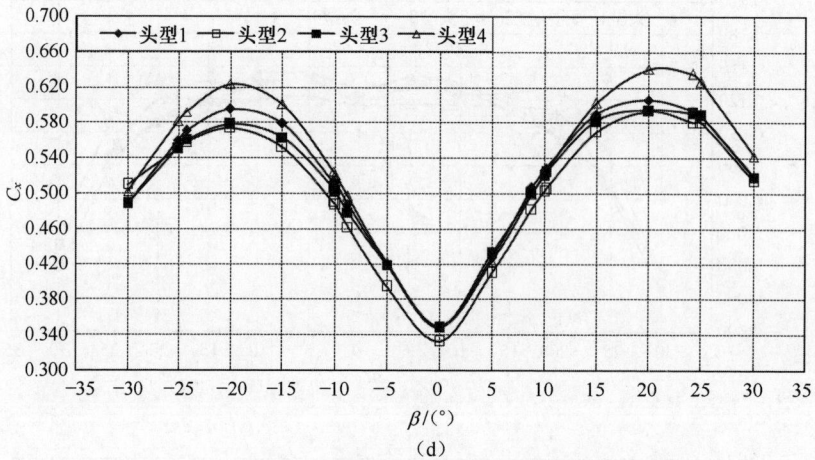

图 6-2　不同头型高速列车模型的气动阻力系数随侧偏角的变化规律

(a)头车;(b)中间车;(c)尾车;(d)全车。

2) 气动升力

(1) 变风速试验。某 4 种不同头型高速列车模型三车编组各节车厢(不带受电弓模型)在侧偏角 $\beta=0°$、不同风速下的气动升力变化规律如图 6-3 所示。

从图 6-3 可以看出,各头型头车气动升力系数在无侧风(即侧偏角为零)时,不同风速下都是负值,尾车的气动升力系数在无侧风时,不同风速下都是正值。这是具有普适性的规律。

(2) 变侧偏角试验。某 4 种不同头型高速列车模型三车编组各节车厢(不

带受电弓模型)在某固定风速、不同侧偏角下的气动升力变化规律如图 6-4
所示。

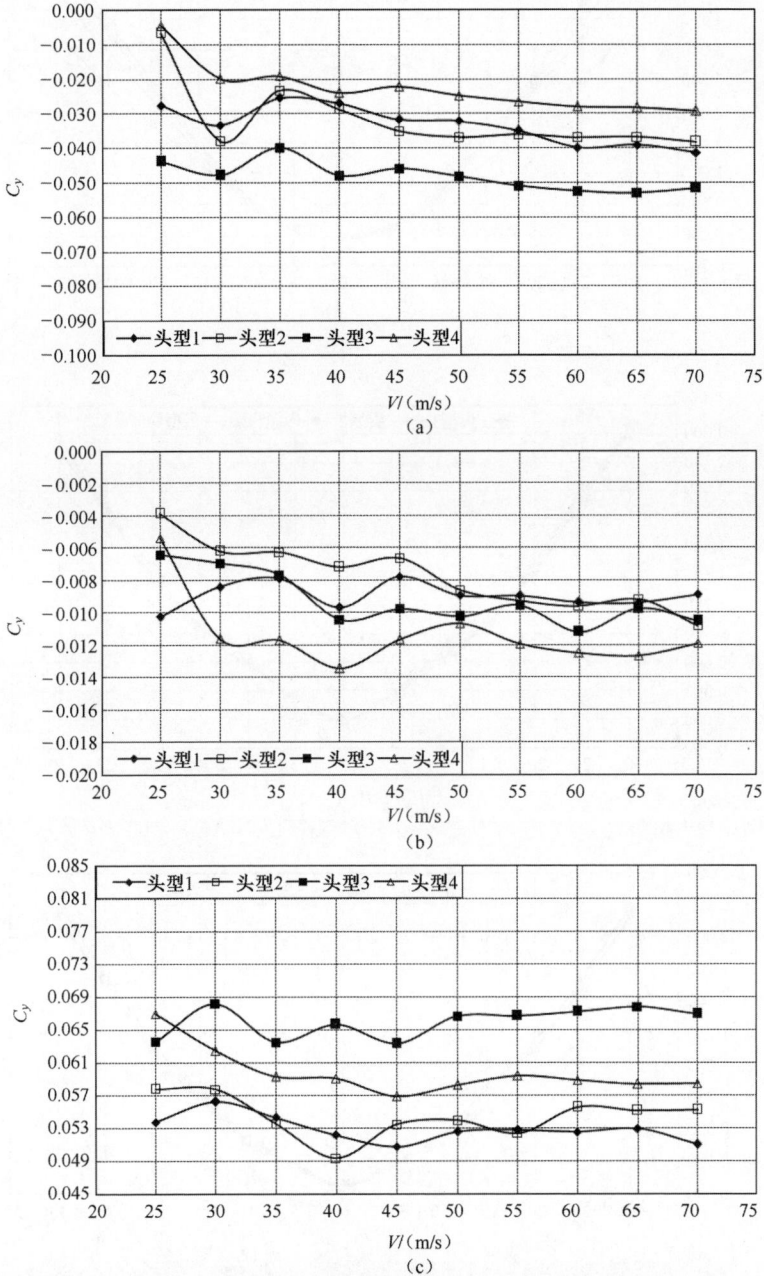

图 6-3　不同头型高速列车模型的气动升力系数随风速的变化规律

(a)头车；(b)中间车；(c)尾车。

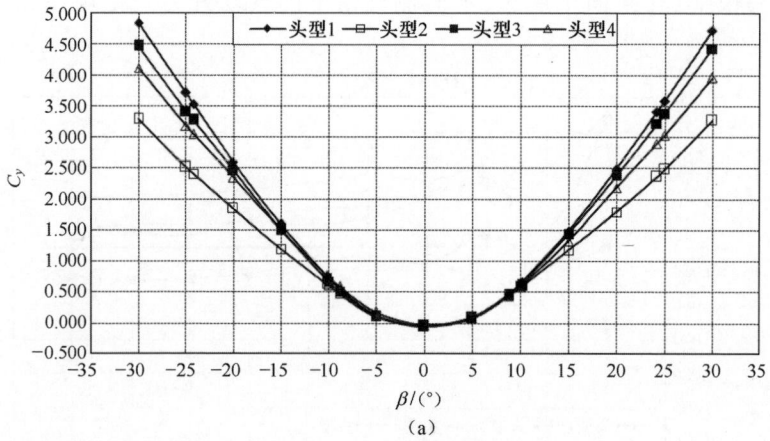

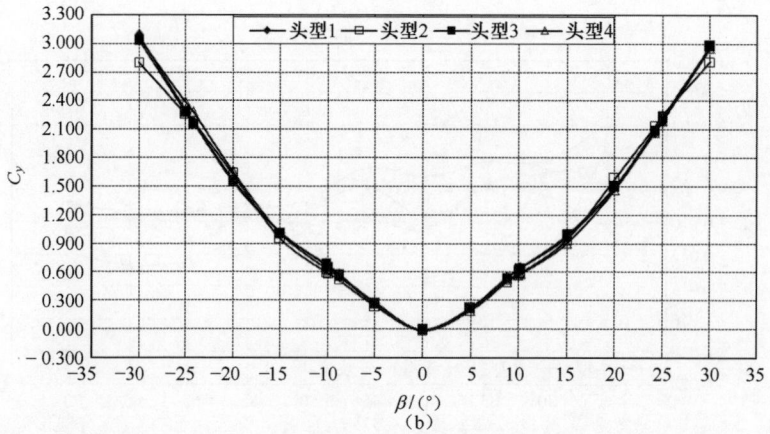

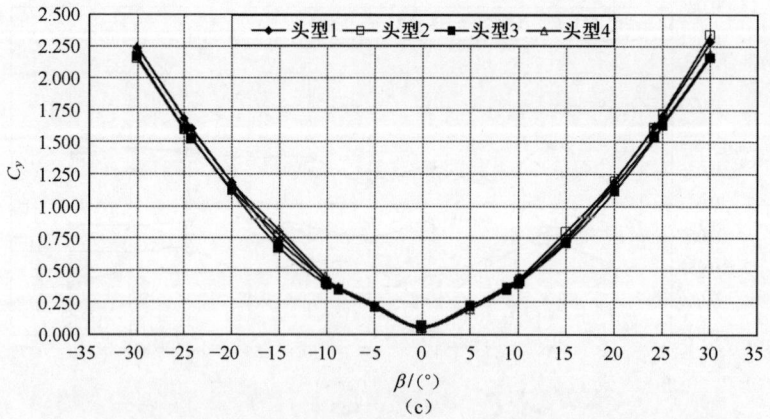

图 6-4　不同头型高速列车模型的气动升力系数随侧偏角的变化规律

(a)头车；(b)中间车；(c)尾车。

从图 6-4 可以看出,在侧偏角|β|≤30°的条件下,各节车厢的气动升力系数都是随侧偏角的增大而增大,呈现抛物线形的变化规律,这也是具有普适性的规律。

3)气动侧向力

在无侧风条件下,由于高速列车模型的各节车厢气动侧向力几乎为零,尾车由于两侧不对称的尾涡特性而出现侧向力,其值也很小。因此,侧向力一般只给出有侧风(侧偏角不为零)下的试验结果。

某4种不同头型的高速列车模型三车编组各节车厢(不带受电弓模型)在某固定风速、不同侧偏角下的气动侧向力变化规律如图 6-5 所示。

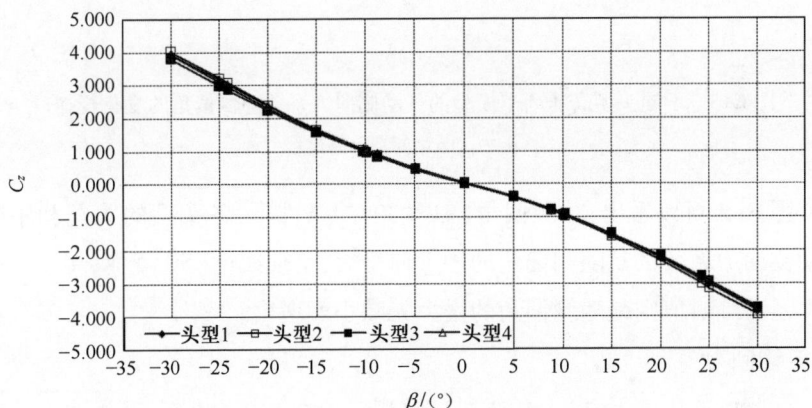

(a)

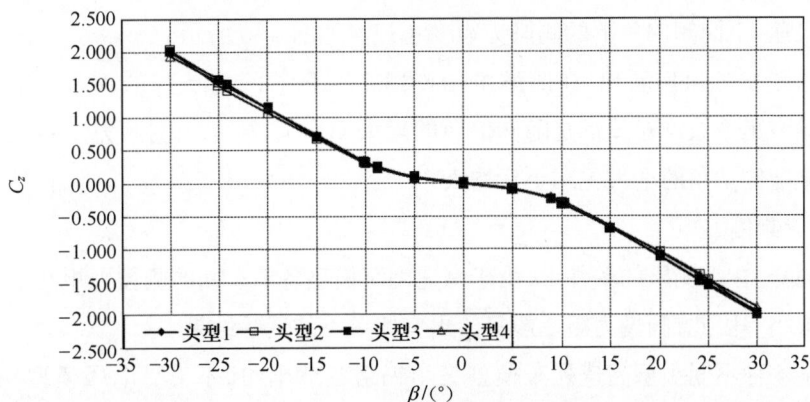

(b)

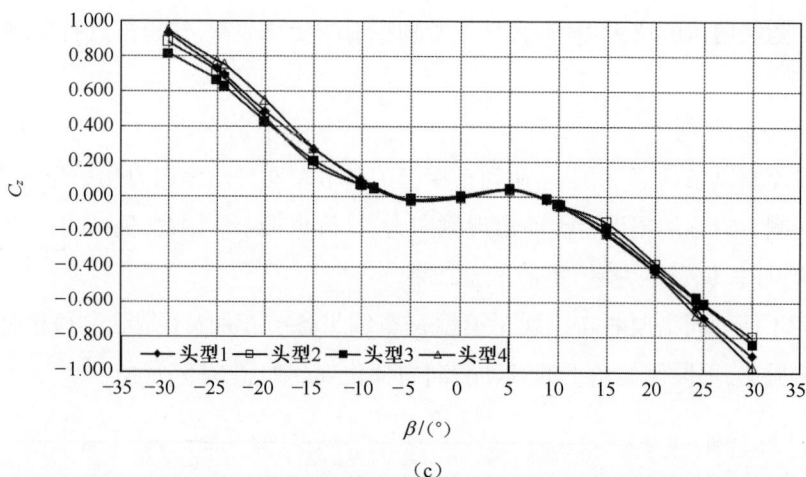

图6-5 不同头型高速列车模型的气动侧向力系数随侧偏角的变化规律

(a)头车;(b)中间车;(c)尾车。

从图6-5可以看出,在侧偏角|β|≤30°的条件下,各头型的头车和中间车的气动侧向力系数都是随侧偏角的增大而增大,呈现线性变化规律,尾车的气动侧向力系数绝对值则是随侧偏角的增大先减小后增大。

4) 侧倾力矩

在无侧风的条件下,由于高速列车模型各节车厢的侧倾力矩几乎为零或者很小,因此,侧倾力矩一般只给出有侧风下的试验结果。

某4种不同头型高速列车模型三车编组各节车厢(不带受电弓模型)在某固定风速、不同侧偏角下的侧倾力矩变化规律如图6-6所示。

从图6-6可以看出,在侧偏角|β|≤30°的条件下,各头型的头车和中间车的侧倾力矩系数绝对值都是随侧偏角的增大而增大,尾车的侧倾力矩系数绝对值则是随侧偏角的增大先减小后增大。

5) 侧偏力矩

同样,在无侧风的条件下,由于高速列车模型各节车厢的侧偏力矩几乎为零或者很小。因此,侧偏力矩一般只给出有侧风下的试验结果。

某4种不同头型高速列车模型三车编组各节车厢(不带受电弓模型)在某固定风速、不同侧偏角下的侧偏力矩变化规律如图6-7所示。

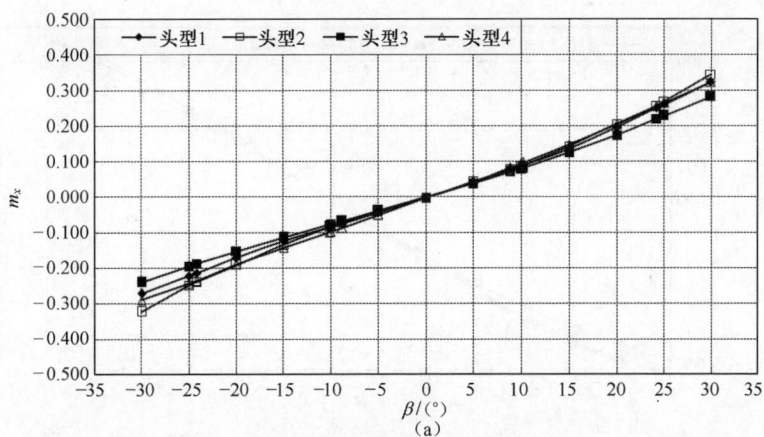

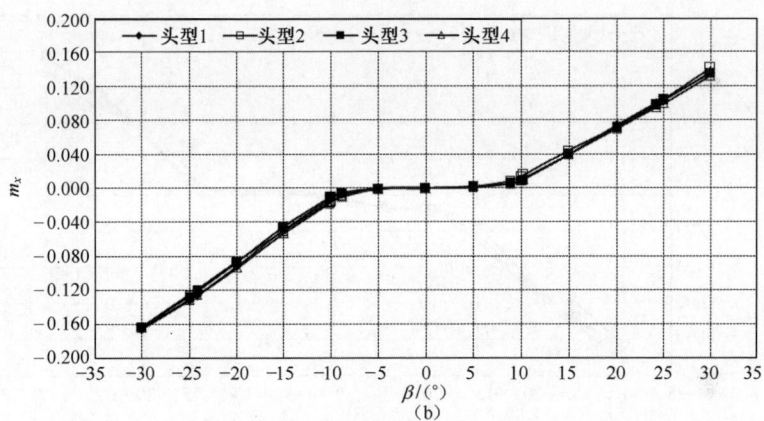

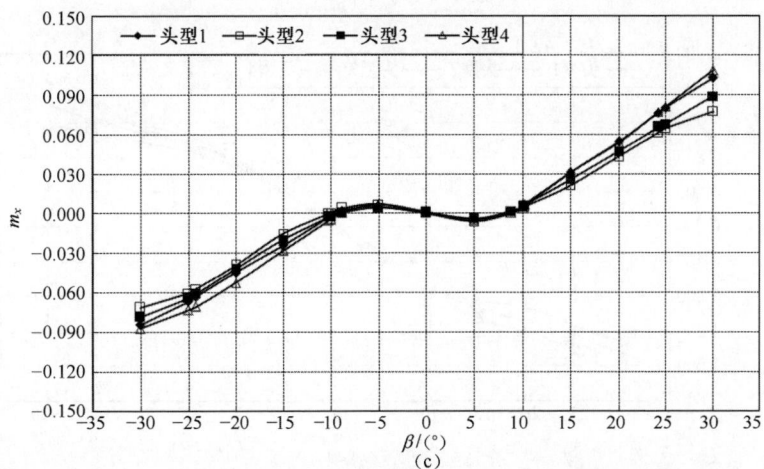

图 6-6　不同头型高速列车模型的侧倾力矩系数随侧偏角的变化规律

（a）头车；（b）中间车；（c）尾车。

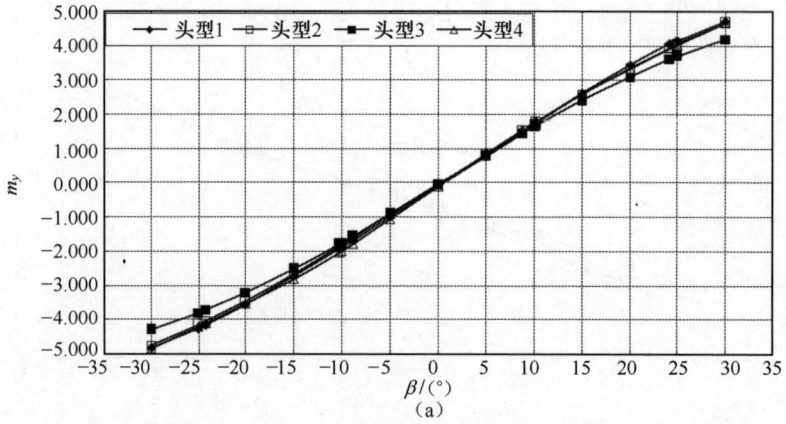

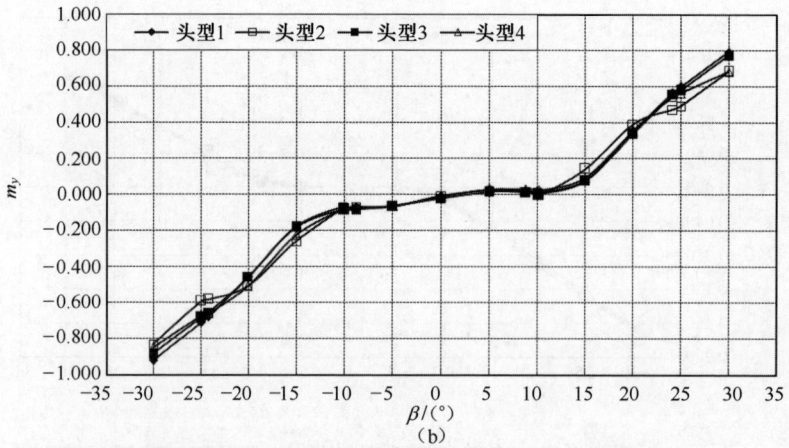

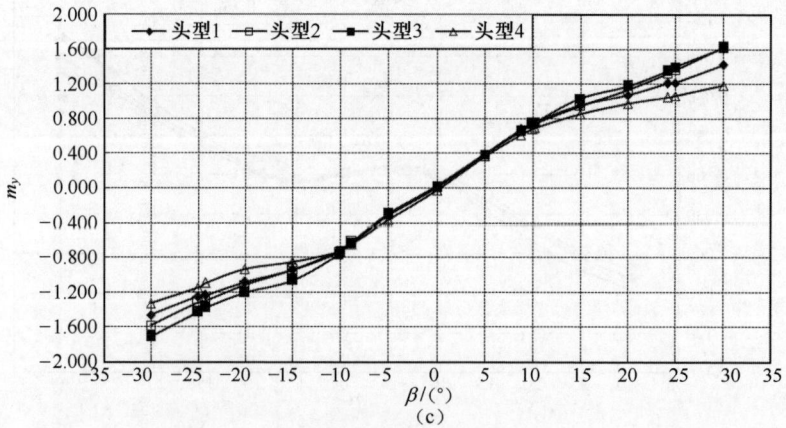

图 6-7　不同头型高速列车模型的侧偏力矩系数随侧偏角的变化规律

（a）头车；（b）中间车；（c）尾车。

从图 6-7 可以看出，在侧偏角 $|\beta| \leqslant 30°$ 的条件下，各节车厢的侧偏力矩系数基本都是随侧偏角的增大而逐渐增大。这也是具有普适性的规律。

6）俯仰力矩

（1）变风速试验。某 4 种不同头型高速列车模型三车编组各节车厢（不带受电弓模型）在侧偏角 $\beta=0°$、不同风速下的俯仰力矩变化规律如图 6-8 所示。

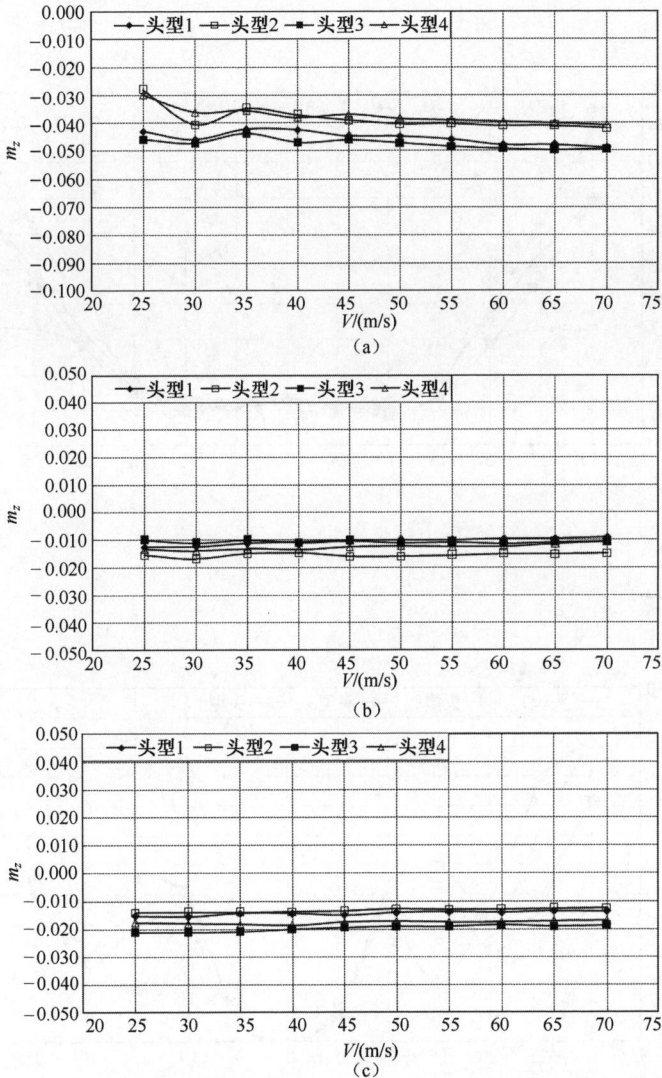

图 6-8　不同头型高速列车模型的俯仰力矩系数随风速的变化规律

（a）头车；（b）中间车；（c）尾车。

从图 6-8 可以看出,各节车厢俯仰力矩系数在无侧风、不同风速下都是负值。头车俯仰力矩系数随风速的增加逐渐减小并趋于稳定,中间车和尾车俯仰力矩系数则随风速的增加变化很小。

(2) 变侧偏角试验。某 4 种不同头型高速列车模型三车编组各节车厢(不带受电弓模型)在某固定风速、不同侧偏角下的俯仰力矩变化规律如图 6-9 所示。

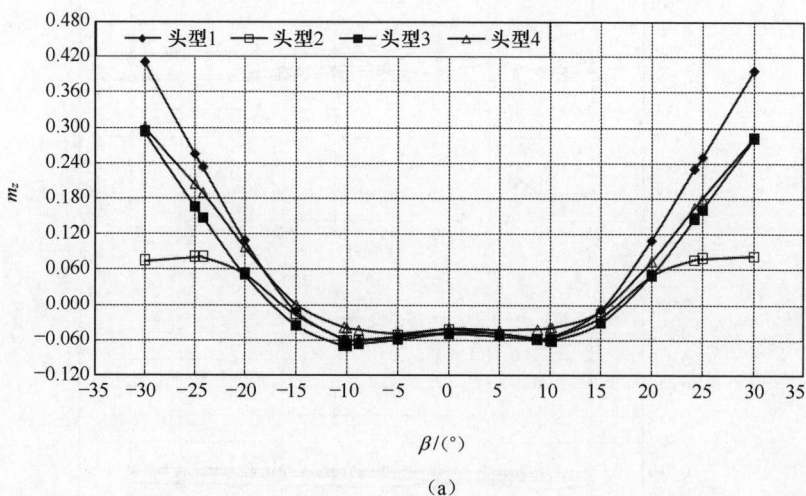

(a)

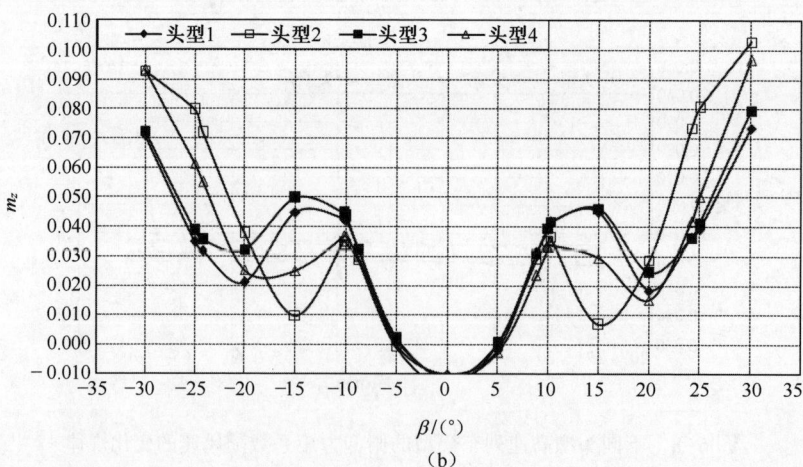

(b)

132

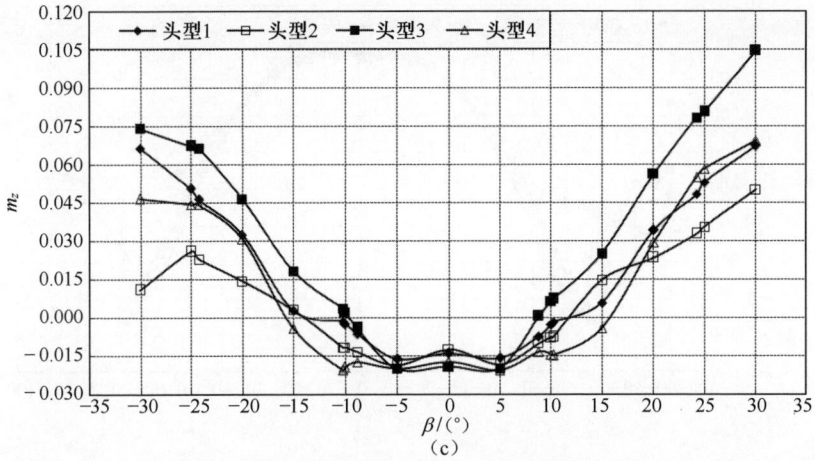

图 6-9　不同头型高速列车模型的俯仰力矩系数随侧偏角的变化规律

(a)头车;(b)中间车;(c)尾车。

从图 6-9 可以看出,在侧偏角 $|\beta| \leqslant 30°$ 的条件下,各头型的头车和尾车的俯仰力矩系数都是随侧偏角的增大先减小后增大,中间车的俯仰力矩系数则随侧偏角的增大先增大后减小然后再增大,各节车厢的俯仰力矩系数总体上随侧偏角的增大而增大的。

2. 一节半车编组试验

从多车编组的试验结果中可以看出,在侧偏角不为零(即存在侧风)的状态下,头车侧向力和力矩的绝对值比其后各节车厢对应的侧向力和力矩绝对值都要大。由此可以认为,在大侧风作用下,头车的危险性最大。另外,根据 EN14067-6 的要求,在研究高速列车的大侧风安全性时,试验模型的最大侧偏角将达到 90°,即试验模型纵向中心线与来流方向垂直,则风洞试验段的宽度必须大于整个模型的长度,且模型两端与风洞两侧壁面还需保留一定距离。在试验模型比例一定时,只有通过降低高速列车模型的编组长度来适应风洞试验段尺寸上的限制。因此,在研究大侧风状态时,通常采用头车加半节中间车的编组方式开展试验研究,并重点研究头车在大侧风状态的气动力和力矩特性。

某 4 种不同头型高速列车模型一节半车编组在某固定风速、侧偏角 $\beta =$ $-90°\sim 90°$ 的头车各气动力和力矩系数的变化规律如图 6-10 所示。

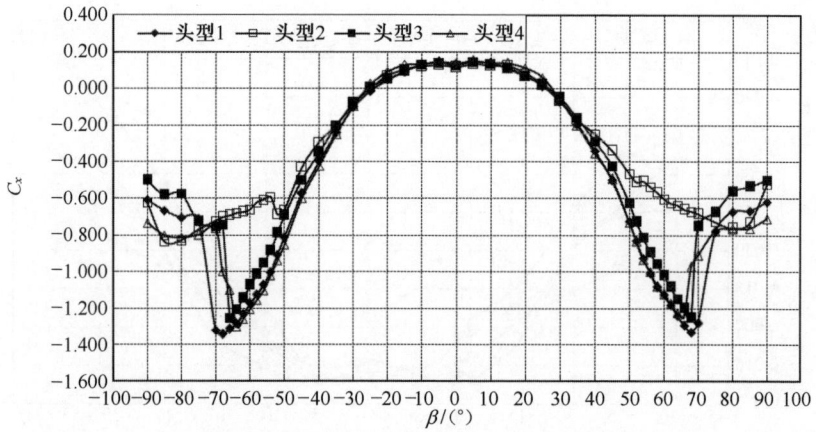

(a)

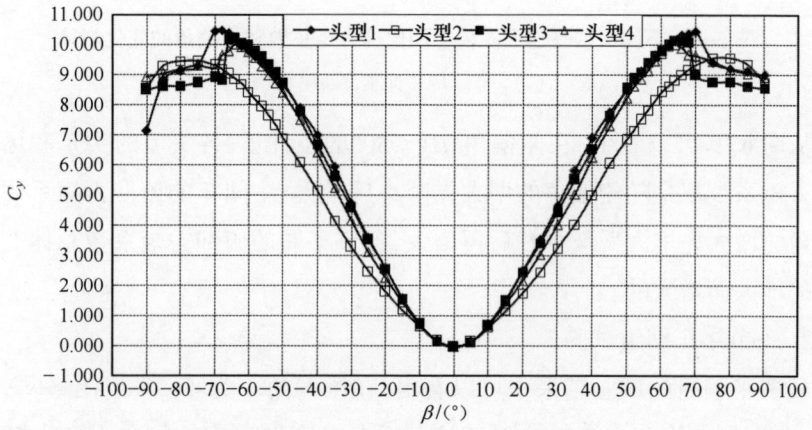

(b)

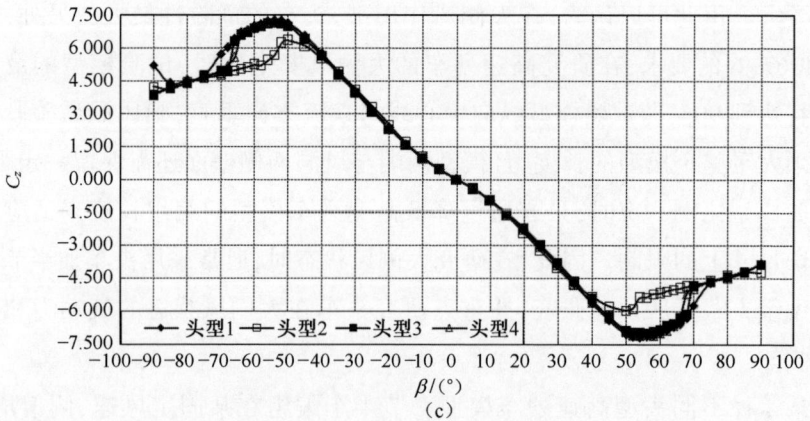

(c)

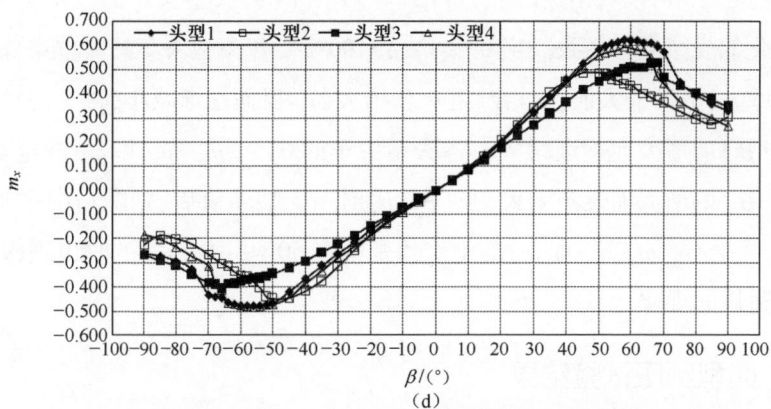

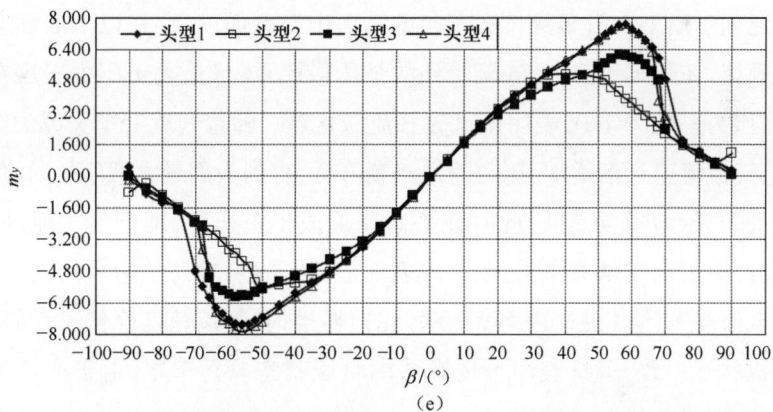

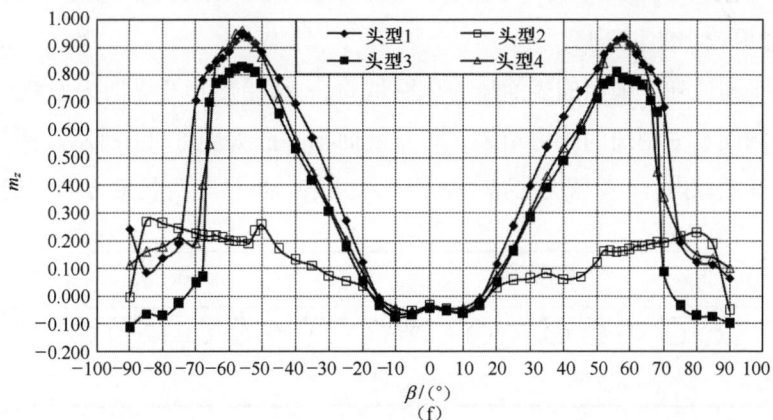

图 6-10　不同头型高速列车模型的头车在大侧风下的变化规律

(a)阻力系数;(b)升力系数;(c)侧向力系数;(d)倾覆力矩系数;

(e)侧偏力矩系数;(f)俯仰力矩系数。

从图 6-10 可以看出,在侧偏角 $|\beta| \leqslant 90°$ 时,4 种头型头车的气动力和力矩随 β 变化的规律基本一致。当 $0° \leqslant |\beta| \leqslant 90°$ 时,各头型头车的 c_x 先随 $|\beta|$ 的增大而增大,达到最大值,当 $|\beta|$ 进一步增大,c_x 反而逐渐减小,直至为负值,再又随着 $|\beta|$ 的增大而逐渐增大。各头型头车的 c_y、c_z、m_x、m_y 和 m_z 的绝对值都是先随 $|\beta|$ 的增大而逐渐增大,当 $|\beta|$ 达到一个临界值后,则随 $|\beta|$ 的增大而逐渐减小。c_y、c_z、m_x、m_y 和 m_z 的绝对值基本在 $50° \leqslant |\beta| \leqslant 70°$ 时出现极值,这也是普适性的规律。

6.1.2 典型测压试验结果

高速列车模型在沿车身长度方向的纵向中心剖面内,存在以下表面空气压力分布规律:在列车正前方,气流受到的挤压最严重,且最大正压力出现在车头最前点,压力系数为 1.0,表明该点为气流滞止点。随着气流沿车头鼻尖绕流车头顶部,气流流速逐渐增加,压力随之逐渐降低,直到头部最大截面处时,气流速度达到最大,压力降至最低,此时在头部便形成了负压区,即产生了流动分离。对于车身,由于空气摩擦作用,在车体表面形成了一层较薄的边界层,其中靠近车体的气流与车体以相等的速度运动,在边界层内,气流速度降低,逐渐与外界未受干扰状态一致,车身表面呈现微弱的负压状态。在车尾,由于产生流动分离,又一次形成负压区。另外,在尾车车窗附近,由于分离气流再次附着在车身表面,形成较小的正压区。

对于高速列车模型的表面压力风洞试验,一般给出车身纵向中心线(截面)和车身侧面水平剖面的压力结果。车身剖面示意图如图 6-11 所示。测压点位置的坐标系原点:车头鼻尖在路基表面的投影;X 轴:沿车身长度方向,以指向车

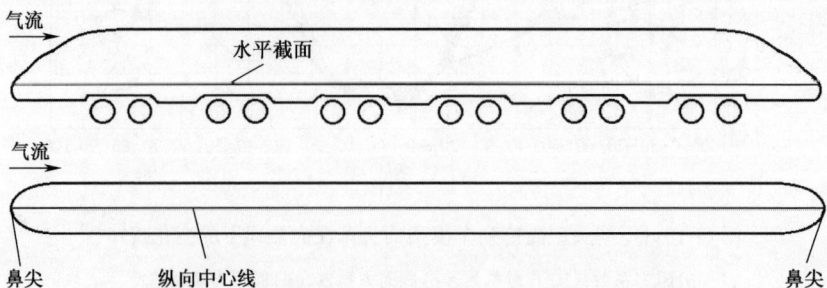

图 6-11 高速列车模型表面压力的典型剖面示意图

尾方向为正方向；Y 轴：沿车身高度方向，以指向车顶方向为正方向；Z 轴：沿车身宽度方向，以右手定则确定。

某型高速列车模型表面静态压力试验结果如图 6-12 所示。

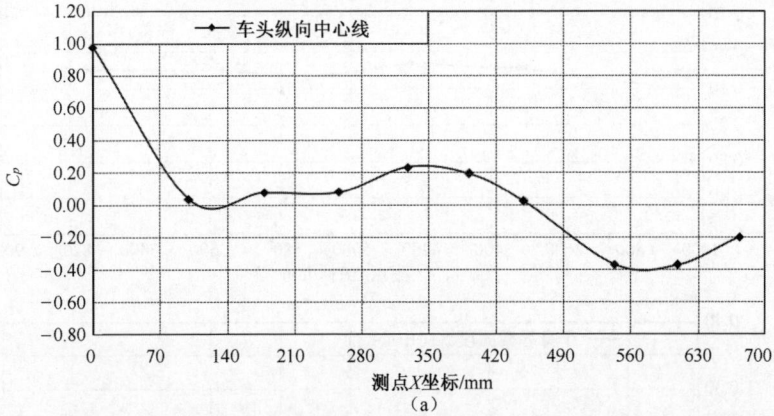

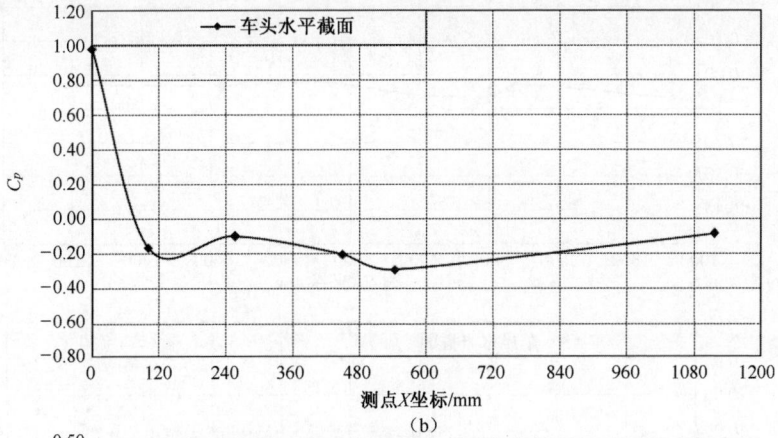

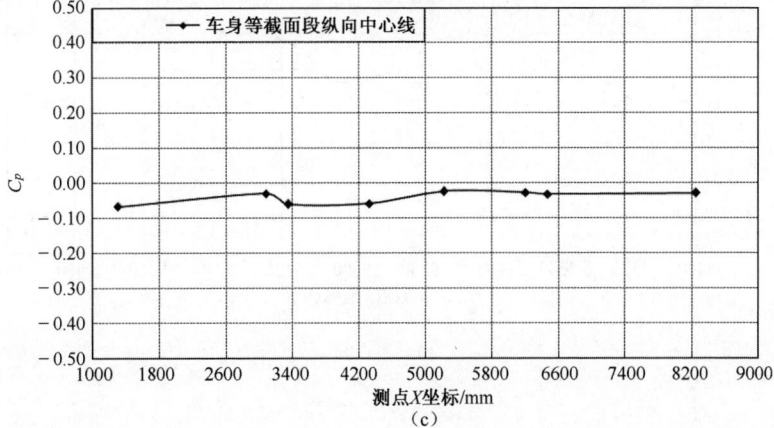

（a）

（b）

（c）

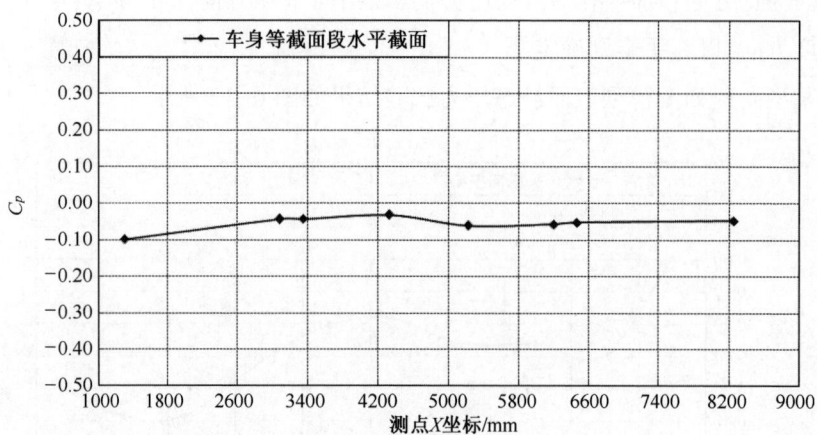

（d）

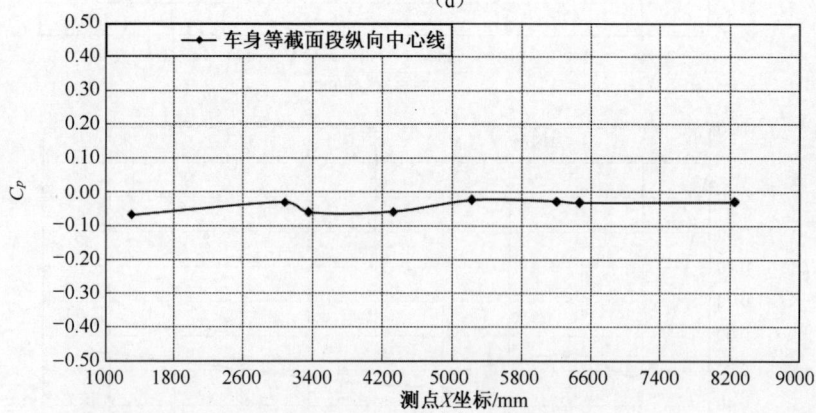

（e）

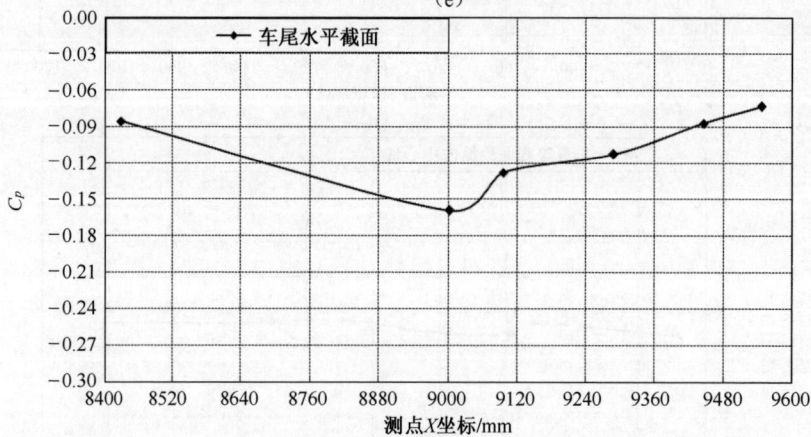

（f）

(g)

(h)

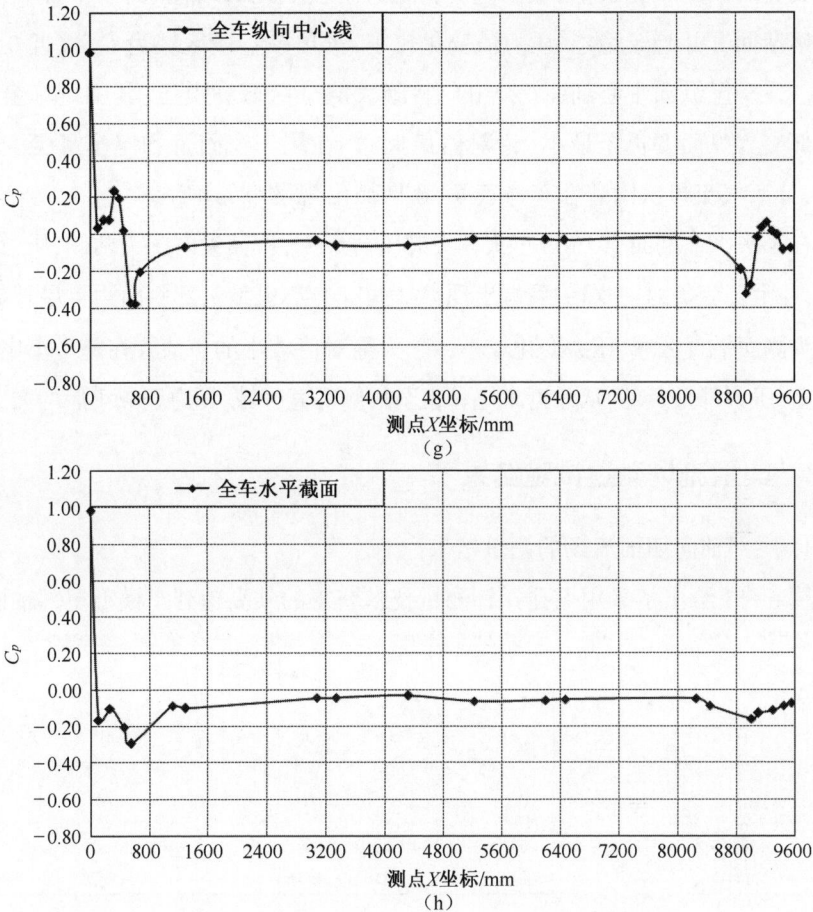

图 6-12　某高速列车模型的表面压力分布规律

（a）车头（流线型部分）纵向中心线的压力分布规律；（b）车头（流线型部分）水平截面的压力分布规律；

（c）车身等截面段纵向中心线的压力分布规律；（d）车身等截面段水平截面的压力分布规律；

（e）车身等截面段纵向中心线的压力分布规律；（f）车尾（流线型部分）纵向中心线的压力分布规律；

（g）全车车身纵向中心线的压力分布规律；（h）全车车身水平截面的压力分布规律。

从图 6-12 可以看出,在高速列车模型的车头纵向中心剖面($Z=0$)上,鼻尖与车窗之间区域为正压区,正压较大,其中车头鼻尖正对来流,此处气流滞止,正压最大,车头鼻尖压力系数 C_p 为 1.0。随着气流绕过车头鼻尖向车头顶部流动,气流速度逐渐增加,正压逐渐减小,C_p 在由正变负,逐渐减小(负压绝对值逐渐增大);前车窗压力系数为 0 的点即为头部顶面边界层转捩点;在前窗上部与顶部交界弧面处压力最小(负压绝对值最大)。从车头顶部弧面至车身平直段,压力逐渐回升并趋于稳定,压力值变化较小;车顶平直段区域为 C_p 接近 0 的负压区。在车尾纵向中心剖面($Z=0$)上,绝大部分区域为负压,其中尾车窗上部与顶部交界弧面的负压最小(绝对值最大)。在尾车窗附近和尾车鼻尖上部的区域,分离气流再次附着在车身表面,该区域出现微小的正压。

在车头水平剖面上,靠近车头鼻尖的压力最大,从鼻尖向车头两侧,压力逐渐减小,并由正变负,其中鼻尖后端出现 C_p 为 0 的点,也是头部侧面边界层转捩点。在车头侧面平直区域,压力变化较小,C_p 为绝对值较小的负值。在整个车尾水平剖面上,压力都是负值,从靠近车尾鼻尖至两侧平直区域,压力先减小后增大。

6.1.3 典型流场测量试验结果

1. 尾部轴向切面流场的测量结果

图 6-13 给出了采用七孔探针测量技术获得的某高速列车模型尾部轴向切

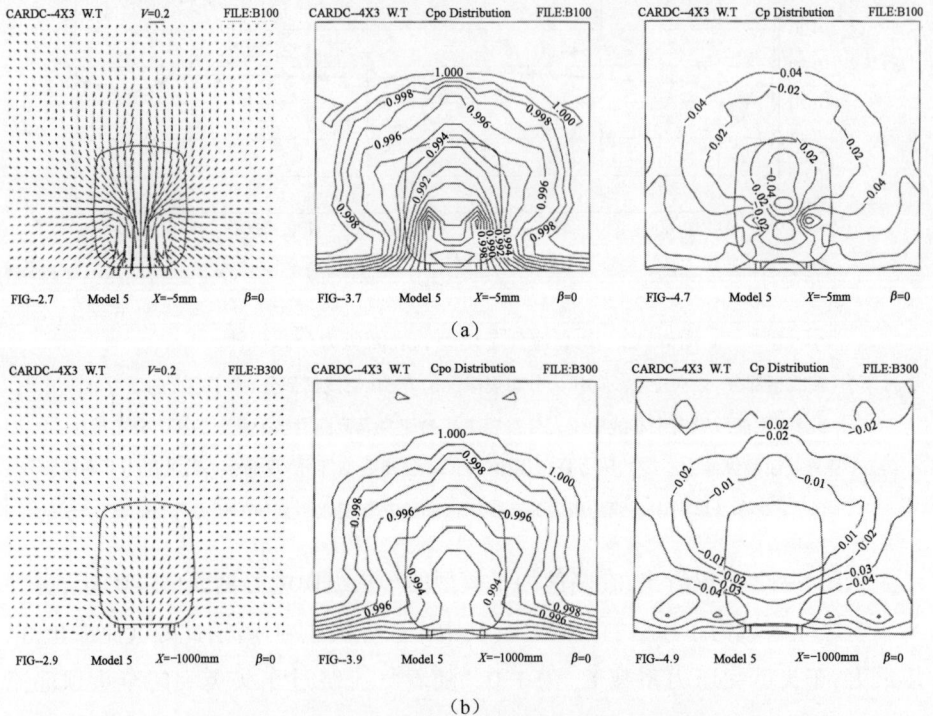

(a)

(b)

图 6-13 高速列车模型尾部轴向切面流场测量结果

(a)距高速列车模型流线型尾端 5mm;(b)距高速列车模型流线型尾端 1000mm。

140

面流场测量结果。

从图 6-13 可以看出,在高速列车模型的纵向中心线上,距离尾部 5mm 处的尾流横截面上,气流在车身宽度方向产生了一对称涡。从速度场的发展情况看,从 5mm 到 1000mm,随着尾流发展,尾部流速迅速降低,尾流作用强度随着离开高速列车模型尾部距离的增加而迅速减弱。

2. 车身绕流流场的测量结果

图 6-14 给出了采用 PIV 测量技术获得的某高速列车模型外部绕流场。

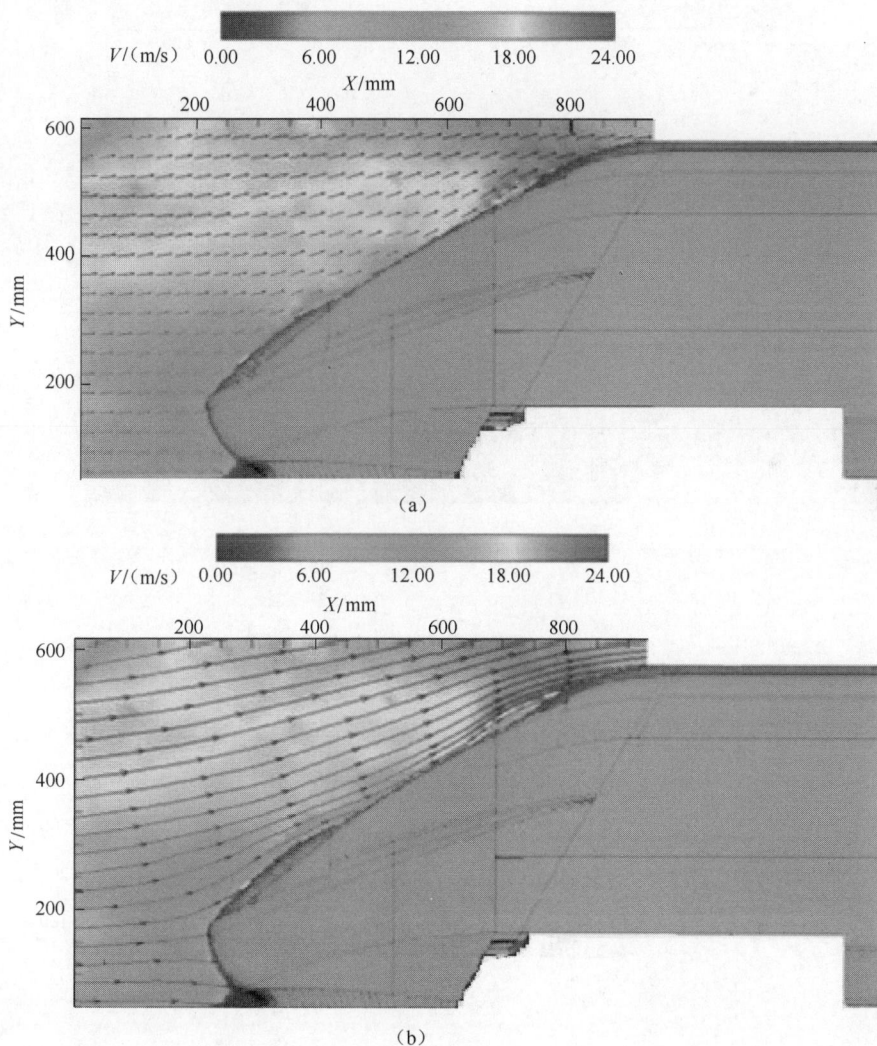

（a）

（b）

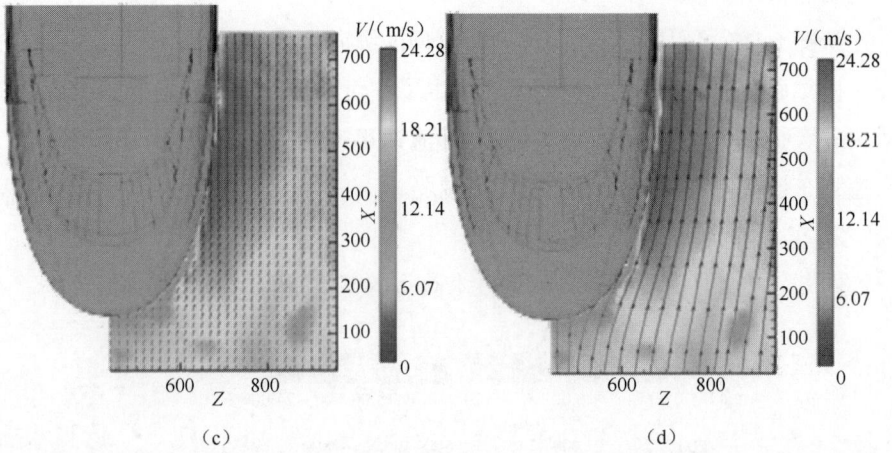

（c）

（d）

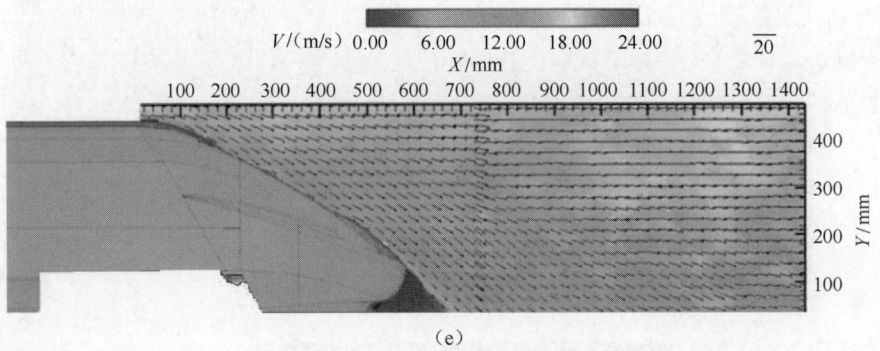

（e）

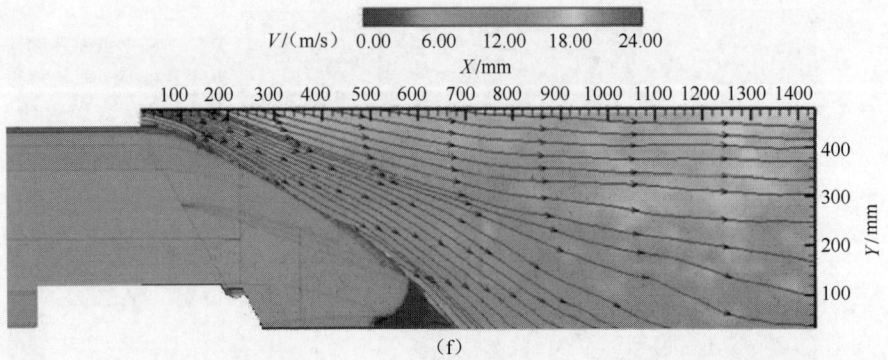

（f）

142

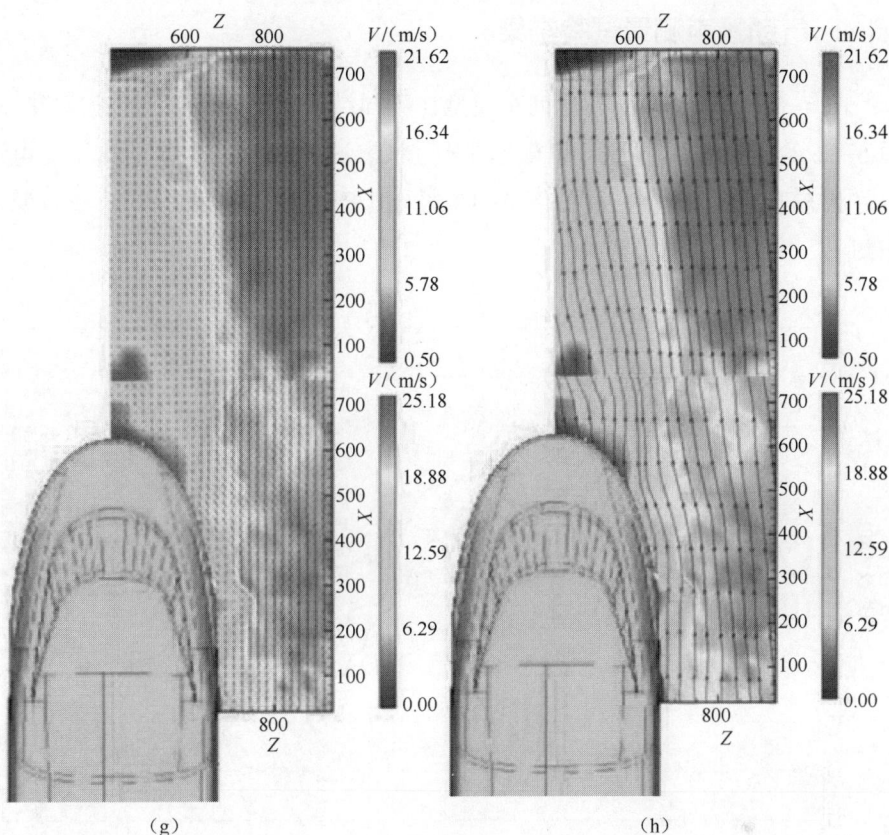

图 6-14 PIV 技术测量的高速列车模型外部流场结果(彩色版本见彩插)

(a)头部纵向中心剖面流速图;(b)头部纵向中心剖面流线图;(c)头部水平剖面流速图;

(d)头部水平剖面流线图;(e)尾部纵向中心剖面流速图;(f)尾部纵向中心剖面流线图;

(g)尾部水平剖面流速图;(h)尾部水平剖面流线图。

从图 6-14 可以看出,在车头部位纵向中心剖面上,气流紧贴车头上表面平顺流动,在车头鼻尖部位,流速很低,从此向上,流线变密,气流速度逐渐增大;在车头侧面水平剖面上,气流从鼻尖向侧面加速,至侧面的等截面区域,气流速度变化很小,流线也较均匀。在车尾纵向中心剖面上,气流沿着车尾表面流动,在车尾等截面段与流线型部分交界的位置,流线最密,气流速度也较大;在车尾水平剖面上,流线在车尾流线型部位与等截面段交界处较密,在尾车等截面段,同样也是气流速度变化很小,流线也较均匀。

143

6.1.4 气动噪声测量试验结果

图6-15给出了某型高速列车模型在不同结构状态下的噪声频谱对比图，图6-16给出了该型高速列车模型的升弓状态试验图，图6-17给出了受电弓升弓状态下的远场噪声云图，图6-18给出了受电弓升弓状态下的噪声源分布图。

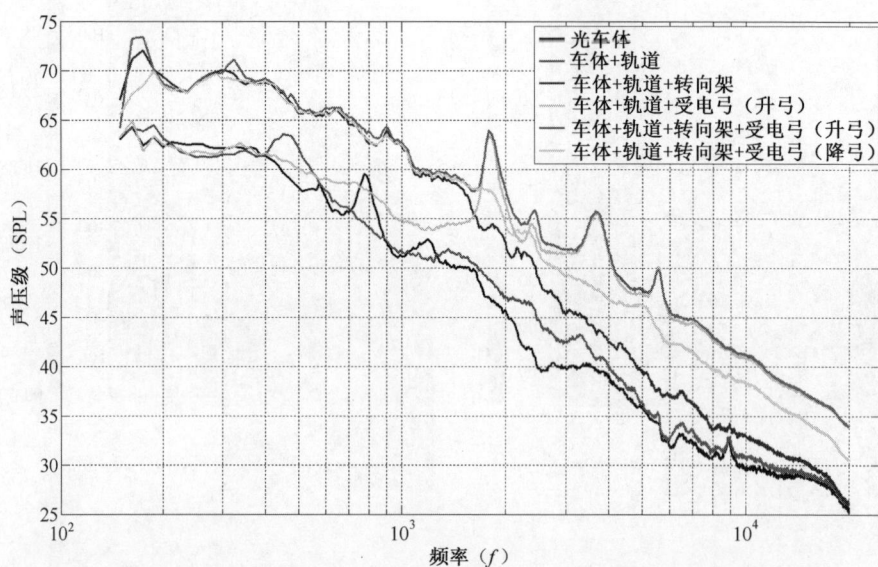

图6-15 某型高速列车模型在不同结构工况下的噪声频谱对比(彩色版本见彩插)

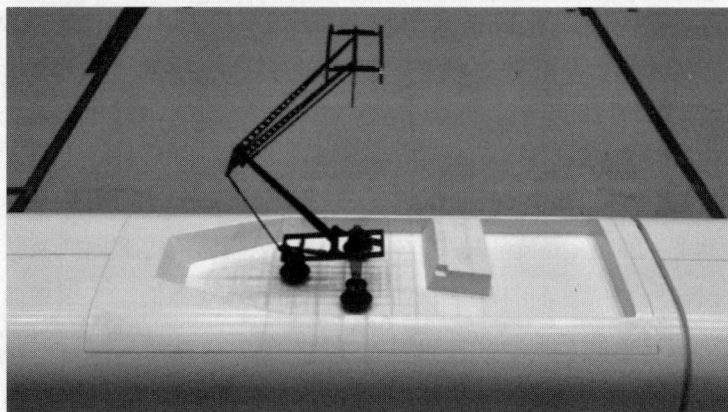

图6-16 高速列车模型受电弓升弓状态

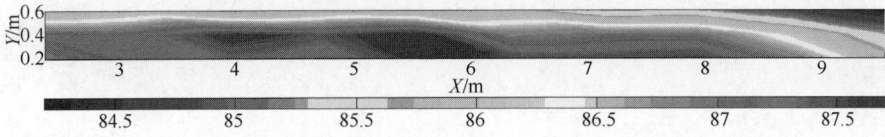

图 6-17　某型高速列车模型在受电弓升弓状态下的远场噪声云图

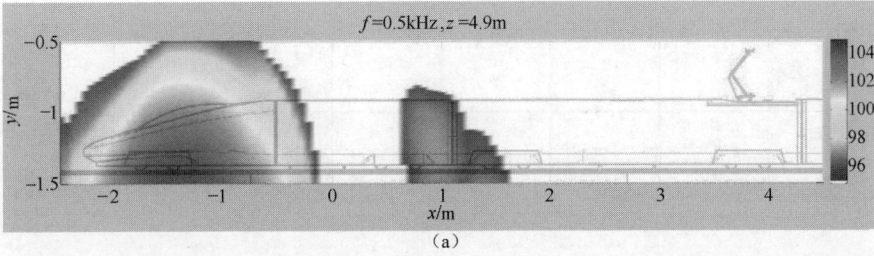

(a)

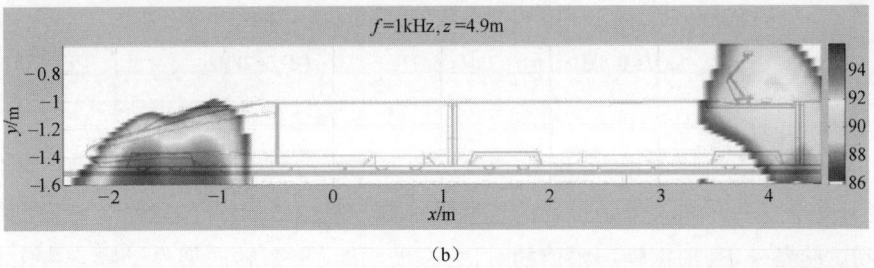

(b)

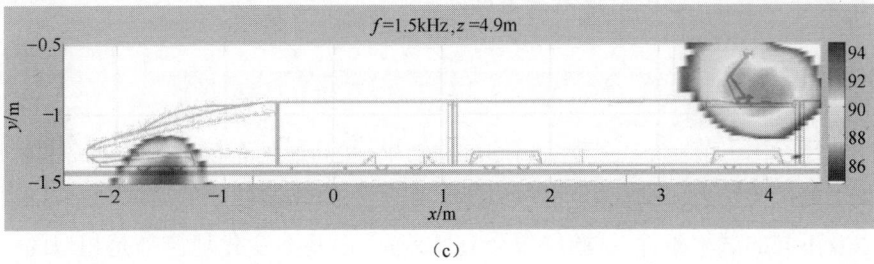

(c)

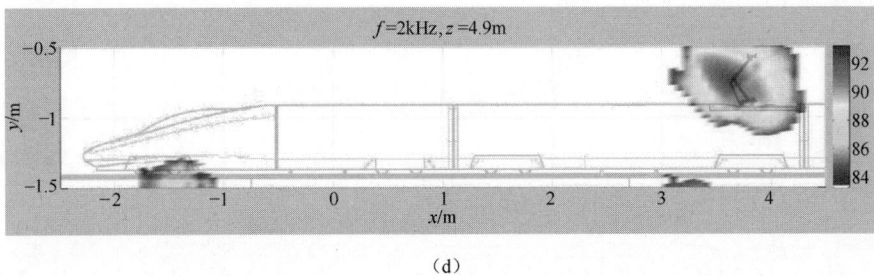

(d)

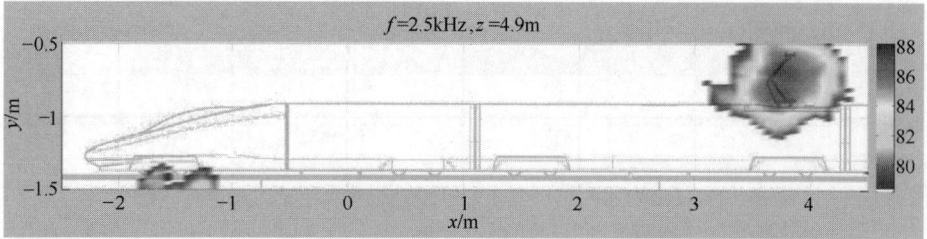

(e)

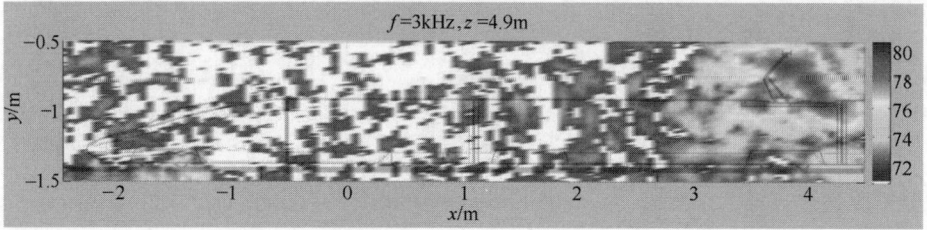

(f)

图 6-18　某型高速列车模型在受电弓升弓状态下的噪声源分布图

(a)$f=0.5\text{kHz}$;(b)$f=1\text{kHz}$;(c)$f=1.5\text{kHz}$;(d)$f=2\text{kHz}$;

(e)$f=2.5\text{kHz}$;(f)$f=3\text{kHz}$。

从图 6-15 可以看出,受电弓升弓比受电弓降弓状态下的中高频噪声幅值大,且受电弓和转向架都是重要的气动噪声源。从图 6-18 可以看出,该模型缩比和试验条件下,根据噪声幅值的对比,在低频时,头车转向架气动噪声占主导地位,在中高频时,受电弓噪声占主导地位。

6.1.5　说明

对于 6.1.1 节~6.1.4 节给出的试验结果,是高速列车模型在平地路基轨道模型上的试验结果,具有一定的针对性。对于不同气动外形的高速列车试验模型以及不同的试验条件,试验结果会有所差别,但基本变化规律都是相似的,应根据实际情况进行辨别和分析。

6.2　试验数据的影响因素

6.2.1　编组对试验数据的影响

对 1∶15 的高速列车模型(无受电弓),分别在 2 车编组(头车+尾车)、3 车

146

编组(头车+1节中间车+尾车)、4车编组(头车+2节中间车+尾车)、5车编组(头车+3节中间车+尾车)和6车编组(头车+4节中间车+尾车)状态下,进行了试验侧偏角0°、试验风速30~65m/s的气动阻力测量试验。

图6-19和表6-1分别给出了1∶15模型的2车编组~6车编组状态下列车模型各节车厢气动阻力系数试验结果的比较。

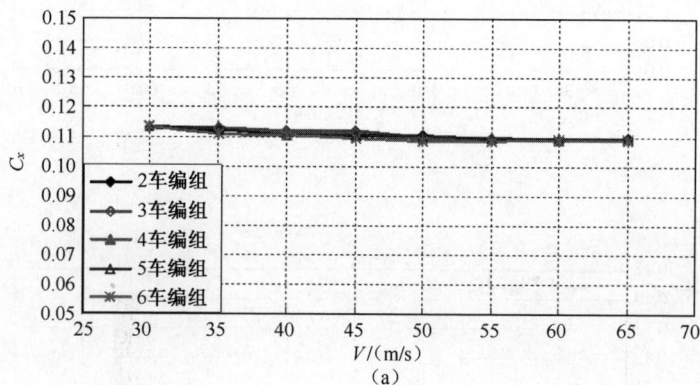

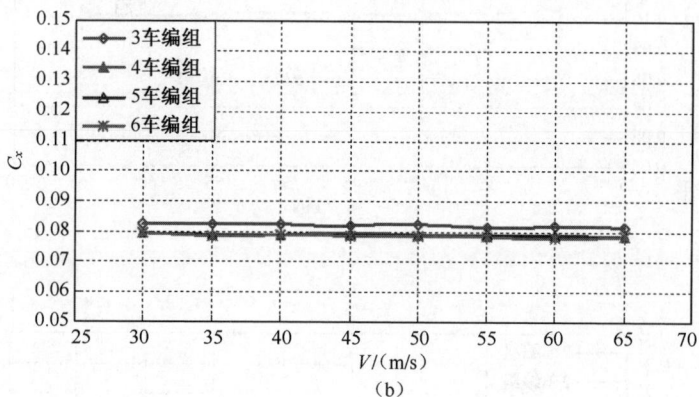

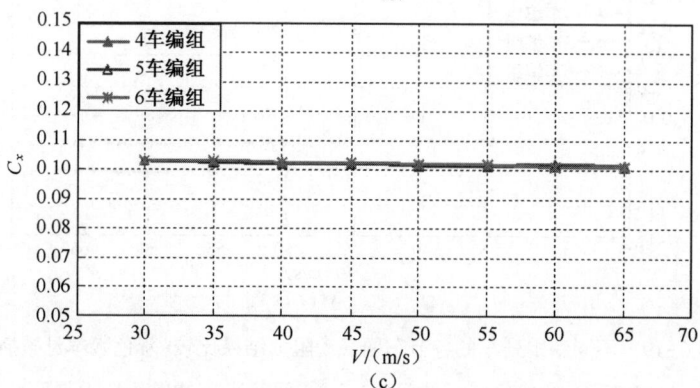

(a)

(b)

(c)

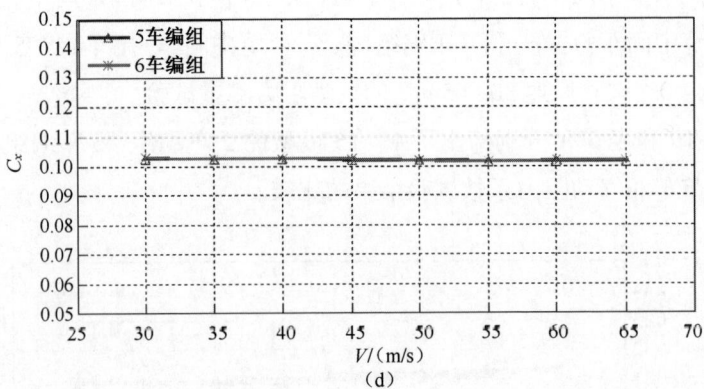

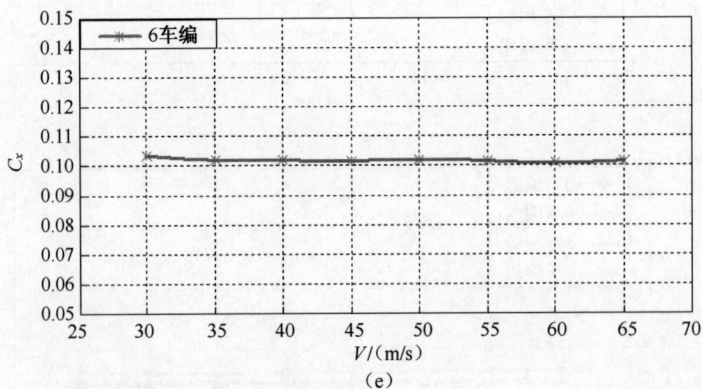

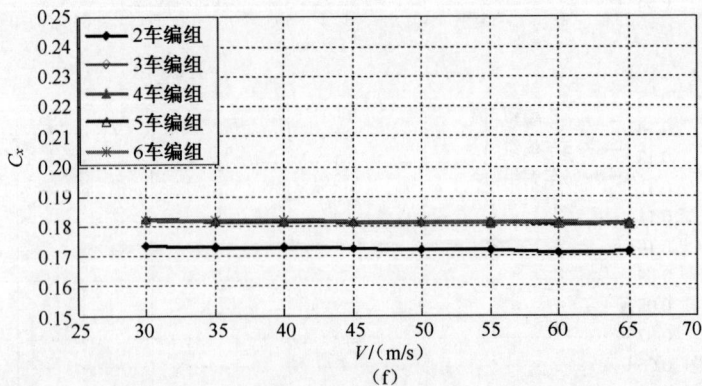

图 6-19　不同编组列车的各节车厢气动阻力结果比较(彩色版本见彩插)

(a)头车;(b)中间车 1;(c)中间车 2;(d)中间车 3;(e)中间车 4;(f)尾车。

表 6-1　不同编组列车的各节车厢气动阻力结果比较

头车					
风速 /(m/s)	2 车编组	3 车编组	4 车编组	5 车编组	6 车编组
30	0.1129	0.1132	0.1136	0.1137	0.1133
35	0.1120	0.1130	0.1124	0.1123	0.1110
40	0.1118	0.1121	0.1115	0.1105	0.1105
45	0.1104	0.1120	0.1111	0.1104	0.1096
50	0.1103	0.1100	0.1096	0.1106	0.1085
55	0.1094	0.1090	0.1099	0.1094	0.1087
60	0.1092	0.1088	0.1092	0.1095	0.1090
65	0.1093	0.1089	0.1094	0.1093	0.1092
中间车 1					
风速 /(m/s)	2 车编组	3 车编组	4 车编组	5 车编组	6 车编组
30	—	0.0828	0.0796	0.0795	0.0794
35	—	0.0829	0.0791	0.0791	0.0788
40	—	0.0826	0.0793	0.0789	0.0789
45	—	0.0822	0.0797	0.0791	0.0786
50	—	0.0825	0.0790	0.0793	0.0787
55	—	0.0819	0.0788	0.0790	0.0785
60	—	0.0820	0.0785	0.0789	0.0783
65	—	0.0818	0.0786	0.0785	0.0784

中间车 2					
风速 /(m/s)	2 车编组	3 车编组	4 车编组	5 车编组	6 车编组
30	—	—	0.1031	0.1028	0.1030
35	—	—	0.1023	0.1023	0.1028
40	—	—	0.1024	0.1020	0.1026
45	—	—	0.1019	0.1021	0.1024
50	—	—	0.1022	0.1017	0.1021
55	—	—	0.1017	0.1015	0.1019
60	—	—	0.1019	0.1013	0.1011
65	—	—	0.1013	0.1008	0.1009
中间车 3					
风速 /(m/s)	2 车编组	3 车编组	4 车编组	5 车编组	6 车编组
30	—	—	—	0.1026	0.1028
35	—	—	—	0.1025	0.1024
40	—	—	—	0.1023	0.1025
45	—	—	—	0.1018	0.1023
50	—	—	—	0.1020	0.1019
55	—	—	—	0.1014	0.1017
60	—	—	—	0.1015	0.1020
65	—	—	—	0.1013	0.1018

中间车 4					
风速 /（m/s）	2 车编组	3 车编组	4 车编组	5 车编组	6 车编组
30	—	—	—	—	0.1033
35	—	—	—	—	0.1020
40	—	—	—	—	0.1019
45	—	—	—	—	0.1017
50	—	—	—	—	0.1018
55	—	—	—	—	0.1015
60	—	—	—	—	0.1010
65	—	—	—	—	0.1014
尾车					
风速 /（m/s）	2 车编组	3 车编组	4 车编组	5 车编组	6 车编组
30	0.1735	0.1820	0.1825	0.1821	0.1819
35	0.1730	0.1811	0.1817	0.1817	0.1817
40	0.1727	0.1812	0.1812	0.1815	0.1818
45	0.1723	0.1809	0.1815	0.1813	0.1815
50	0.1720	0.1806	0.1813	0.1815	0.1812
55	0.1719	0.1811	0.1810	0.1811	0.1813
60	0.1711	0.1803	0.1813	0.1810	0.1811
65	0.1714	0.1806	0.1804	0.1807	0.1802

从图 6-19 和表 6-1 可以看出,不同编组长度高速列车模型各节车厢阻力

系数基本上是随着风速的增加而略有变化,且试验风速大于 40m/s 后,气动阻力系数随试验风速的增加变化则很小,基本趋于稳定。

在 2 车编组~6 车编组状态下,相同试验风速时,不同编组长度高速列车的头车阻力系数均为 0.11 左右,阻力系数差异很小。当编组长度为 3 车及以上时,第 1 节中间车的阻力系数约为 0.08,其中 3 车编组的第 1 节中间车(仅有 1 节中间车)阻力系数略大于 0.08,比其他编组的第 1 节中间车阻力系数略大,但 3 车编组~6 车编组的第 1 节中间车的阻力系数差异较小,且略小于 0.08。这可能是因为 3 车编组的第 1 节中间车后紧邻尾车,受尾流影响比 4 车编组~6 车编组的第 1 节中间车(其后紧邻等截面中间车)大,因此阻力系数偏大。当编组长度为 4 车编组~6 车编组时,第 2 节中间车的阻力系数约为 0.10,且随编组长度的增加变化很小。当编组长度为 5 车编组~6 车编组时,第 3 节中间车的阻力系数约为 0.10,同样随编组长度的增加变化很小。当 6 车编组时,第 4 节中间车的阻力系数约为 0.10,与第 3 节中间车的阻力系数基本接近。在 2 车编组~6 车编组状态下,2 车编组的尾车阻力系数约为 0.17,3 车编组~6 车编组的尾车阻力系数约为 0.18,即 2 车编组的尾车阻力系数稍小于 3 车及以上编组的尾车阻力系数。

由此可见,当风速条件相同,在不同长度的编组状态下,头车的气动阻力基本变化很小,即不同长度的编组对头车阻力影响很小。当编组长度大于 3 车,第 1 节中间车的阻力系数比其他中间车的阻力系数略小,第 1 节中间车之后的其他中间车阻力系数差异较小。3 车及以上编组状态下的尾车阻力系数略大于 2 车编组的尾车阻力系数,而且,当编组长度不少于 3 车(即中间车不少于 1 节),则尾车阻力系数随编组长度的增加略有变化,但变化很小。因此,根据上述编组长度对阻力试验结果的影响规律可以推测,在没有受电弓的状态下,1 节头车+ N 节中间车+1 节尾车的全车气动阻力系数可以用 3 车编组试验的头车阻力系数+0.1×N+尾车阻力系数进行估算。

6.2.2 风挡对试验数据的影响

对 1∶8 模型的 3 车编组(头车+中间车+尾车)高速列车模型,分别采用两种风挡结构,研究其对气动阻力的影响,在试验风速为 60m/s、试验侧偏角 0°~30° 的条件下进行了气动阻力的测量。两种风挡结构如图 6-20 和

图 6-21 所示。在风挡 1 的外形结构中,相邻两节车厢外风挡表面形成对称的内凹;在风挡 2 的外形结构中,除了采用嵌套结构外,相邻两节车厢外风挡表面平直过渡。

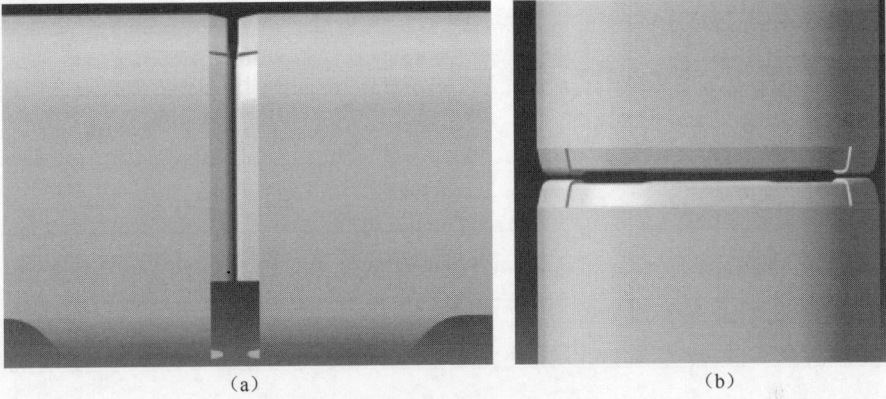

(a)   (b)

图 6-20 风挡 1 结构
(a)侧视图;(b)俯视图。

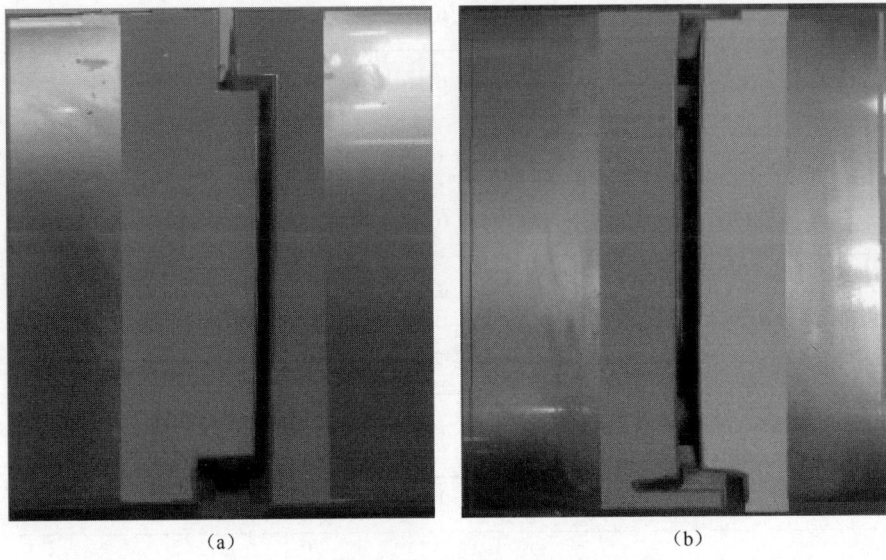

(a)   (b)

图 6-21 风挡 2 结构
(a)侧视图;(b)俯视图。

表 6-2 给出了试验风速 60m/s 下各节车厢气动阻力系数试验结果的比较。

表 6-2 不同风挡结构的列车各节车厢气动阻力结果比较

头车		
侧偏角/(°)	风挡 1	风挡 2
0	0.0908	0.1183
5	0.0815	0.1170
10	0.0603	0.0935
20	−0.0054	0.0310
30	−0.1917	−0.1489
中间车		
侧偏角/(°)	风挡 1	风挡 2
0	0.0752	0.0757
5	0.1192	0.1188
10	0.1541	0.1548
20	0.1618	0.1611
30	0.1533	0.1541
尾车		
侧偏角/(°)	风挡 1	风挡 2
0	0.2124	0.1838
5	0.2295	0.1937
10	0.2803	0.2457
20	0.3471	0.3103

尾车		
侧偏角/(°)	风挡1	风挡2
30	0.4282	0.3836

全车		
侧偏角/(°)	风挡1	风挡2
0	0.3784	0.3778
5	0.4302	0.4295
10	0.4947	0.4940
20	0.5035	0.5024
30	0.3898	0.3888

从表6-2可以看出,在0°侧偏角下,安装风挡1的头车、中间车、尾车和全车的阻力系数分别约为0.0908、0.0752、0.2124和0.3784,安装风挡2的头车、中间车、尾车和全车的阻力系数分别约为0.1183、0.0757、0.1838和0.3778。即风挡1状态的头车阻力系数比风挡2的小,中间车阻力系数与风挡2的接近,尾车阻力系数比风挡2的大,全车阻力系数与风挡2的接近。这是因为采用风挡1之后,相邻两节车厢外风挡表面形成对称的内凹外形,气流从前向后流动至此后受到内凹风挡向下的诱导,进入两节车厢(头车与中间车、中间车与尾车)风挡处的缝隙空腔内,在空腔内形成一个类似弹簧产生的作用力,分别作用在形成空腔的前后两节车厢上,使前车厢阻力减小,后车厢阻力增大,即头车阻力减小,尾车阻力增大,中间车因为前后分别受到一个向后和向前的作用力,互相抵消,因而阻力变化很小。

当侧偏角不为0°时,在相同的侧偏角下,同0°侧偏角类似,风挡1头车阻力系数比风挡2的小,中间车阻力系数与风挡2的差异较小,尾车阻力系数比风挡2的大,全车阻力系数与风挡2的接近。

由此可见,高速列车风洞试验模型采用上述两种风挡结构,只是使得气动阻力在各节车厢之间形成不同的分配,对由各节车厢相加形成的全车气动阻力的试验结果影响很小。但是,从气动阻力在各节车厢的分配合理性上来说,风洞试验中的模型建议还是采用风挡 2 结构。主要原因有两点：一是风挡 1 对车身表面流经风挡处的气流存在进行导流而形成干扰，从而放大了各节车厢风挡间隙的影响；二是在风挡 1 使得头车与中间车的阻力系数更接近而显得不合理，因为头车的气动阻力主要由压差阻力和摩擦阻力构成，中间车的气动阻力主要由摩擦阻力构成，头车气动阻力明显比中间车气动阻力大才更合理。

6.2.3 路基对试验数据的影响

1. 有无路基对试验数据的影响

对某型 1：8 高速列车三车编组模型，分别在有路基和无路基状态下进行了不同侧偏角试验，试验风速 60m/s。图 6-22 给出了各节车在有路基和无路基状态下气动阻力系数 C_x 的比较。

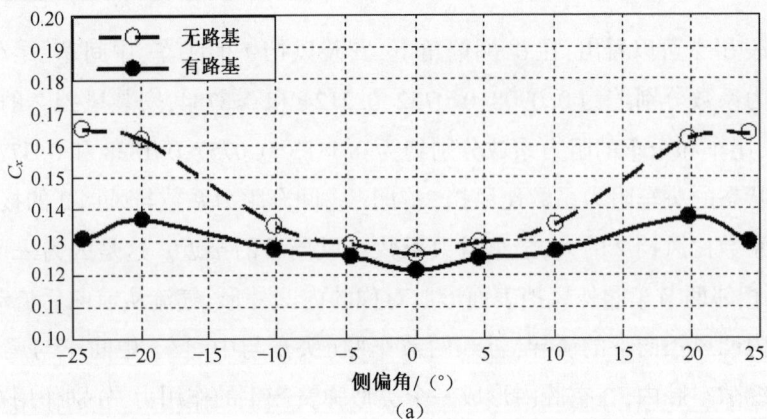

（a）

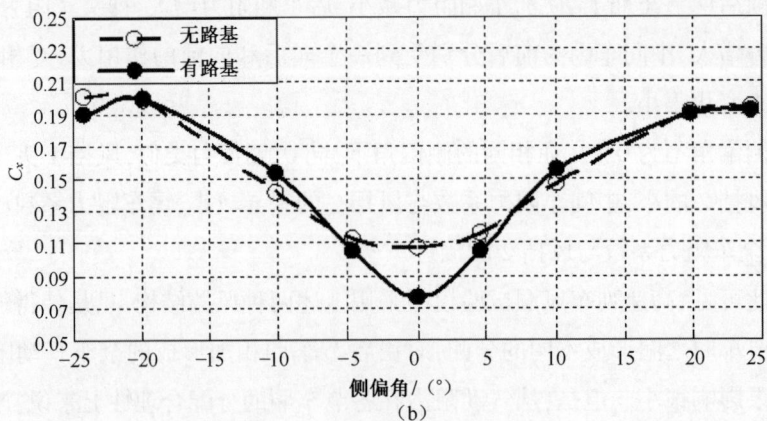

（b）

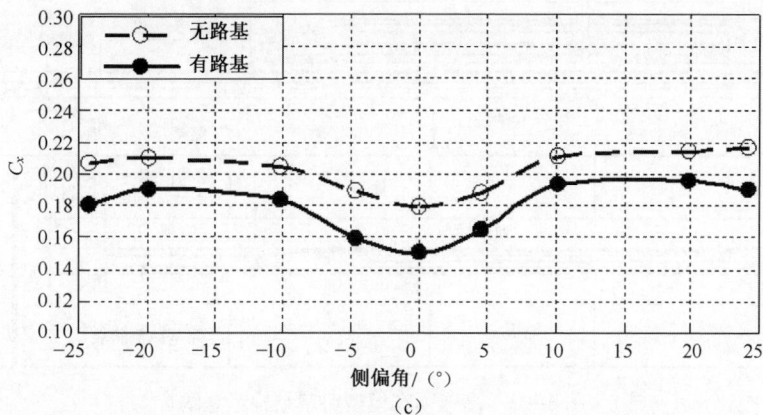

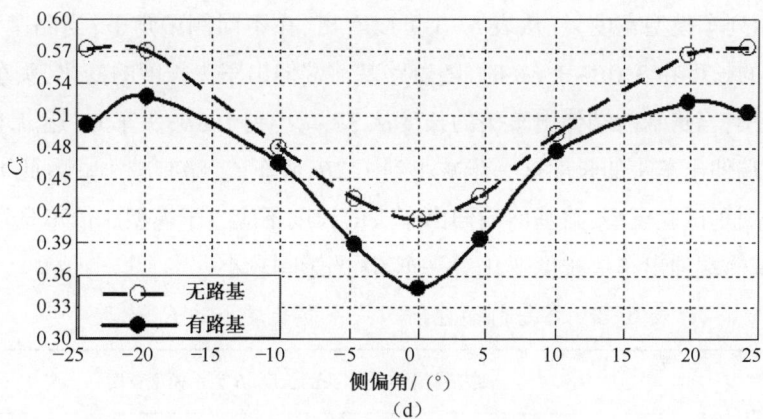

图 6-22　有无路基的 C_x 比较

(a)头车;(b)中间车;(c)尾车;(d)全车。

由图 6-22 可以看出,在侧偏角为 0°时,与有路基相比,无路基状态下,头车、中间车、尾车和全车 C_x 都明显增大。在其他侧偏角时,无路基状态下的头车、尾车和全车的 C_x 都比有路基轨道下的 C_x 大。由此可见,是否模拟路基是影响高速列车模型气动阻力的一个重要因素。

2. 路基结构外形对试验数据的影响

对某型高速列车 1∶20 的一节头车+半节中间车编组模型分别在路基伸出车头不同长度和路基前端不同斜坡坡度状态下进行了变侧偏角试验,试验风速 40m/s,路基结构示意图如图 6-23 所示。

表 6-3 给出了路基前端伸出车头的不同长度对头车气动阻力的影响结果

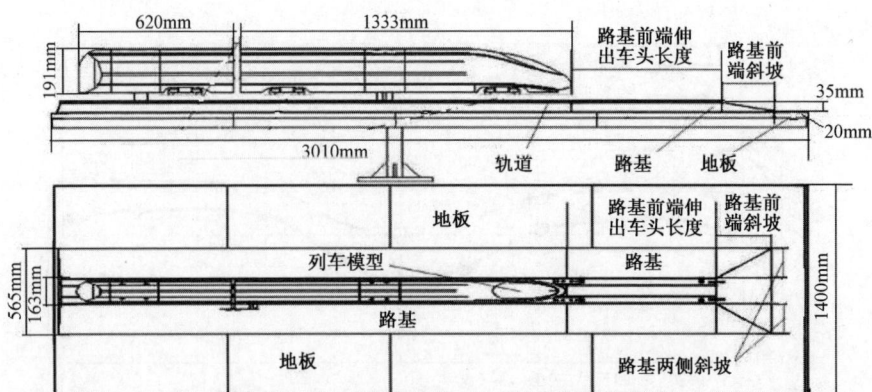

图 6-23　高速列车模型路基结构示意图

（B 表示列车模型宽度）。从表 6-3 可以看出，在不同侧偏角下，当路基前端伸出车头的长度在 3.0B~3.6B 时，随着路基前端伸出车头长度的变化，头车 C_x 的变化很小；当路基前端伸出车头的长度从 3B 减小到 1.8B 时，头车 C_x 逐渐增大；当路基前端伸出车头的长度进一步减小到 1.2B 时，头车 C_x 略有减小。由此可见，对于高速列车试验模型，路基前端伸出车头的长度不应少于模型 3 倍车身宽度，此时，路基前端伸出车头长度变化对头车 C_x 的影响较小。

表 6-3　路基前端伸出车头不同长度下的 C_x 比较

侧偏角/(°)	路基前端伸出车头的长度(B 表示模型宽度)				
	3.6B	3.0B	2.4B	1.8B	1.2B
0	0.168	0.169	0.174	0.179	0.178
2	0.170	0.171	0.175	0.179	0.178
4	0.171	0.172	0.177	0.181	0.180
6	0.172	0.173	0.175	0.177	0.176
10	0.157	0.158	0.159	0.160	0.159

表 6-4 给出了路基前端斜坡不同坡度、不同侧偏角对头车气动阻力的影响结果。从表 6-4 可以看出，当路基前端斜坡坡度在 10°~19° 时，头车 C_x 随着路基前端斜坡坡度的增大变化很小；当路基前端斜坡的坡度增大到 35° 时，头车 C_x

158

略有增大;当路基前端斜坡的坡度进一步增大到74°时,头车 C_x 则明显减小。这主要是由于路基前端斜坡坡度较大时,气流在经过路基前端斜坡上部棱角时出现分离,导致头车底部流场变化且被边界层淹没,从而导致气动阻力降低。由此可见,在高速列车模型风洞试验中,路基前端斜坡坡度不大于35°时,则路基前端斜坡坡度的变化对头车 C_x 的影响较小。

表 6-4　路基前端斜坡不同坡度下的 C_x 比较

侧偏角/(°)	路基前端斜坡的坡度/(°)				
	10	13	19	35	74
0	0.168	0.169	0.170	0.172	0.164
2	0.170	0.171	0.172	0.173	0.166
4	0.171	0.171	0.173	0.174	0.167
6	0.172	0.172	0.174	0.175	0.165
10	0.157	0.158	0.157	0.158	0.150

表 6-5 给出了路基两侧斜坡的不同坡度对头车气动特性影响的结果。从表 6-5 可以看出,在不同坡度的路基两侧斜坡下,头车的 C_x、C_y 和 C_z 随侧偏角的变化规律是一致的。在不同侧偏角下,当路基两侧斜坡坡度在10°~35°时,头

表 6-5　路基两侧斜坡不同坡度下的试验结果比较

试验结果	侧偏角/(°)	路基两侧斜坡的坡度/(°)			
		10	13	35	74
C_x	0	0.168	0.167	0.169	0.161
	2	0.170	0.169	0.167	0.162
	4	0.171	0.170	0.170	0.162
	6	0.172	0.173	0.174	0.166
	10	0.157	0.155	0.159	0.151

试验结果	侧偏角/(°)	路基两侧斜坡的坡度/(°)			
		10	13	35	74
C_y	0	−0.140	−0.140	−0.138	−0.089
	2	−0.117	−0.119	−0.117	−0.067
	4	−0.015	−0.013	−0.015	0.020
	6	0.151	0.148	0.151	0.172
	10	0.681	0.689	0.685	0.739
C_z	0	0.000	0.000	0.000	0.000
	2	−0.181	−0.183	−0.181	−0.273
	4	−0.363	−0.366	−0.367	−0.448
	6	−0.553	−0.564	−0.561	−0.633
	10	−1.029	−1.039	−1.063	−1.128

车 C_x、C_y 和 C_z 随路基两侧斜坡坡度的增加变化较小。随着路基两侧斜坡的坡度增大到 74°，头车 C_x 减小，C_y 增大，C_z 的绝对值也明显增大。

因此，在高速列车模型风洞试验中，当模拟路基时，建议路基两侧的斜坡坡度宜控制在 35°以内。

6.2.4　轮轨间隙对试验结果的影响

对某型高速列车 1∶20 的一节头车+半节中间车编组模型在不同轮轨间隙状态下进行了变侧偏角试验，试验风速 40m/s。表 6-6 给出了高速列车模型车轮与轨道的不同间隙对头车气动特性影响的结果。

表 6-6　车轮与轨道不同间隙下的试验结果比较

试验结果	侧偏角/(°)	车轮下表面与轨道上表面的间隙/mm				
		2	4	6	8	12
C_x	0	0.168	0.168	0.170	0.174	0.172
	2	0.170	0.171	0.173	0.175	0.173
	4	0.171	0.172	0.174	0.175	0.173
	6	0.172	0.172	0.174	0.177	0.175
	10	0.157	0.157	0.161	0.163	0.160
C_y	0	−0.140	−0.135	−0.141	−0.144	−0.126
	2	−0.117	−0.120	−0.118	−0.126	−0.103
	4	−0.015	−0.017	−0.026	−0.059	−0.049
	6	0.151	0.152	0.155	0.158	0.146
	10	0.681	0.688	0.696	0.709	0.603
C_z	0	0.000	0.000	0.000	0.000	0.000
	2	−0.181	−0.180	−0.182	−0.181	−0.177
	4	−0.363	−0.366	−0.375	−0.372	−0.374
	6	−0.553	−0.554	−0.560	−0.560	−0.567
	10	−1.029	−1.032	−1.034	−1.037	−1.038

从表 6-6 可以看出，在不同的轮轨间隙下，头车 C_x、C_y 和 C_z 随侧偏角的变化规律是一致的。在不同侧偏角下，当轮轨间隙在 2～4mm 时，随着轮轨间隙的变化，头车 C_x 和 C_y 的变化较小。当轮轨间隙增大到 8mm，头车 C_x 和 C_y 绝对值均增大，当轮轨间隙继续增大到 12mm，头车 C_x 和 C_y 绝对值反而减小。当轮轨间隙在 2～12mm 范围内变化时，头车 C_z 的变化较小。

由此可见，对于本文的高速列车试验模型（比例 1∶20），车轮下表面与轨道上表面的间隙不大于4mm即可。因此,在高速列车模型风洞试验中,建议轮轨间隙按实车计算宜控制在80mm以内。

6.2.5 支座对试验数据的影响

对某型高速列车3车编组、1:8模型分别采用单腿Ⅰ型支座和双腿Ⅱ型支座进行了重复性测力试验,试验风速60m/s。Ⅰ型支座和Ⅱ型支座均高约250mm,仅是支座中间支腿数量和尺寸不同,其中,Ⅰ型支座中间支腿数量为1,直径约为80mm,Ⅱ型支座中间支腿数量为2,每根支腿直径约为50mm,如图6-24所示。表6-7给出了分别采用2种形式的支座获得的测力重复性试验精度。

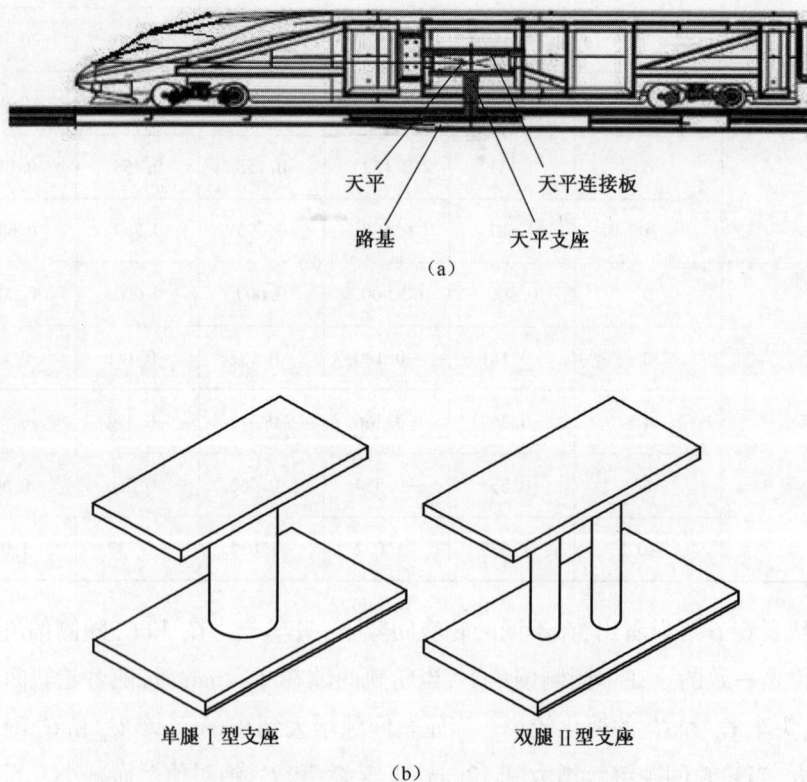

天平　　　　　　天平连接板
路基　　　　　　天平支座
（a）

单腿Ⅰ型支座　　　　　　双腿Ⅱ型支座
（b）

图6-24　高速列车模型支座示意图
(a)高速列车模型支座结构示意图;(b)高速列车模型不同支座形式示意图。

162

表 6-7　不同形式支座的重复性精度比较(侧偏角 0°)

部位	支座形式	升力系数 C_y	阻力系数 C_x	俯仰力矩系数 m_z
头车	单腿支座	0.0018	0.0010	0.0015
	双腿支座	0.0005	0.0006	0.0003
中间车	单腿支座	0.0016	0.0007	0.0012
	双腿支座	0.0010	0.0006	0.0004
尾车	单腿支座	0.0017	0.0012	0.0013
	双腿支座	0.0008	0.0005	0.0002

从表 6-7 可以看出,相对于单腿支座,采用双腿支座的高速列车模型头车、中间车和尾车的 C_x 重复性试验精度都明显提高,更加优良,有效提升了试验精度水平。这主要采用不同形式天平支座的试验模型,各节车厢的振动幅度会有差别,尤其是受不对称尾流影响的尾车,这种差别更明显。相对于单腿支座,采用双腿支座的高速列车各节车厢的振动幅度明显减小,试验模型在重复性试验中状态的一致性更好,从而有效提升了试验数据的精准度。

根据上述研究结论,目前国内大缩比(1∶10~1∶8)高速列车模型采用的天平支座形式多为 4 腿支座。对于 1∶8 模型,支座的每根支腿直径仅有约 20mm,在高速列车模型底部暴露在气流中的体积更少,尽可能减少了对车身底部气流的影响。实践证明,采用 4 腿支座的测力重复性试验精度较高,能满足试验要求。

6.2.6　风洞洞壁对试验数据的影响

对于高速列车模型风洞试验而言,风洞(主要是指闭口试验段风洞)洞壁对试验结果的影响主要体现在两个方面:一是阻塞影响;二是轴向静压梯度影响。

由于高速列车模型为细长体,一般情况下,正向投影面积相对于试验段截面积而言很小。由于高速列车模型长度较长,受限于风洞试验段长度,通常试验侧偏角较小,因此阻塞度通常也不大。根据欧洲试验规范 EN14067-6,从偏保守的角度考虑,对于闭口试验段,只要在侧偏角 30° 时的阻塞度小于 15%,就不需做阻塞修正,目前,在国内的大型风洞中开展的高速列车模型试验都能满足上述要求,因此,参考上述规范,没有考虑阻塞影响。

几乎所有的闭口风洞试验段气流沿轴向都有静压变化。这是因为试验段壁面上的边界层沿流向不断增厚,使试验段气流的有效截面积减小,根据流动连续性原理,气流沿风洞轴向的流速会越来越大,静压则越来越低,因而,形成了沿试验段轴向的静压梯度。尽管绝大多数风洞试验段沿轴向设计了扩张角以补偿边界层的影响,但由于风洞试验段壁面不可调,且扩展角是固定的,因而,一般还是存在轴向静压梯度。静压梯度使高速列车模型受到一个沿气流方向的附加阻力,直接影响试验结果中的气动阻力数据。如果轴向静压梯度小于零,则气流会产生一个正的附加阻力,使气动阻力试验结果偏大;反之,如果轴向静压梯度大于零,则气流产生一个负的附加阻力,使气动阻力试验结果偏小。因此,必须根据高速列车模型区域的当地轴向静压梯度值进行修正处理。目前,开展高速列车模型试验研究的风洞多为闭口试验段,其轴向静压梯度不可忽略,且大比例(如1:8)高速列车模型每节车厢的长度一般较长,由此带来的轴向静压梯度对各节车 C_x 的影响非常明显。

表6-8给出了某型高速列车1:8模型在试验风速为60m/s、不同侧偏角下的 C_x 结果比较。

表6-8 轴向静压梯度对 C_x 的影响

头车			
侧偏角/(°)	未修正	修正	差量/%
0.0	0.1487	0.1289	13.3
4.8	0.1597	0.1400	12.3
10.2	0.1601	0.1407	12.1
16.7	0.1838	0.1649	10.3
19.8	0.1810	0.1625	10.2
24.3	0.1657	0.1477	10.9
中间车			
侧偏角/(°)	未修正	修正	差量/%
0.0	0.0909	0.0746	17.9

中间车			
侧偏角/(°)	未修正	修正	差量/%
4.8	0.1160	0.0998	14.0
10.2	0.1713	0.1553	9.3
16.7	0.2031	0.1875	7.7
19.8	0.2057	0.1904	7.4
24.3	0.2030	0.1882	7.3
尾车			
侧偏角/(°)	未修正	修正	差量/%
0.0	0.1860	0.1701	8.5
4.8	0.2014	0.1855	7.9
10.2	0.2257	0.2101	6.9
16.7	0.2246	0.2094	6.8
19.8	0.2270	0.2120	6.6
24.3	0.2313	0.2168	6.3
全车			
侧偏角/(°)	未修正	修正	差量/%
0.0	0.4256	0.3737	12.2
4.8	0.4771	0.4253	10.9
10.2	0.5571	0.5061	9.2
16.7	0.6115	0.5618	8.1
19.8	0.6137	0.5649	8.0
24.3	0.6000	0.5527	7.9

从表 6-8 可以看出,轴向静压梯度对各节车 C_x 的影响可达 6% ~ 13%,对测量结果影响非常显著,必须进行修正处理,具体方法见 5.4.3 节。

因此,对于阻塞度较小的高速列车模型风洞试验,风洞洞壁对高速列车模型风洞试验数据的影响一般可以不考虑阻塞影响,但必须根据模型区域的轴向静压梯度考虑其影响,并作相应的数据修正。

6.2.7 边界层对试验数据的影响

(1)对某 CRH 型高速列车的一节头车进行了边界层影响试验研究,模型比例为 1:8,长度为 3.49m,高度为 0.47m,宽度为 0.42m,参考面积为 0.1865m²。高速列车模型安装在平地路基模型上,路基表面安装有轨道。路基长 14.5m,前后端和两侧均采用斜坡与圆弧过渡。路基固定在风洞试验段中心位置。试验模型如图 6-25 所示。

图 6-25　试验模型(一节头车)

(2)在不带高速列车模型的路基上表面纵向中心线上,沿气流方向从前至后,依次选取 7 个测点进行边界层厚度测量。7 个测点距离路基前缘的间距分别为 2200mm、4150mm、6170mm、7220mm、9355mm、10615mm、12255mm。边界层测点示意图如图 6-26 所示。

(3)在路基上表面沿气流方向从前至后,依次选取 6 个位置点,分别使头车的鼻尖在路基上表面的投影点与其重合,安装固定头车,进行气动力测量。6 个

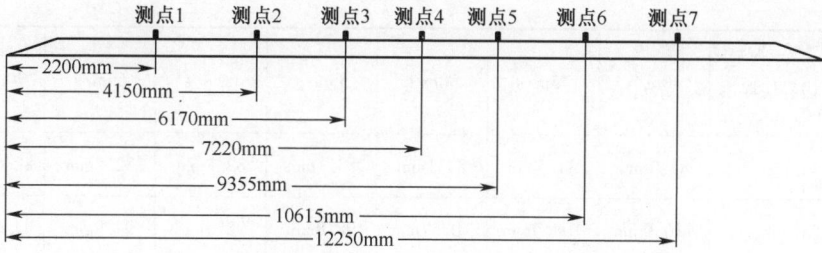

图 6-26　路基表面边界层测量位置示意图

位置点距离路基前缘的间距分别为 2120mm、2450mm、3130mm、5520mm、7925mm、8925mm。一节头车的安装固定位置示意图如图 6-27 所示。

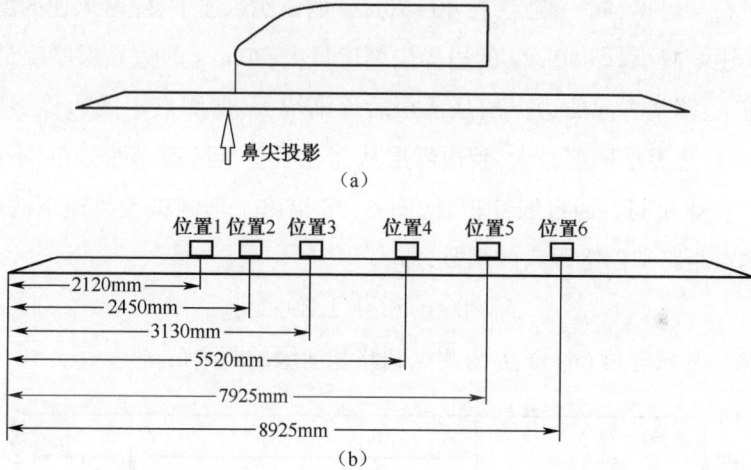

（a）

（b）

图 6-27　头车气动力测量位置示意图

（a）头车鼻尖在路基表面投影点示意图；（b）头车鼻尖在路基表面不同投影点位置。

表 6-9 给出了不同测点位置在不同试验风速下的边界层测量结果。

表 6-9　不同测点位置的边界层厚度

风速 边界层厚度 测点	40m/s	45m/s	50m/s	55m/s	60m/s	65m/s	70m/s
测点 1	34.3mm	34.3mm	34.2mm	33.9mm	33.5mm	33.4mm	32.9mm
测点 2	59.4mm	59.2mm	59.0mm	58.9mm	58.5mm	58.2mm	57.8mm

边界层厚度测点 \ 风速	40m/s	45m/s	50m/s	55m/s	60m/s	65m/s	70m/s
测点 3	84.8mm	84.5mm	84.1mm	83.1mm	82.8mm	82.2mm	82.0mm
测点 4	110.9mm	108.9mm	103.7mm	98.8mm	98.3mm	97.9mm	97.6mm
测点 5	150.8mm	149.6mm	148.4mm	148.3mm	148.0mm	147.8mm	147.7mm
测点 6	165.8mm	165.5mm	163.1mm	161.4mm	161.1mm	161.0mm	160.6mm
测点 7	178.7mm	174.4mm	171.5mm	171.4mm	170.7mm	168.9mm	167.5mm

从表 6-9 可见，同一测点，在 40~70m/s 的试验风速下，随着风速的增加，边界层厚度逐渐减小，即 40m/s 的边界层厚度最大，70m/s 的边界层厚度最小；在同一风速下，路基表面的边界层从前至后逐渐增大，即测点 1 的边界层厚度最小，测点 7 的边界层厚度最大，且边界层从前至后基本呈现线性分布，不同试验风速下的规律相同。通过线性拟合，图 6-28 给出了不同试验风速下的边界层厚度与测点距路基前缘距离的函数，即

$$\delta = 0.0146L - 1.8952 \qquad (6-1)$$

式中：δ 为边界层厚度（mm）；L 为测点到路基前缘的距离（mm）。

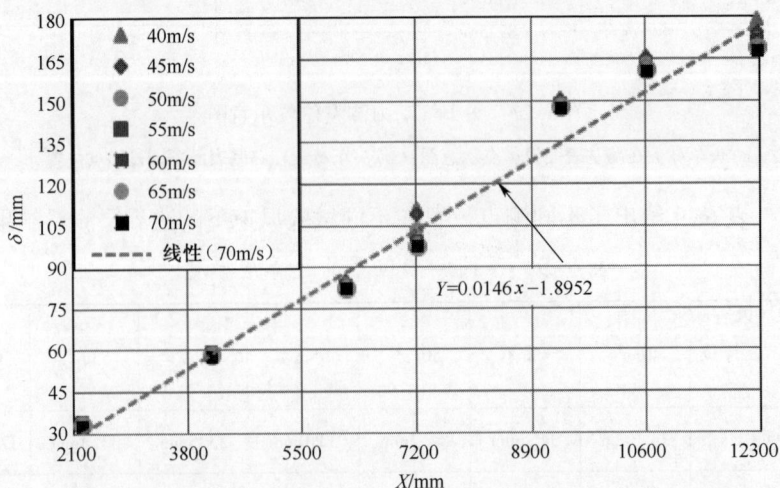

图 6-28 不同测点的边界层在不同风速下的厚度（彩色版本见彩插）

根据上述测点位置的边界层厚度结果,通过线性插值,获得头车鼻尖在路基表面的不同投影点位置的边界层厚度结果,如表 6-10 所列。同样,可以计算出路基表面最大边界层厚度约为 210mm。

表 6-10　头车鼻尖在路基表面不同投影点位置的边界层厚度

风速 边界层厚度 位置	40m/s	45m/s	50m/s	55m/s	60m/s	65m/s	70m/s
位置 1	33.4mm	33.3mm	33.2mm	32.9mm	32.5mm	32.4mm	31.9mm
位置 2	37.6mm	37.5mm	37.4mm	37.1mm	36.7mm	36.6mm	36.1mm
位置 3	46.3mm	46.2mm	46.0mm	45.8mm	45.4mm	45.2mm	44.8mm
位置 4	76.6mm	76.4mm	76.0mm	75.3mm	75.0mm	74.5mm	74.2mm
位置 5	124.1mm	122.3mm	118.5mm	115.1mm	114.7mm	114.4mm	114.1mm
位置 6	142.8mm	141.4mm	139.4mm	138.3mm	138.0mm	137.7mm	137.6mm

将头车按图 6-27 中的位置分别安装固定,并测量气动力,图 6-29 和表 6-11、图 6-30 和表 6-12 分别给出了气动阻力系数和气动升力系数结果。另

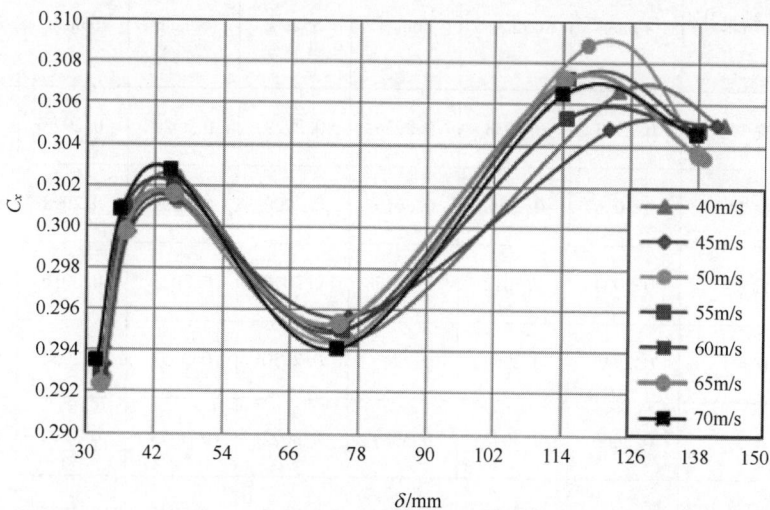

图 6-29　头车的 C_x 在不同边界层厚度下的结果(彩色版本见彩插)

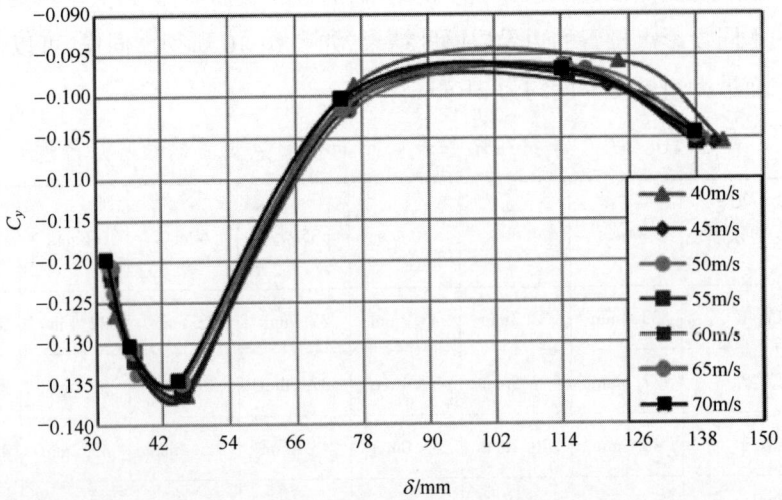

图6-30　头车的 C_y 在不同边界层厚度下的结果(彩色版本见彩插)

外,在不同试验风速下,都以位置1(距路基前缘2120mm)的气动力系数为基准,其他位置的气动力系数分别与其比较,得到不同位置的气动阻力系数 C_x 和气动升力系数 C_y 的差异,如表6-13和表6-14所列。

表6-11　不同边界层厚度下的 C_x 结果

风速 C_x 结果 位置	40m/s	45m/s	50m/s	55m/s	60m/s	65m/s	70m/s
位置1	0.2943	0.2933	0.2926	0.2929	0.2928	0.2925	0.2935
位置2	0.3006	0.2998	0.3010	0.3000	0.3009	0.2998	0.3008
位置3	0.3024	0.3012	0.3012	0.3014	0.3021	0.3016	0.3028
位置4	0.2945	0.2957	0.2946	0.2950	0.2951	0.2954	0.2941
位置5	0.3066	0.3048	0.3089	0.3072	0.3053	0.3072	0.3065
位置6	0.3049	0.3050	0.3034	0.3047	0.3048	0.3036	0.3046

表 6-12　不同边界层厚度下的 C_y 结果

位置 \ 风速 (C_y结果)	40m/s	45m/s	50m/s	55m/s	60m/s	65m/s	70m/s
位置 1	-0.1268	-0.1251	-0.1238	-0.1222	-0.1213	-0.1206	-0.1198
位置 2	-0.1330	-0.1328	-0.1337	-0.1312	-0.1322	-0.1308	-0.1303
位置 3	-0.1364	-0.1356	-0.1358	-0.1357	-0.1365	-0.1347	-0.1345
位置 4	-0.0986	-0.1006	-0.1017	-0.1005	-0.1015	-0.1014	-0.1003
位置 5	-0.0957	-0.0989	-0.0966	-0.0973	-0.0964	-0.0964	-0.0967
位置 6	-0.1056	-0.1058	-0.1053	-0.1053	-0.1058	-0.1046	-0.1044

表 6-13　不同边界层厚度下的 C_x 差异

位置 \ 风速 (C_x差异)	40m/s	45m/s	50m/s	55m/s	60m/s	65m/s	70m/s
位置 1	—	—	—	—	—	—	—
位置 2	2.14%	2.22%	2.87%	2.42%	2.77%	2.50%	2.49%
位置 3	2.75%	2.69%	2.94%	2.90%	3.18%	3.11%	3.17%
位置 4	0.07%	0.82%	0.68%	0.72%	0.79%	0.99%	0.20%
位置 5	4.18%	3.92%	5.57%	4.88%	4.27%	5.03%	4.43%
位置 6	3.60%	3.99%	3.69%	4.03%	4.10%	3.79%	3.78%

注:不同位置的 C_x 比较,以位置 1 的 C_x 为基准

表 6-14　不同边界层厚度下的 C_y 差异

位置 \ C_y差异 \ 风速	40m/s	45m/s	50m/s	55m/s	60m/s	65m/s	70m/s
位置 1	—	—	—	—	—	—	—
位置 2	4.89%	6.16%	8.00%	7.36%	8.99%	8.46%	8.76%
位置 3	7.57%	8.39%	9.69%	11.05%	12.53%	11.69%	12.27%
位置 4	22.24%	19.58%	17.85%	17.76%	16.32%	15.92%	16.28%
位置 5	24.53%	20.94%	21.97%	20.38%	20.53%	20.07%	19.28%
位置 6	16.72%	15.43%	14.94%	13.83%	12.78%	13.27%	12.85%

注:不同位置的 C_y 比较,以位置 1 的 C_y 为基准

从图 6-29 和表 6-11、表 6-13 可以看出,在 40~70m/s 的试验风速下,头车的气动阻力系数 C_x 在不同风速下的变化规律相同。从路基表面位置 1 至位置 6, C_x 呈现先增大后减小,再增大又减小的变化规律,以位置 1 的 C_x 为比较基准,在 40~70m/s 风速下,不同位置 C_x 的差异分别为 0.07%~4.18%、0.82%~3.99%、0.68%~5.57%、0.72%~4.88%、0.79%~4.27%、0.99%~5.03% 和 0.20%~4.43%。由此可见,在不同风速下,头车 C_x 在不同位置的最大差异不超过 5.57%。

从图 6-30 和表 6-12、表 6-14 可以看出,在 40~70m/s 的试验风速下,头车的气动升力系数 C_y 在不同风速下的变化规律也相同。从位置 1 至位置 6, C_y 呈现先减小后增大再减小的变化规律。同样,以位置 1 的 C_y 为比较基准,在 40~70m/s 风速下,不同位置 C_y 的差异分别为 4.89%~24.53%、6.16%~20.94%、8.00%~21.97%、7.36%~20.38%、8.99%~20.53%、8.46%~20.07% 和 8.76%~19.28%。由此可见,在不同风速下,头车 C_y 在不同位置的最小差异为 4.89%,最大差异可达 21.97%。

由此可见,对于 1:8、高度为 0.47m 的一节高速列车头车模型,当固定地面的路基表面边界层最大厚度约为 210mm 时,路基表面边界层对一节头车的气动阻力

172

和升力都有影响。不同边界层厚度下的 C_x 最大差异不超过 5.57%，C_y 的最大差异可达 21.97%，边界层对气动升力的影响比对气动阻力的影响更加显著。

6.3 减阻试验研究结果

对高速列车模型开展减小气动阻力措施的风洞试验研究，对采用不同减小气动阻力措施的高速列车模型的气动阻力特性进行对比分析，得到不同减小气动阻力措施的减阻效果。

1. 研究模型

试验模型是设计速度为 350~380km/h 的高速列车，比例为 1：8，三车编组，即头车、中间车和尾车，头、尾外形完全对称。高速列车模型总长度约为 9.7m，安装在平地路基及轨道模型之上，路基轨道模型长约为 12m，前后端伸出列车头车、尾车的长度均约为 1.2m。

2. 研究方案

（1）车顶空调导流罩方案。车顶空调采用优化导流罩减小气动阻力共有 3 种方案，即分别在头车后端、中间车前端（靠近头车一端）和后端（靠近尾车一端）以及尾车前端安装优化空调导流罩。方案 1 为采用空调导流罩 1，方案 2 为采用空调导流罩 2，方案 3 为采用空调导流罩 3，3 种空调导流罩如图 6-31 所示。

（2）受电弓导流罩方案。车顶受电弓采用的优化导流罩共有 3 种方案，在中间车前端的受电弓外侧安装导流罩。方案 1 为采用导流罩 1，方案 2 为采用导流罩 2，方案 3 为采用导流罩 3，3 种受电弓导流罩如图 6-32 所示。

（a）

（b）

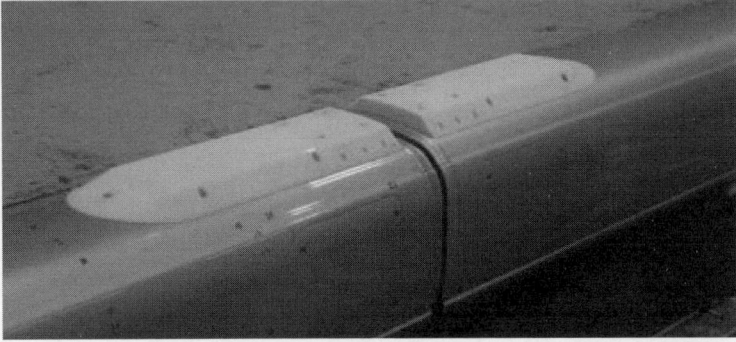

（c）

图6-31　车顶空调导流罩方案

(a)空调导流罩1；(b)空调导流罩2；(c)空调导流罩3。

（a）

（b）

（c）

图 6-32　车顶受电弓导流罩方案

（a）受电弓导流罩 1；（b）受电弓导流罩 2；（c）受电弓导流罩 3。

（3）裙板方案。车身两侧裙板采用减小气动阻力的优化方案共有 3 种,分别在头车后端、中间车前端和后端以及尾车前端的转向架两侧安装裙板。方案 1 为车身两侧裙板全部采用半包方式,方案 2 为车身两侧裙板全部采用全包方式,方案 3 为头车和尾车司机室一位端两侧裙板采用向外凸起的圆滑过渡型裙板,其余裙板采用半包。3 种车身两侧裙板方案如图 6-33 所示。

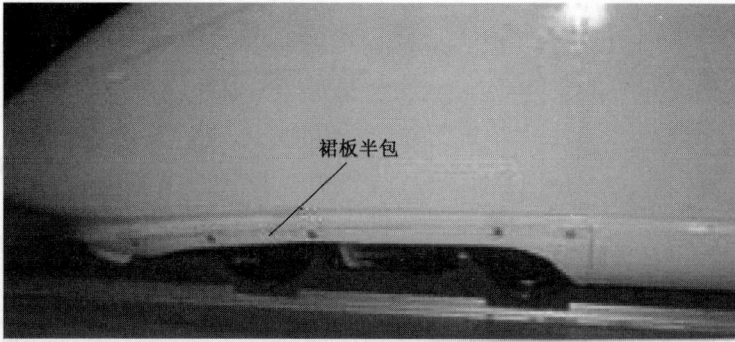
（a）

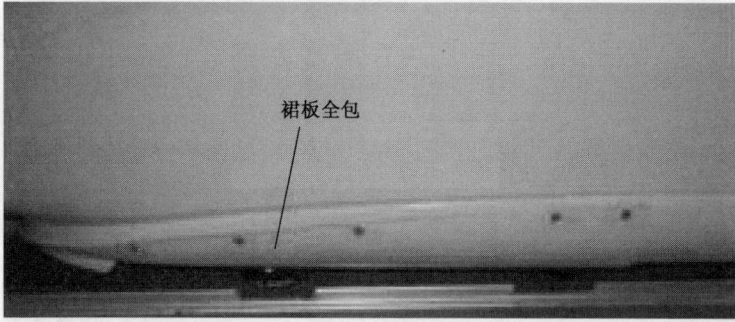
（b）

（c）

图 6-33　车身两侧裙板方案

（a）车身两侧半包裙板（方案 1）；（b）车身两侧全包裙板（方案 2）；

（c）司机室一位端向外凸起的圆滑过渡型裙板（方案 3）。

（4）风挡方案。车身连接部位的风挡采用减小气动阻力的优化方案共 2 种,分别在头车与中间车连接部位、中间车和尾车连接部位安装外风挡。方案 1 是在车身连接部位采用半封闭外风挡,方案 2 是在车身连接部位采用全封闭外风挡。2 种车身连接部位的风挡方案如图 6-34 所示。

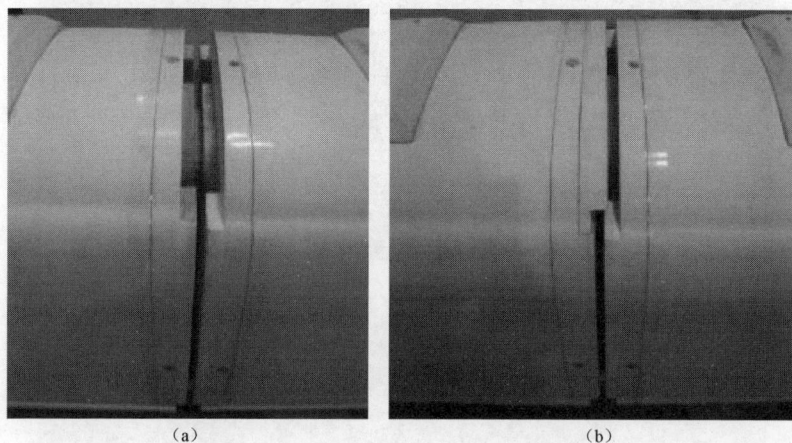

（a）　　　　　　　　　（b）

图 6-34　车身连接部位风挡方案

（a）半封闭外风挡方案;（b）全封闭外风挡方案。

（5）转向架空腔方案。车底部位转向架周围的空腔采用减小气动阻力的优化方案共有 3 种,分别是在头车、中间车和尾车车底转向架周围空腔的一侧安装导流板。方案 1 是在车底部的转向架周围空腔内安装底部导流板 1,方案 2 是在车底部的转向架周围空腔内安装底部导流板 2,方案 3 是在车底部的转向架周围空腔内安装底部导流板 3。3 种车底部位转向架周围的空腔导流方案如图 6-35 所示。

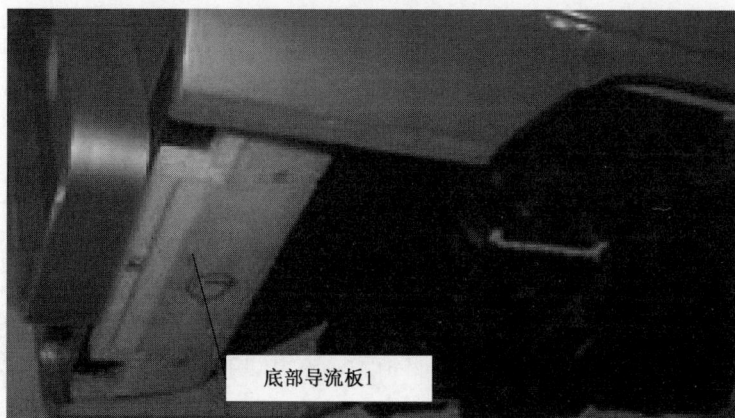

底部导流板1

（a）

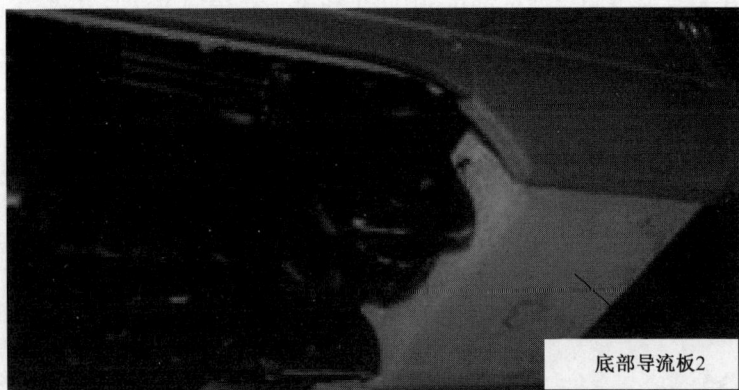

（b）

（c）

图 6-35　车底部转向架周围空腔导流板方案

（a）车底部位转向架周围空腔导流板方案 1；（b）车底部位转向架周围空腔导流板方案 2；

（c）车底部位转向架周围空腔导流板方案 3。

3. 研究结果

以下给出了试验风速 60m/s、试验侧偏角 0°状态下的各种优化措施的减阻效果。

（1）车顶空调导流罩方案的减阻结果。表 6-15 给出了车顶不同空调导流罩方案的减阻结果比较。

表 6-15　空调导流罩方案的减阻结果

	部位	方案 1	方案 2	方案 3
C_x	头车	0.1089	0.1035	0.1194
	中间车	0.1611	0.1580	0.1395
	尾车	0.1889	0.1819	0.1790
	全车	0.4589	0.4434	0.4378
减阻效果/%	头车	—	4.92	−9.61
	中间车	—	1.91	13.42
	尾车	—	3.72	5.25
	全车	—	3.37	4.59

空调导流罩 1(方案 1)是原导流罩,以此作为对比的基础(减阻效果设为 0)。空调导流罩 2(方案 2)与导流罩 1 相比,导流罩 2 使头车、中间车、尾车和全车的气动阻力均有不同程度的减小,其中头车和尾车气动阻力减小量比中间车更加明显,这可能是空调导流罩 2 更有利于减小压差阻力。空调导流罩 3(方案 3)与导流罩 1 相比,导流罩 3 使头车阻力增大,而中间车、尾车和全车气动阻力明显减小,减小量均比导流罩 2 大。由此可见,空调导流罩 3 的减阻效果更好。

(2)车顶受电弓导流罩方案的减阻结果。表 6-16 给出了车顶不同受电弓导流罩方案的减阻结果比较。

在中间车前端的受电弓处于降弓状态下,与没有安装受电弓导流罩相比,分别安装受电弓导流罩 1(方案 1)和导流罩 2(方案 2),尽管头车气动阻力有所下降,但是中间车和全车阻力明显增加。导流罩 2 使中间车、尾车、全车的气动阻力增加量更多。这是因为导流罩 2 前后有挡板,比导流罩 1 增加了迎风面积,因而使气动阻力增加更多。安装受电弓导流罩 3,头车和尾车气动阻力略有增加,中间车气动阻力略有减小,全车气动阻力变化较小。这说明导流罩 3(方案 3)可能更有利于减小车身的摩擦阻力。从 3 种导流罩减阻效果的对比来看,导流罩 3 的气动阻力特性最优,但是仍需要进一步优化。

表 6-16　受电弓(降弓)导流罩方案的减阻结果

	部位	无罩	方案 1	方案 2	方案 3
C_x	头车	0.1104	0.1065	0.0895	0.1134
	中间车	0.1687	0.1943	0.2261	0.1663
	尾车	0.1892	0.1874	0.1940	0.1934
	全车	0.4683	0.4882	0.5096	0.4731
减阻效果/%	头车	—	3.51	18.89	-2.72
	中间车	—	-15.15	-34.01	1.44
	尾车	—	0.93	-2.54	-2.22
	全车	—	-4.25	-8.82	-1.02

(3) 车身侧面裙板方案的减阻结果。表 6-17 给出了车身两侧不同裙板方案的减阻结果比较。

表 6-17　裙板方案的减阻结果

	部位	方案 1	方案 2	方案 3
C_x	头车	0.1182	0.1030	0.1279
	中间车	0.1673	0.1513	0.1743
	尾车	0.1959	0.1987	0.2031
	全车	0.4814	0.4529	0.5053
减阻效果/%	头车	—	12.86	-8.18
	中间车	—	9.58	-4.17
	尾车	—	-1.41	-3.69
	全车	—	5.91	-4.96

裙板半包(方案1)是实际高速列车通常采用的裙板结构,在此作为比较基准值。裙板全包(方案2)与半包相比,头车、中间车和全车气动阻力明显减小,尾车阻力略有增大。这是由于裙板采用全包方式时,转向架侧面外露的部分明显减小,使得转向架侧面杂乱的气流变得平顺,因而气动阻力明显减小。尾车主要处于尾流中,裙板的这一减阻方式在此并没有显现。考虑到车头(或车尾)转向架在列车转弯时会向侧面外露,因而,设计了一种外凸的圆滑过渡型裙板(方案3)安装在头车和尾车司机室一位端的转向架处,为转向架的外露部分留出空间。然而,在头车和尾车司机室一位端的转向架处安装圆滑过渡型裙板,头车、中间车、尾车和全车气动阻力均有明显增大,这可能是因为此裙板不仅增大了迎风面积,而且可能在裙板表面出现气流分离,增加了车身的涡流,使得气动阻力增大。

(4) 车身连接部位风挡方案的减阻结果。表 6-18 给出了车身连接部位不同风挡方案的减阻结果比较。

表 6-18　风挡方案的减阻结果

	部位	无风挡	方案1	方案2
C_x	头车	0.1102	0.1080	0.1072
	中间车	0.1587	0.1594	0.1581
	尾车	0.1787	0.1595	0.1617
	全车	0.4476	0.4269	0.4270
减阻效果/%	头车	—	2.04	2.71
	中间车	—	-0.47	0.35
	尾车	—	10.76	9.53
	全车	—	4.63	4.60

与没有安装外风挡相比,安装半封闭外风挡(方案1),除了中间车气动阻力变化不明显外,头车、尾车和全车气动阻力均明显下降。安装全封闭外风挡,变化规律与半封闭外风挡基本一致,减阻效果与半封闭外风挡相当。因为外风挡

的安装,明显减小了车身连接部位的凹槽和缝隙等,使得原本在此产生涡流的气流能平顺地沿光滑的车身表面通过,减小了各节车的压差阻力,因而明显降低了气动阻力。

需要说明的是,本研究方案的半封闭风挡仅是在车顶处两节车厢的缝隙比全封闭风挡宽约 12mm,由此可见,在侧偏角为 0°(无侧风)时,仅是相邻两节车厢车顶外风挡的缝隙存在较小差异,对全车气动阻力的影响很小。这是由于各车厢相邻处风挡表面采用平直过渡,在无侧风时,气流在流经各车厢相邻处基本能在表面实现平顺流动,间隙对气流影响很小。

(5)车底转向架周围空腔导流板方案的减阻结果。表 6-19 给出了车底转向架周围空腔导流板方案的减阻结果比较。

表 6-19　转向架周围空腔导流板方案的减阻结果

	部位	无底板	方案 1	方案 2	方案 3
C_x	头车	0.1107	0.1045	0.1026	0.1102
	中间车	0.1617	0.1482	0.1428	0.1557
	尾车	0.1844	0.1991	0.1945	0.1842
	全车	0.4568	0.4518	0.4399	0.4501
减阻效果 /%	头车	—	5.56	7.34	0.48
	中间车	—	8.36	11.67	3.71
	尾车	—	−7.98	−5.47	0.09
	全车	—	1.09	3.70	1.47

在车底转向架周围空腔安装底部导流板,目的是减少转向架底部与车底缝隙处的涡流,由此达到减阻的效果。安装底部导流板 1(方案 1),头车、中间车气动阻力明显减小,尾车气动阻力增大,全车气动阻力略有减小。安装底部导流板 2(方案 2),阻力系数的变化规律与导流板 1 相同,但导流板 2 的减阻效果优于导流板 1。这主要是因为在转向架周围空腔安装底部导流板之后,减少了转向架空腔周围的杂乱涡流,而尾车处于尾流(涡)之中,这种减阻

方式没有体现出来。导流板 2 填充的缝隙比导流板 1 更多,因而,减阻效果更好。导流板 3(方案 3)的减阻原理与 1 和 2 基本相同。导流板 3 使中间车气动阻力减小明显,头车和尾车气动阻力减小不明显,因此,工程实际应用中可以考虑仅在中间车安装导流板 3。当然,从全车减阻效果来看,导流板 2 减阻效果最好。

6.4 防风试验研究结果

为了研究不同挡风墙的防风效果,对某型高速列车试验模型开展了试验研究。高速列车模型比例为 1∶8,一节半车编组(头车+半节中间车编组),安装在平地路基及轨道模型之上,路基轨道模型长约 7.6m,前后端伸出高速列车头、尾的长度约为 1.3m。试验研究了 3 种高度挡风墙的防风效果。3 种挡风墙均为矩形截面,长度与高速列车模型相同,高度如表 6-20 所列。试验模型如图 6-36 所示。

对一节头车+半节中间车编组分别在无挡风墙和 3 种高度挡风墙状态下进行了试验风速 35m/s、试验侧偏角 β =0°~90°的大侧风测力试验。图 6-37~图 6-42 和表 6-21~表 6-26 给出了头车在不同挡风墙状态下的气动特性比较。

表 6-20　3 种挡风墙的高度

挡风墙 1	高度为 629mm
挡风墙 2	高度为 600mm
挡风墙 3	高度为 535mm

(a)

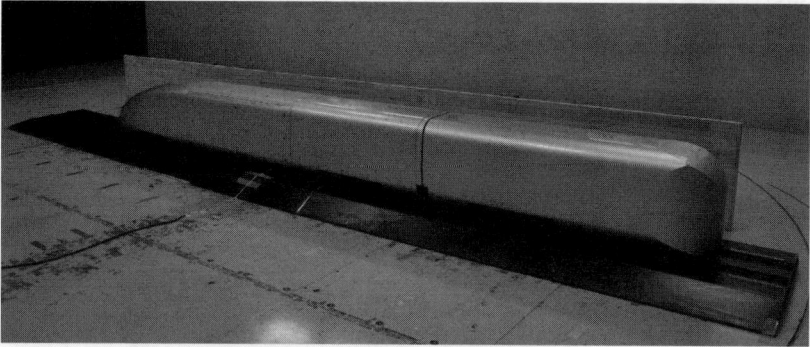

(b)

图 6-36　防风试验研究模型

(a)无挡风墙的一节半车编组;(b)有挡风墙的一节半车编组。

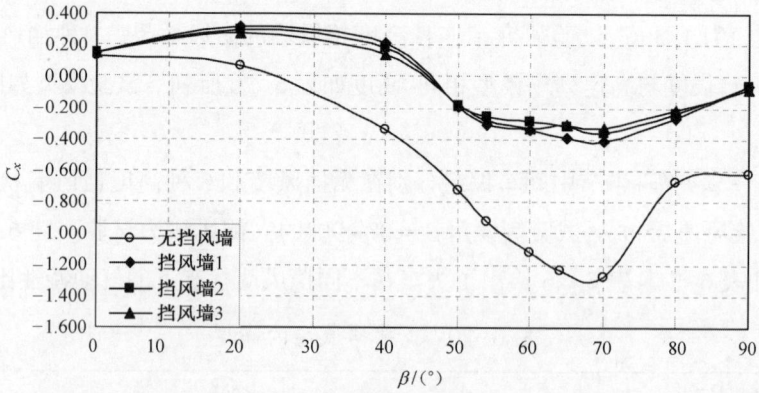

图 6-37　头车 C_x 在不同挡风墙状态下的比较

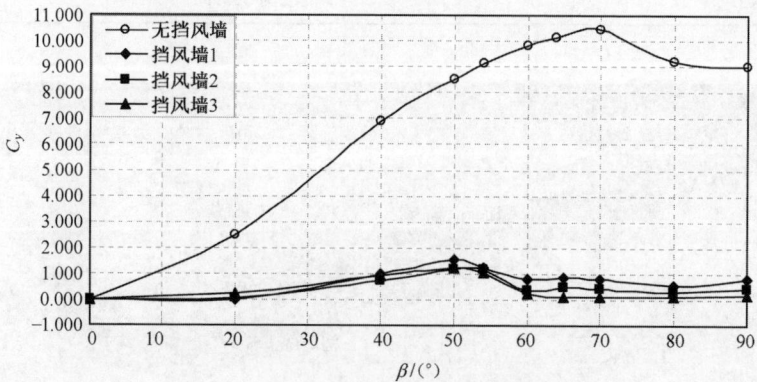

图 6-38　头车 C_y 在不同挡风墙状态下的比较

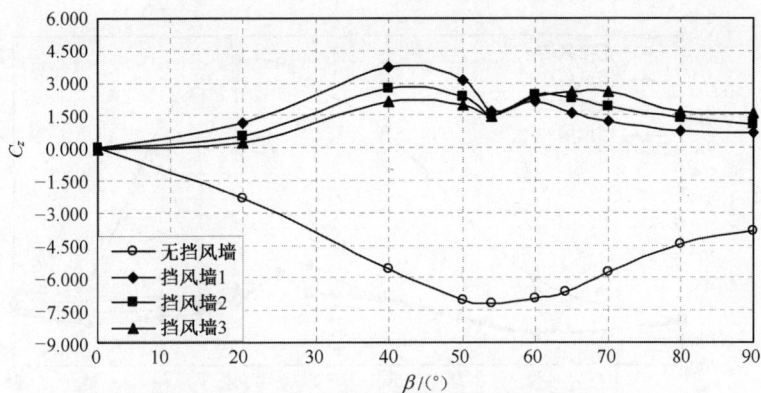

图 6-39　头车 C_z 在不同挡风墙状态下的比较

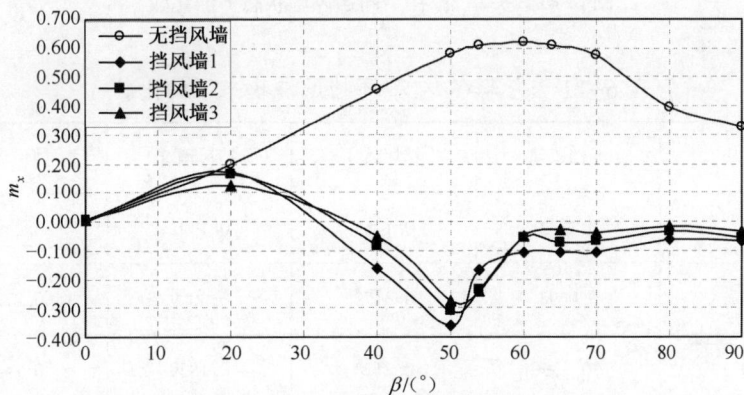

图 6-40　头车 m_x 在不同挡风墙状态下的比较

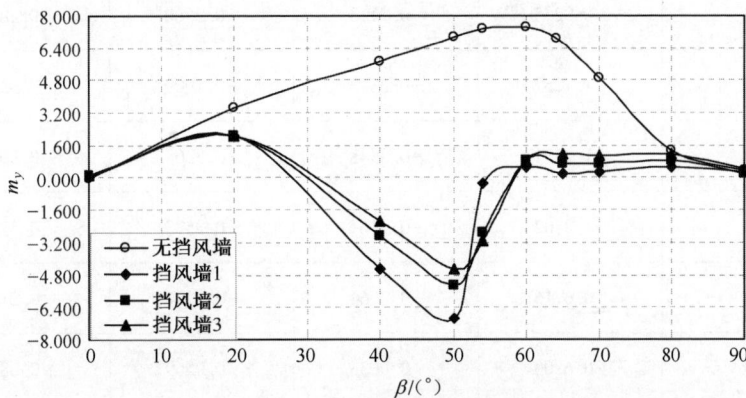

图 6-41　头车 m_y 在不同挡风墙状态下的比较

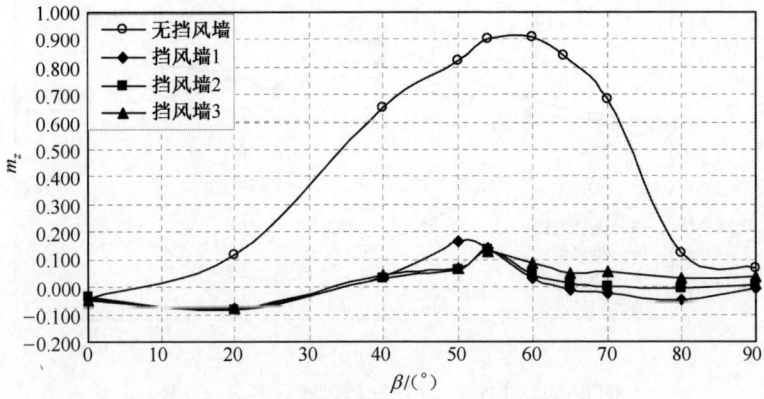

图 6-42　头车 m_z 在不同挡风墙状态下的比较

表 6-21　头车 C_x 在不同挡风墙状态下的比较

$\beta/(°)$	无挡风墙	挡风墙 1	挡风墙 2	挡风墙 3
0	0.1343	0.1455	0.1492	0.1490
20	0.0693	0.3172	0.3009	0.2724
40	−0.3396	0.2123	0.1859	0.1442
50	−0.7260	−0.1978	−0.1885	−0.1844
54	−0.9255	−0.3113	−0.2560	−0.2810
60	−1.1252	−0.3347	−0.2909	−0.3301
64	−1.2391	−0.3948	−0.3204	−0.3081
70	−1.2802	−0.4161	−0.3573	−0.3294
80	−0.6716	−0.2664	−0.2321	−0.2104
90	−0.6200	−0.0633	−0.0569	−0.0815

表 6-22 头车 C_y 在不同挡风墙状态下的比较

$\beta/(°)$	无挡风墙	挡风墙 1	挡风墙 2	挡风墙 3
0	−0.0256	−0.0192	0.0023	−0.0218
20	2.4892	−0.0226	0.0832	0.2495
40	6.8976	0.9977	0.7326	0.9081
50	8.4935	1.5233	1.1684	1.2095
54	9.1151	1.2173	1.1810	1.0672
60	9.8342	0.8250	0.3841	0.2576
64	10.1591	0.8456	0.4619	0.0930
70	10.4527	0.7923	0.4295	0.1289
80	9.2149	0.5798	0.2936	0.0937
90	8.9976	0.7722	0.4482	0.1711

表 6-23 头车 C_z 在不同挡风墙状态下的比较

$\beta/(°)$	无挡风墙	挡风墙 1	挡风墙 2	挡风墙 3
0	0.0179	0.0072	−0.0105	−0.0233
20	−2.3021	1.1539	0.5585	0.2097
40	−5.6050	3.7517	2.7660	2.1310
50	−7.0260	3.1167	2.3777	1.9878
54	−7.1541	1.6975	1.5068	1.4700
60	−6.9852	2.1111	2.4391	2.3685
64	−6.6714	1.5929	2.2657	2.5732
70	−5.7063	1.2296	1.9001	2.5707

$\beta/(°)$	无挡风墙	挡风墙 1	挡风墙 2	挡风墙 3
80	−4. 4257	0. 7732	1. 3651	1. 6806
90	−3. 8380	0. 6592	1. 0919	1. 6409

表 6-24 头车 m_x 在不同挡风墙状态下的比较

$\beta/(°)$	无挡风墙	挡风墙 1	挡风墙 2	挡风墙 3
0	−0. 0011	0. 0040	0. 0071	0. 0075
20	0. 1986	0. 1686	0. 1620	0. 1219
40	0. 4573	−0. 1620	−0. 0822	−0. 0477
50	0. 5837	−0. 3588	−0. 3124	−0. 2745
54	0. 6070	−0. 1705	−0. 2366	−0. 2439
60	0. 6204	−0. 1041	−0. 0556	−0. 0519
64	0. 6110	−0. 1085	−0. 0719	−0. 0285
70	0. 5750	−0. 1093	−0. 0680	−0. 0385
80	0. 3939	−0. 0614	−0. 0313	−0. 0158
90	0. 3293	−0. 0677	−0. 0547	−0. 0333

表 6-25 头车 m_y 在不同挡风墙状态下的比较

$\beta/(°)$	无挡风墙	挡风墙 1	挡风墙 2	挡风墙 3
0	−0. 0330	0. 0756	0. 1255	0. 1451
20	3. 4682	2. 1005	2. 0357	2. 0865
40	5. 6879	−4. 4976	−2. 8895	−2. 1758
50	6. 9293	−6. 9300	−5. 3404	−4. 4974

$\beta/(°)$	无挡风墙	挡风墙 1	挡风墙 2	挡风墙 3
54	7.3778	-0.2795	-2.7311	-3.1437
60	7.4526	0.5157	0.8589	0.8868
64	6.8730	0.2213	0.6750	1.1606
70	4.9278	0.2522	0.6681	1.0839
80	1.3092	0.5157	0.8553	1.1998
90	0.3305	0.3154	0.1891	0.4534

表 6-26　头车 m_z 在不同挡风墙状态下的比较

$\beta/(°)$	无挡风墙	挡风墙 i	挡风墙 2	挡风墙 3
0	-0.0423	-0.0437	-0.0365	-0.0478
20	0.1171	-0.0755	-0.0827	-0.0773
40	0.6514	0.0406	0.0334	0.0446
50	0.8217	0.1669	0.0599	0.0711
54	0.8999	0.1424	0.1343	0.1262
60	0.9112	0.0317	0.0431	0.0888
64	0.8391	-0.0134	0.0134	0.0501
70	0.6824	-0.0255	0.0009	0.0585
80	0.1224	-0.0451	-0.0077	0.0343
90	0.0654	-0.0067	0.0080	0.0360

由图 6-37~图 6-42 和表 6-21~表 6-26 可以看出，与没有挡风墙相比，头车 C_x、C_y、C_z、m_x、m_y 和 m_z 的绝对值都明显减小，即挡风墙的防风效果明显，可显著提高头车的侧风安全性。其中，在挡风墙 3 下，头车的 C_x、C_y、C_z、m_x、m_y 和

m_z 的峰值都是最小的,且 C_y 和 m_x 在各 β 下也是最小的,在挡风墙 1 下,头车的 C_z 和 m_y 在各侧偏角 β 下都是最小的。

参 考 文 献

[1] 黄志祥,陈立,蒋科林. 高速列车空气动力学特性的风洞试验研究[J]. 铁道车辆, 2011, 49(12): 1-4.

[2] 黄志祥, 陈立. 应用 PIV 技术对高速列车模型的风洞试验研究[C]. 第九届全国流动显示会议, 2012: 143-147.

[3] 黄志祥, 陈立. 车辆风洞试验研究的流场显示与测量技术[C]. 第十届全国流动显示会议, 2014: 127-131.

[4] 黄志祥,陈立,张为卓. 高速列车模型风洞试验的模拟方法研究[J]. 铁道科学与工程学报, 2013, 10 (3): 87-93.

[5] 黄志祥,陈立,蒋科林. 高速列车模型编组长度和风挡结构对气动阻力的影响[J]. 实验流体力学, 2012, 26(5): 36-41.

[6] 黄志祥,陈立,蒋科林. 高速列车模型风洞试验数据的影响因素分析[J]. 铁道学报, 2016, 38(7): 34-39.

[7] European committee for standardization. Railway applications–Aerodynamics–part 6: Requirements and test procedures for cross wind assessment[S]. Rue de la Science 23, B-1040 Brussels. FprEN14067-6, 2009.

[8] 王铁城, 吴志成, 等. 空气动力学实验技术[M]. 北京:航空工业出版社, 1995:168-170.

[9] 黄志祥,陈立,李明. 低速风洞均匀吸气地板下阻塞对地板边界层影响的研究[J]. 实验流体力学, 2009, 23(1):23-25.

[10] 庞加斌,林志兴,余卓平. TJ-2 风洞汽车模型试验的修正方法[J]. 汽车工程, 2002, 24(5):371-375.

[11] 黄志祥,陈立,蒋科林. 高速列车减小空气阻力措施的风洞试验研究[J]. 铁道学报, 2012, 34 (4):16-21.

[12] 尚克明,杜健,孙振旭. 长大编组高速列车横风气动特性研究[J]. 北京大学学报, 2016, 52(6):977-984.

[13] 刘加利,于梦阁,张继业,等. 基于大涡模拟的高速列车横风运行安全性研究[J]. 铁道学报, 2011, 33 (4):13-21.

[14] 杨志刚,高喆,陈羽,等. 裙板安装对高速列车气动性能影响的数值分析[J]. 计算机辅助工程, 2010, 19(3):16-21.

[15] 陈大伟,姚拴宝,郭迪龙,等. 高速列车头型拓扑结构对气动力的作用规律研究[J]. 铁道学报, 2015, 37(2):18-26.

[16] 程亚军,王宇,张锐. 高速列车转向架构架仿真分析与试验研究[J]. 铁道技术监督, 2015, 43(5):25-

29.

[17] 马梦林,邓海,王东屏,等.高速列车头部气动性能的模拟计算与试验[J].大连交通大学学报,2012, 33(1):1-4.

[18] 李明,李明高,李国清.高速列车表面随行波微细结构减阻技术研究[J].铁道车辆,2017,55(2):12- 16.

[19] 郭迪龙,姚栓宝,刘晨辉,等.高速列车受电弓非定常气动特性研究[J].铁道学报,2012,34(11):16- 21.

第7章 展　　望

随着高速列车的不断发展与创新,面临的空气动力学问题也将不断扩展与复杂化,因而,对风洞试验的要求也越来越高。如何更好地满足高速列车对空气动力学研究的需求,提升风洞试验的精细化水平,提高试验数据精准度,更全面地开展相关问题的研究,是高速列车风洞试验领域的发展趋势。

从目前的高速列车风洞试验研究看,主要存在以下3个问题。

第一,从研究内容方面看,高寒、高温、多雨和大风沙等特殊气候与环境条件对高速列车安全、可靠运行的问题研究较少,需要研究降低高寒、高温、多雨、大风沙等特殊气候与环境条件对高速动车组的转向架、空调和受电弓平台等关键部位影响的规律,并提出相关问题的解决方法。

第二,从研究技术方面看,一是风洞试验中的地面效应的模拟问题,以及有效的影响修正方法的研究,是目前面临的一个难点。二是高速列车试验模型部件间隙的模拟及其对气动特性的影响问题,如不同车厢的风挡间隙模拟,转向架车轮底部与轨道的间隙模拟,以及磁悬浮高速列车车底部与轨道上表面的间隙模拟等,也是目前的难点问题。三是高速列车风洞试验标准欠缺的问题。欧洲仅出版了EN14067系列标准,主要是针对侧风试验的标准,对于多车编组的试验并没有提出专门的标准。在我国,近10年来,开展了大量的高速列车风洞试验研究工作,但是仍然没有制定自己的相关技术标准,仅借鉴欧洲的EN14067系列标准,但该标准在很多方面不适合于我国的现实情况。

第三,在高速列车空气动力学数据相关性方面,目前尚未开展系统、综合的相关研究工作,如风洞试验数据、数值计算数据和实车测量数据之间的相关性问题,以及如何开展不同研究方法获得的数据之间的相互修正问题。

针对上述问题,本章从试验设备、技术和研究内容等方面提出展望。

7.1　试验设备展望

7.1.1　高速列车专用风洞

建设高速列车空气动力学的专用风洞,实现风洞试验段尺寸和试验设备的匹配与专业化,是提升试验精细化水平的重要途径。

(1) 目前,国内外的高速列车气动力/声学风洞大多是在航空风洞中开展,风洞试验段的尺寸、流场特点与高速列车的实际需求不完全匹配,为了提高试验的专业化和精细化水平,建设至少满足大比例三车编组试验模型的气动力/声学风洞,实现高雷诺数(即试验风速至少覆盖高速列车的最高运行速度)、低背景噪声、合理湍流度和试验段流场均匀的高流场品质目标,适应高速列车风洞试验的特殊需求,将是一个发展方向。

(2) 针对高寒路线的高速列车转向架和受电弓等部位积雪结冰的问题,以及砂石对高速列车底部损伤的问题,分别建设大型专用的高速列车环境模拟风洞和风沙风洞,并配备诸如造雪设备和风沙模拟平台等试验装置,满足雨雪、高低温和日照及风沙等恶劣环境对车身关键部位影响的试验研究,是高速列车特种风洞的一种发展趋势。

7.1.2　大型移动带及支撑系统

为了更好地模拟地面效应,发展和应用大型活动带及模型支撑系统,满足至少3车编组的大比例试验模型的风洞试验,将是发展趋势。例如,建设长度不低于11m、宽度不低于1m、带面运行速度可达100m/s且带面最大跳动量不超过10mm的活动带系统。另外,对于高速列车模型的支撑,不同于现有的底面支撑方式,需要采用顶部或侧面支撑的方式,尽量减小支撑系统对试验流场的干扰,并发展支撑系统的干扰修正方法。

7.1.3　吸气地板

为了降低固定地板表面边界层对试验结果的影响,建设大型吸气地板装置,也是解决地面效应模拟问题的一种方案。考虑到吸气地板自身对试验段气流的干扰,地板吸气量的选择至关重要,既不能因吸气量过大而使地板上表面的气流产生向下的较大气流偏角,也不能因吸气量过小而导致边界层的降低程度不够。吸气地板本身作为一个大型的试验平台,承载试验人员在其上面的活动而不影响吸气孔的正常工作也需要研究。因此,研究建设适用于大比例多车编组高速列车试验模型风洞试验的吸气地板装置,也是一种发展趋势。

7.1.4　高精度气动力测试设备

当前,通过开展头型和车身关键部件的气动外形优化开展高速列车减阻研究,已经发展到了一个瓶颈阶段,这种方法的减阻空间越来越小,且对气动力尤其是气动阻力辨识的灵敏度要求越来越高。因此,发展包括高精度天平在内的测量设备,提高气动阻力微小差量的灵敏度,进一步挖掘气动外形优化减阻的潜力,是一项重要的发展任务和需求。

7.2　试验技术展望

7.2.1　地面效应的影响与修正

在目前国内外大量采用固定地面模拟地面效应的情况下,地板表面边界层通常难以较好地消除。欧洲侧风试验规范 EN14067 仅规定了高速列车试验模型区域的最大边界层厚度不能超过30%的车体高度,并未对边界层的影响给出说明,也未提出修正方法。在高速列车对风洞试验要求越来越高的趋势下,边界层的这种影响将是难以忽略的,尤其对于底部与轨道间隙很小的高速磁悬浮列车,这种影响是显著的。因此,开展边界层对试验结果的影响研究,并提出边界层厚度与试验结果修正量的函数关系式,是一个非常重要的研究方向。

7.2.2　试验模型缝隙的影响研究

目前,为了获得不同编组方式的高速列车各节车厢的气动力,各节车厢风挡之间、车厢与路基轨道之间都需要保留一定的间隙,确保试验过程中各节车厢不发生触碰。不同车厢的风挡间隙模拟,转向架车轮底部与轨道的间隙模拟,以及磁悬浮高速列车车底部与轨道上表面的间隙模拟等,是高速列车风洞试验中的

194

一个难题。间隙耦合车底或轨道表面的边界层，使得问题更加复杂。因此，综合考虑模拟间隙的大小和边界层的厚度，给出不同缩比模型需要模拟的最优间隙数值，是今后需要研究的方向。

7.2.3　高速列车表面摩阻的测量研究

在对高速列车气动阻力的测量中，如果能对高速列车表面的摩阻进行测量，则可以将压差阻力和摩阻分离开来，对于发展包括微型凹坑、凹槽和减阻膜技术在内的，旨在降低高速列车表面摩阻的新型减阻技术具有重要的促进作用。因此，发展摩阻测量设备，探索测量技术，将是未来的一个发展方向。

7.2.4　气动噪声测试技术和降噪措施研究

高速列车的气动噪声是一项非常重要的指标，甚至具有一票否决权，因而，对其重视程度只会越来越高。如何开展更精细化、更准确的气动噪声测量，发展气动噪声测试技术，加强气动噪声源的准确定位，提升数据测量准度，并在此基础上，发展降噪技术，创新降噪方法，是今后非常重要的发展方向。

7.2.5　数据相关性研究

高速列车风洞试验作为一种常用的研究方法，既比实车测试的性价比高，也是数值计算的验证依据和理论分析的基数，因此被寄予厚望。然而，风洞试验也存在一些诸如模拟方法和试验技术的不足，同样需要对试验结果进行验证。目前，实车测量、风洞试验和数值计算等不同研究方法的数据相关性问题的研究还很少，缺乏系统的相关性修正方法。因此，发展一套多种研究方法的数据相关性研究方案，建立一套多种研究方法的数据库，提出不同研究方法的数据相互修正的技术，是一个非常重要的研究方向。

7.3　技术体系建设展望

7.3.1　建立高速列车模型风洞试验专用数据库

对高速列车的不同头型和车身关键部件的气动外形实现谱系化，开展系列试验研究,形成不同头型与车身关键部件气动外形谱系的风洞试验数据库,编制高速列车气动外形手册,为气动设计与分析提供全面专业的参考。

7.3.2 编制高速列车风洞试验标准

针对高速列车开展的风洞试验研究内容,分别编制气动力试验标准、气动噪声试验标准、流场测量与显示试验标准,形成完整的风洞试验标准,进一步提升高速列车风洞试验的专业化水平。

参 考 文 献

[1] 王勋年. 低速风洞试验[M]. 北京:国防工业出版社,2002.

[2] 田红旗. 列车空气动力学[M]. 北京:中国铁道出版社, 2007.

[3] 贺德馨. 风工程与工业空气动力学[M]. 北京: 国防工业出版社, 2006.

[4] Barlow Jewel B,Rae William H,et al. Low-speed wind tunnel testing[M].A Wiley-interscience Publication,1999.

[5] 肖京平,黄志祥,陈立. 高速列车空气动力学研究技术综述[J]. 力学与实践, 2013, 35(2): 1-12.

[6] 田红旗. 中国高速轨道交通空气动力学研究进展及发展思考[J]. 中国工程科学, 2015,17(4): 30-41.

[7] 冈本勋. 日本新干线列车技术发展趋势[J]. 国外铁道车辆,2003,40(4):4-7.

[8] 池田充. 最近的受电弓降噪技术[J]. 国外铁道车辆,2011,48(3): 20-23.

[9] European committee for standardization.Railway applications-Aerodynamics-part 6:Requirements and test procedures for cross wind assessment[S].Rue de la Science 23,B-1040 Brussels.FprEN14067-6:2009.

[10] 缪炳荣,张卫华,池茂儒,等.下一代高速列车关键技术特征分析及展望[J].铁道学报,2019,41(3): 58-70.

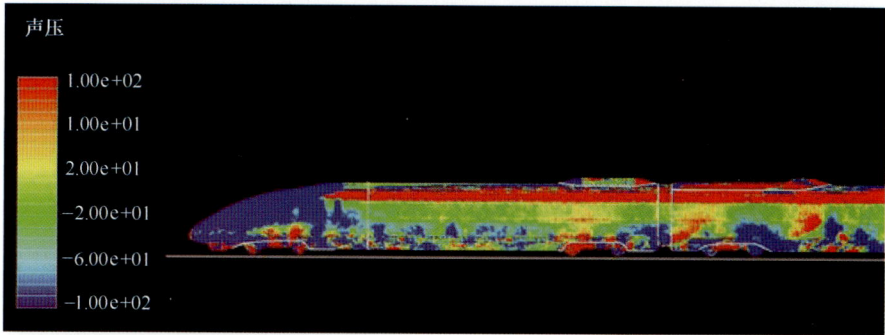

（a）

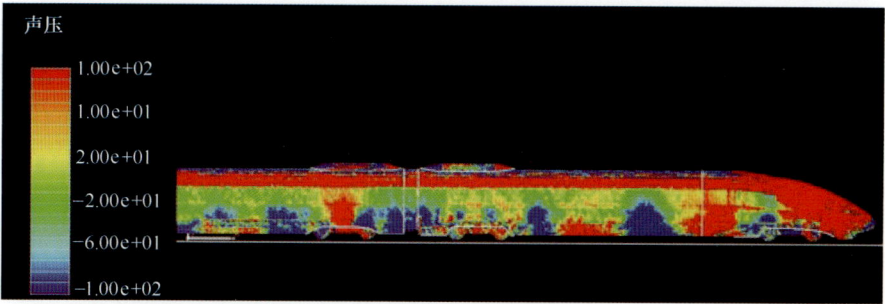

（b）

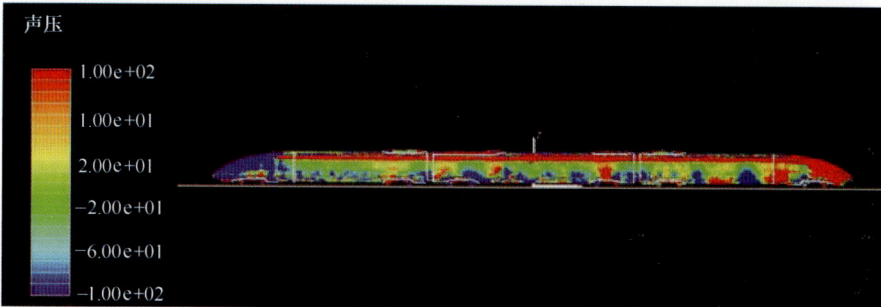

（c）

图 2-14　典型高速列车气动噪声源分布

（a）高速列车头车典型气动噪声分布；（b）高速列车尾车典型气动噪声分布；

（c）高速列车全车典型气动噪声分布。

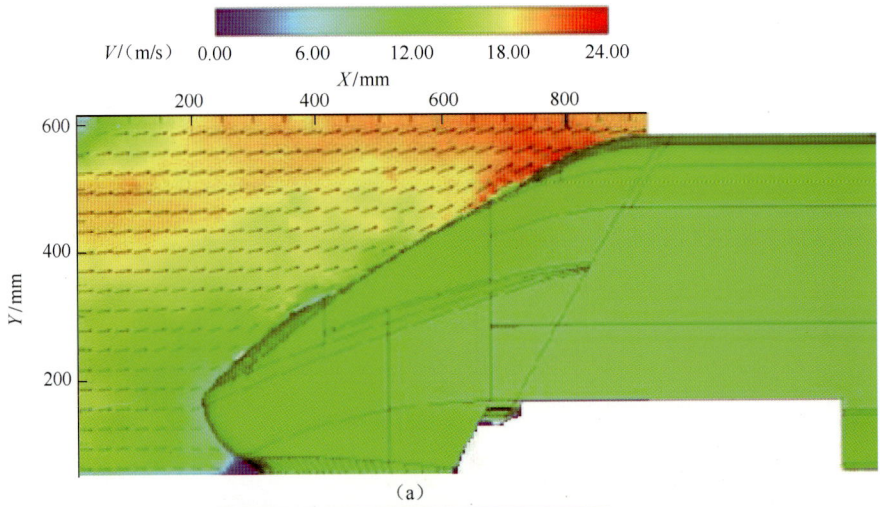

（a）

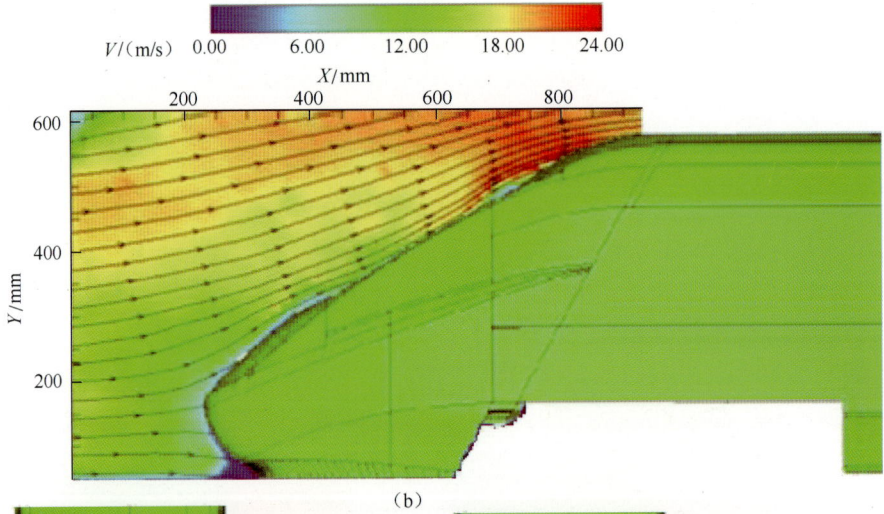

（b）

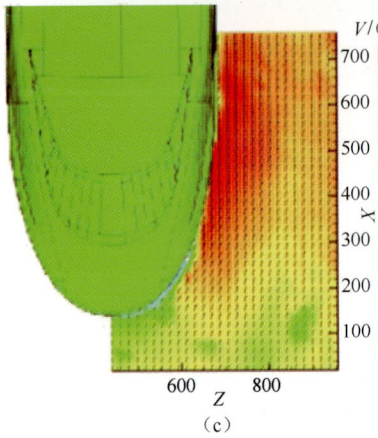
（c）

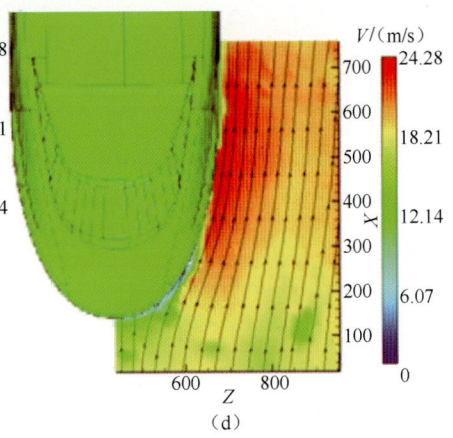
（d）

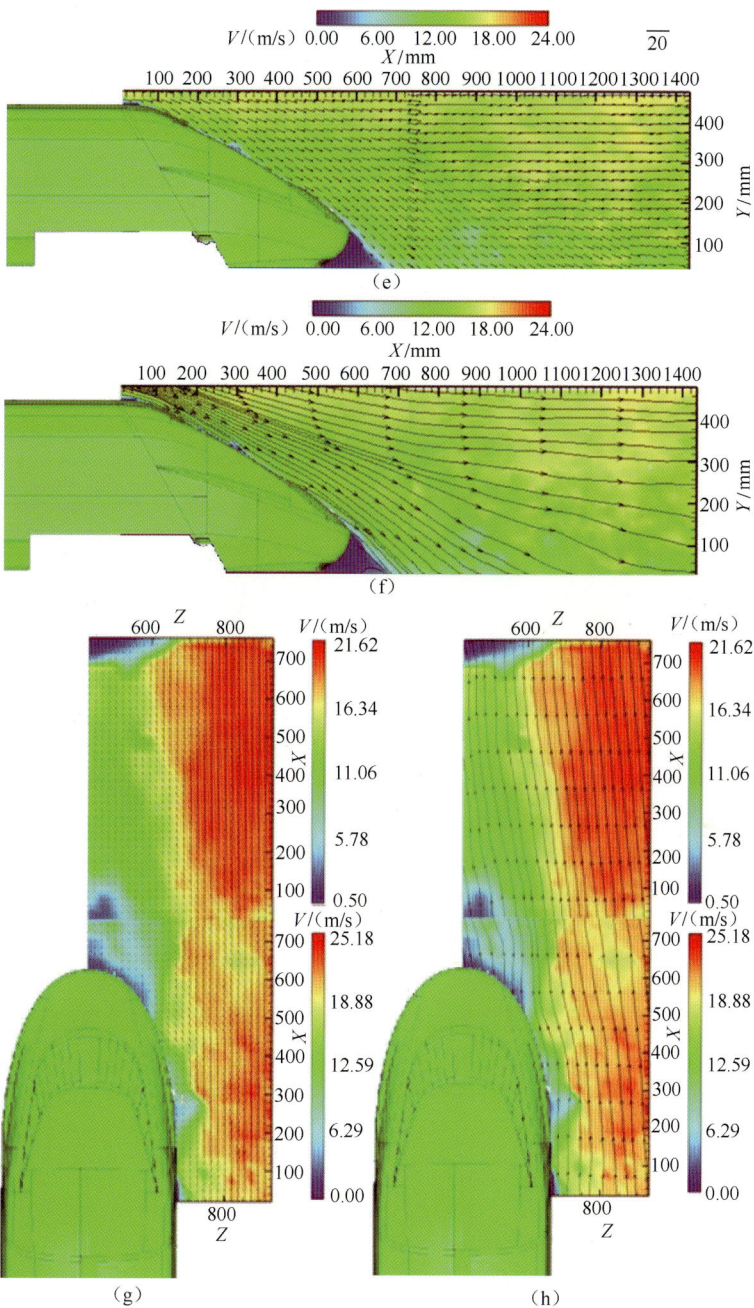

图 6-14 PIV 技术测量的高速列车模型外部流场结果

(a)头部纵向中心剖面流速图;(b)头部纵向中心剖面流线图;(c)头部水平剖面流速图;
(d)头部水平剖面流线图;(e)尾部纵向中心剖面流速图;(f)尾部纵向中心剖面流线图;
(g)尾部水平剖面流速图;(h)尾部水平剖面流线图。

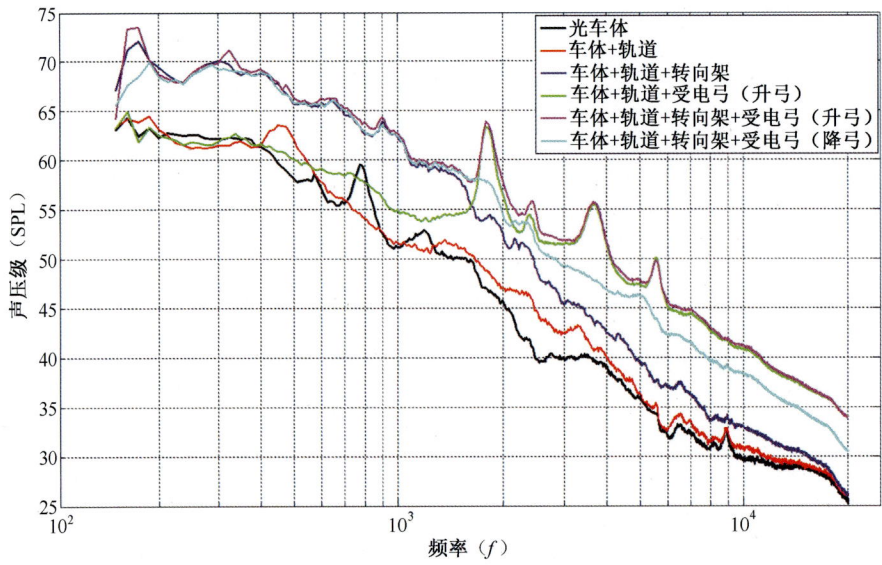

图 6-15　某型高速列车模型在不同结构工况下的噪声频谱对比

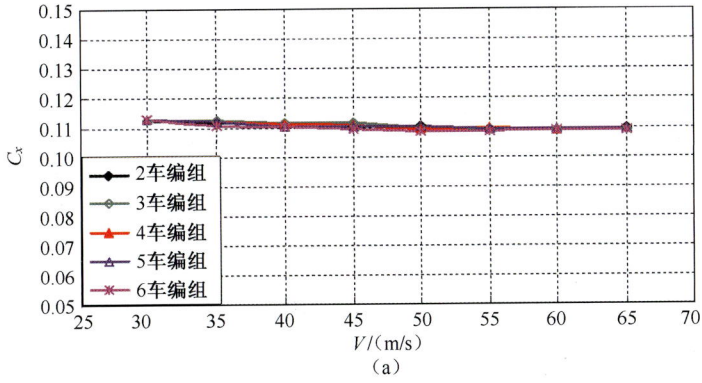

（a）

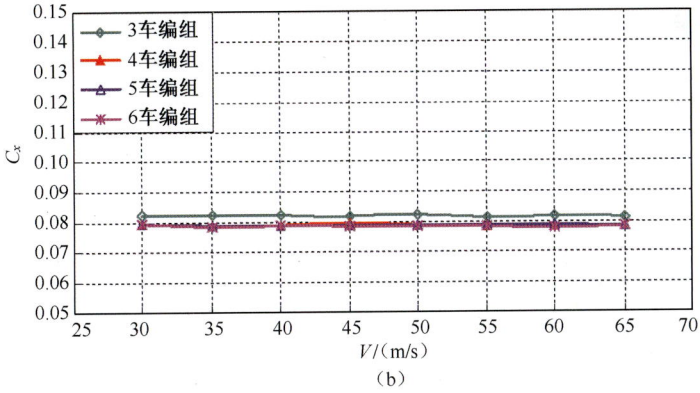

（b）

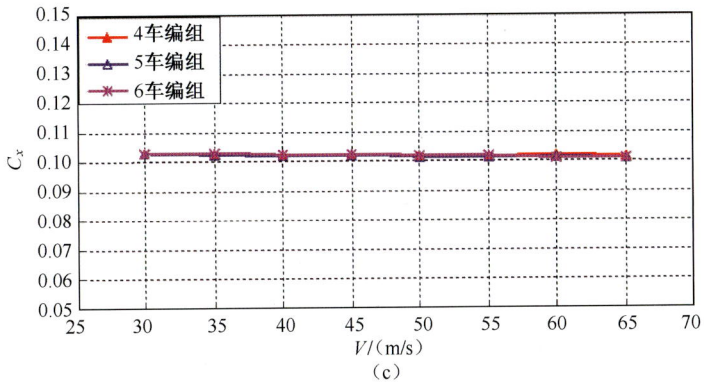

（c）

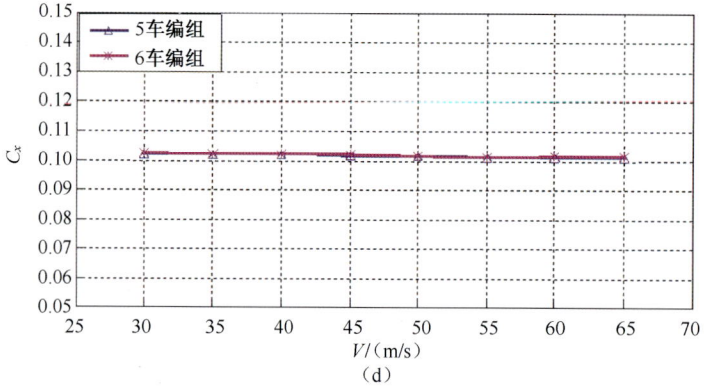

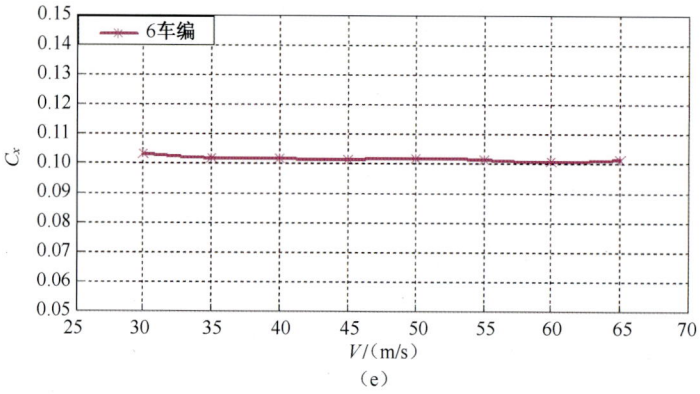

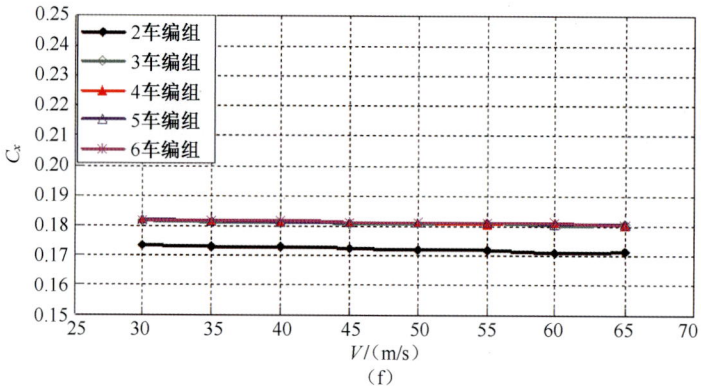

图 6-19　不同编组列车的各节车厢气动阻力结果比较

（a）头车；（b）中间车 1；（c）中间车 2；（d）中间车 3；（e）中间车 4；（f）尾车。

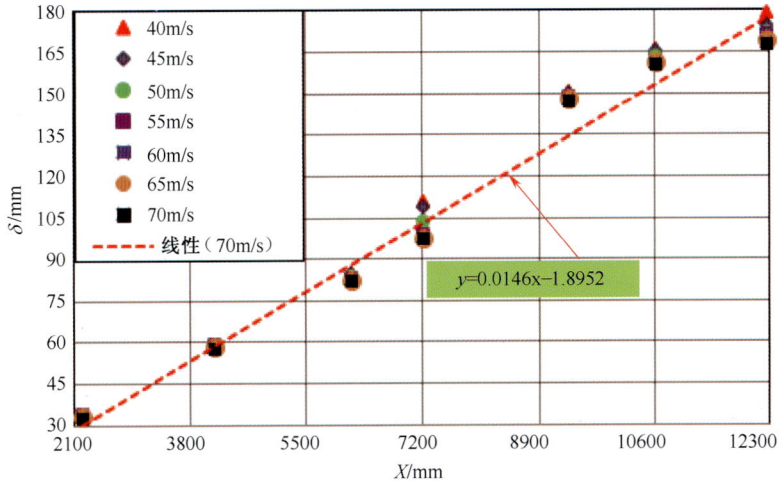

图 6-28　不同测点的边界层在不同风速下的厚度

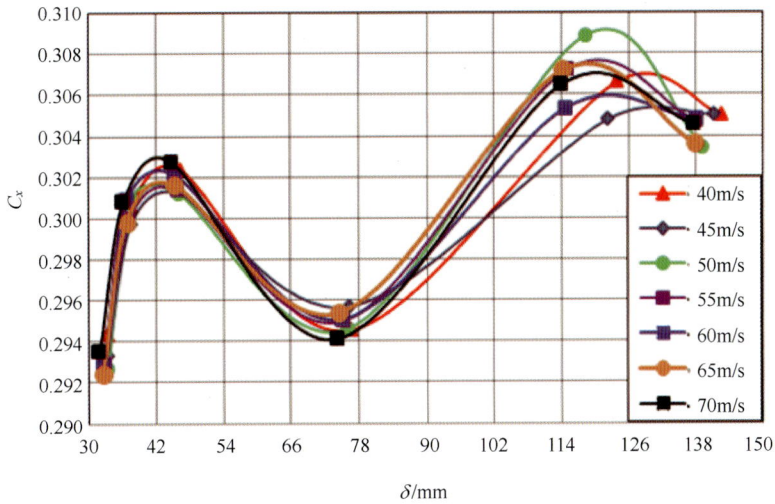

图 6-29　头车的 C_x 在不同边界层厚度下的结果

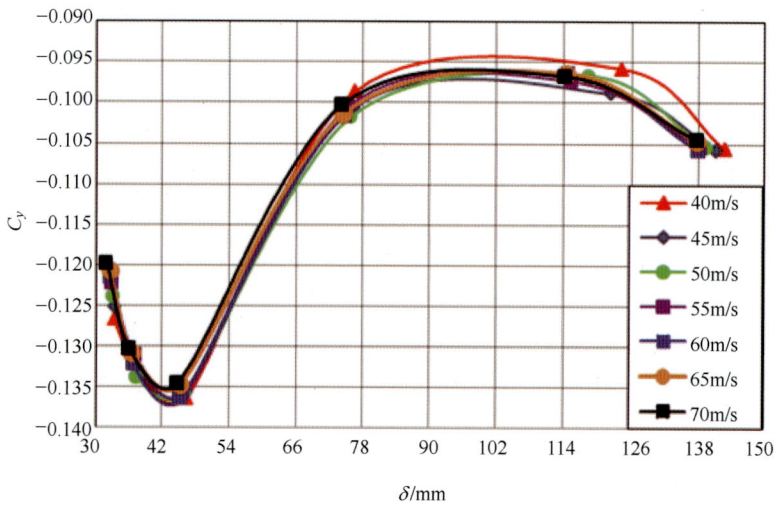

图 6-30　头车的 C_y 在不同边界层厚度下的结果